패권의
대이동

패권의 대이동

세계사를 움직이는 부와 힘의 방정식

초판 1쇄 발행 2021년 6월 25일
초판 3쇄 발행 2022년 12월 26일

지은이 김대륜

발행인 이재진 **단행본사업본부장** 신동해
편집장 김경림 **책임편집** 이민경
디자인 박진범 **교정교열** 이미숙
마케팅 최혜진 **홍보** 반여진 최새롬 정지연
제작 정석훈

브랜드 웅진지식하우스
주소 경기도 파주시 회동길 20
문의전화 031-956-7212(편집) 031-956-7567(마케팅)
홈페이지 www.wjbooks.co.kr
페이스북 www.facebook.com/wjbook
포스트 post.naver.com/wj_booking

발행처 ㈜웅진씽크빅
출판신고 1980년 3월 29일 제406-2007-000046호

ⓒ 김대륜, 2021
ISBN 978-89-01-25167-7 03320

※ 책값은 뒤표지에 있습니다.
※ 잘못된 책은 구입하신 곳에서 바꾸어드립니다.

패권의
대이동

세계사를 움직이는 부와 힘의 방정식

Money, State, Hegemony

김대륜 지음

웅진 지식하우스

오늘날 세계에서 가장 강한 나라는 어디일까? 아마 대부분이 미국이라고 답할 것이다. 실제로 미국 경제는 전 세계 총생산의 5분의 1 정도를 차지하고 있으며, 많은 미국 기업이 여러 분야에서 가장 앞선 기술을 갖고 있다. 군사력 또한 어마어마하다. 2020년 기준 미국의 국방비는 대략 7780억 달러로 세계 최대의 수준이다. 중국 등 2위에서 10위국이 쓴 돈을 모두 합친 것보다도 많다. 전 세계 곳곳에 주둔하며 받는 방위비 분담금까지 포함하면 실제 미국의 국방비는 천문학적 규모다. 뿐만 아니라 20세기 중반부터 미국의 대중음악과 영화, 예술이 세계 문화를 이끌고 있다. 오죽하면 세계가 '미국화'되었다는 이야기가 있겠는가.

21세기 대한민국에서 살아가는 우리도 여러 방면에서 미국의 영향력 아래 살고 있다. 특히 한국은 해방 이후 한국전쟁을 거쳐 지금까지 미국과 굳건한 동맹 관계를 유지하고 있다. 외교와 안보뿐 아니라 경제, 문화, 사회 전반에서도 마찬가지다. 1960년대 산업화부터 1990년대 IMF 사태까지 우리나라 경제는 미국이 주도하는 세계화에 맞춰 끊임없이 변화하며 높은 경제 성장률을 달성했다. 미국의 소비문화는 사회 전반에 깊숙이 들어와 있어 서울 한복판에서 아이폰으로 넷플릭스를 보며 스타벅스 커피를 마시는 모습을 쉽게 발견할 수 있다.

미국처럼 세계적인 영향력을 행사하는 나라를 뭐라고 부르면 좋을까? 영향력을 행사한다는 말은 다른 말로 바꾸면 권력, 그러니까 나의 뜻을 다른 이에게 관철하는 역량을 갖췄다는 뜻이다. 권력은 어떤 때는 아주 날것 그대로 나타나서 군사력 같은 강압적인 힘으로 표현될 수도 있고, 또 어떤 때는 상대방이 내 이야기에 수긍할 수밖에 없게 만드는 매력이나 설득력으로 나타날 수도 있다. 유명한 정치학자 조지프 나이Joseph S. Nye는 각각을 '하드 파워hard power'와 '소프트 파워soft power'로 부른다. 이렇게 한 나라가 다른 나라에 행사하는 힘을 국제 관계에서는 흔히 패권覇權 또는 헤게모니hegemony라고 한다. 이 개념에 대해서는 정치학자나 역사학자 사이에서 논란이 분분하지만, 넓게 보면 한 집단이 다른 여러 집단에 대해 행사하는 권력이라고 보면 될 듯하다. 따라서 세계 무대에서 압도적인 지배력을 행사하는 나라나 어떤 지역에서 지배적인 위치를 차지한 나라를 '패권 국가'라고 부른다.

그렇다면 미국과 같은 세계적인 패권국은 언제부터 등장했을까? 이

질문에 답하려면 1492년 즈음에 주목해야 한다. 1492년은 크리스토퍼 콜럼버스가 아시아를 찾아 항해에 나서면서 이른바 '대항해시대'가 시작된 해다. 오랫동안 세계 경제의 변방에 머물렀던 유럽의 여러 나라들이 이때부터 국경과 바다를 건너 다른 지역으로 진출했고 유럽과 아시아, 아메리카, 아프리카가 하나의 경제 네트워크를 이루는 '초기 세계화'가 시작되었다. 그 결과, 고대 로마제국이나 중세 몽골제국과 달리 역사상 처음으로 전 세계에 광범위한 지배력을 행사하는 진정한 의미의 '세계적인 패권 국가'가 모습을 드러낼 수 있었다.

오늘날 우리가 살고 있는 이 세계는 역사적 구성물이다. 특히 한국이 지금 처한 국제 관계는 자본주의, 산업화, 세계화 같은 역사의 큰 흐름과 밀접하게 연관되어 있으므로, 대국의 틈바구니에서 기회와 가능성을 노려야 하는 우리로서는 과거를 되돌아볼 줄 아는 현명함이 필요하다. 지금 세계의 역사적 기원을 살펴보며 다양한 가능성들 가운데 무엇이 선택되었고 그 결과는 어땠는지를 이해할 수 있다면 향후 세계의 지배자가 누가 될 것이며 미래는 어떤 방향으로 나아갈지 상상해 볼 수 있기 때문이다. 이런 사실을 감안해 이 책은 대항해시대가 열리면서 시작된 패권 경쟁에 주목한다. 특히 세계적인 번영과 확장에 성공한 경험이 있는 스페인, 네덜란드, 영국, 미국을 집중적으로 다룬다. 그리고 이 네 국가들 간의 유사성과 상이성, 상호연관성에 주목하면서 한 국가의 부와 힘을 결정짓는 핵심 요소가 무엇인지 파고든다.

먼저 스페인은 세계 역사상 네 번째로 넓은 대제국을 유럽과 아메리카대륙에 건설했다. 원래 스페인은 유럽 남쪽 끝 이베리아반도에 있던 두 왕국이 결합해 태어난 나라였는데, 혼인이나 상속, 정복 활동으로 계속 영토를 넓혀나갔다. 그러다 보니 지중해에서 막강한 힘을 휘두르던 오스만제국과 치열하게 다퉜고, 유럽의 맹주였던 프랑스나 영국과 맹렬하게 싸웠다. 하지만 당시 스페인은 유럽에서 가장 막강한 육군과 아주 좋은 해군을 갖고 있어서 여러 전쟁에서 승리할 수 있었다. 특히 아메리카대륙 식민지에서 얻어낸 막대한 양의 금과 은이 큰 도움이 되었다. 하지만 이렇게 쟁취한 영토를 오랫동안 유지하지는 못했다. 스페인제국의 전성기는 채 한 세기가 넘지 않았다.

스페인제국의 쇠락에는 서유럽의 작은 나라 네덜란드가 큰 역할을 했다. 네덜란드는 흔히 저지대 지역이라 부르는 곳에 자리 잡은 7개 나라가 스페인제국의 지배에 맞서 독립을 선언하면서 탄생했다. 놀랍게도 이 작은 나라는 당대 최강 스페인제국에 맞서 80년 동안 싸워 결국 독립을 쟁취했다. 게다가 스페인제국이 잦은 전쟁으로 국고가 바닥나는 사이 네덜란드는 유럽 제1의 무역 중심지이자 금융 허브로 성장했다. 네덜란드가 단순히 군사력을 동원해 영토를 점령하는 것에 그치지 않고 상업을 진작하려고 노력했기 때문이다. 특히 네덜란드동인도회사는 국가의 지원 아래 무력을 갖추고 아시아 곳곳을 누비면서 방대한 무역 네트워크를 기반으로 엄청난 이윤을 거둬들였다.

하지만 네덜란드의 기적도 그리 오래가지는 못했다. 18세기 초까지도 네덜란드는 여전히 세계에서 제일 부유한 나라였지만, 유럽과 그 너머 세계에서 행사할 수 있는 영향력은 영국에게 점차 빼앗기고 있었다. 특히 17세기 중반에 네덜란드와 잉글랜드가 치른 세 차례 전쟁이 중요한 전환점이었다. 이 전쟁을 계기로 유럽 변방에서 겨우 양모나 수출하던 영국이 단 한 세기 만에 네덜란드와 패권을 다투는 유력 경쟁자로 떠올랐다. 이런 일이 가능했던 까닭은 영국에서 자본주의가 빠르게 성장했기 때문이다. 한편에서는 땅을 빼앗긴 농민들이 임금노동자로 전환되었고, 다른 한편에서는 원산지와 넓은 시장을 동시에 제공하는 식민지가 세계 곳곳에 건설되었는데, 두 움직임 모두 가장 성공적으로 일어난 곳이 영국이었다. 그 결과 영국은 인구의 절대다수가 농사를 지어야만 하는 처지에서 쉽게 벗어났고, 그만큼 상업과 제조업에서 두각을 나타냈다.

이후 영국은 17세기 말부터 프랑스와 치열한 패권 경쟁을 치렀다. 결정적인 분기점은 18세기 중반에 유럽과 아메리카, 인도에서 동시에 진행된 7년전쟁이었다. 이 전쟁에서 승리한 영국은 인도와 북아메리카 대륙에서 프랑스 세력을 완전히 몰아내고 유럽 제1의 패권 국가로 떠올랐다. 그 후 북아메리카독립전쟁으로 식민지 일부를 잃어버리기는 했지만 1차 세계대전이 끝날 때까지는 그야말로 영국의 시대라 부를 만했다. 그 힘을 뒷받침한 것은 자본주의가 심화되면서 일어난 광범위한 기술 혁신, 즉 1차 산업혁명이었다. 강력한 생산력을 갖춘 영국은 자유 무역을 내세우며 전 세계에 자국 상품을 수출했고, 효율적인 재정 체제 아래 막강한 해군을 거느렸다.

하지만 두 세기가 넘게 유지되었던 영국의 패권도 미국에서 새로운 자본주의가 번성하면서 쇠퇴하기 시작했다. 19세기 말, 2차 산업혁명을 거치면서 미국에서는 대량 생산과 대량 소비를 교묘하게 결합한 산업 자본주의가 발달했다. 철강과 화학, 전기·전자, 자동차 같은 새로운 공업 부문에서는 대기업이 속속 등장했다. 그 덕분에 미국의 생산력은 1차 세계대전이 시작될 무렵 이미 영국을 크게 앞질렀다. 흥미롭게도, 네덜란드나 영국과 달리 미국은 꽤 오랫동안 무역에 의존하지 않았다. 대신 거대한 대륙에 펼쳐진 광활한 영토와 많은 인구가 만들어낸 국내 시장이 미국의 산업혁명을 뒷받침했다.

세계 제1의 공업 국가였음에도 여전히 고립주의를 고집했던 미국은 대공황과 2차 세계대전을 거치면서 완전히 달라졌다. 당시 대공황은 높아진 생산력 덕분에 크게 늘어난 공급을 수요가 따라가지 못해 발생한 일이었다. 즉, 국내 시장이 미국 기업의 생산력을 감당하지 못하는 시점이 찾아온 것이다. 바로 그때 유럽과 아시아에서 일어난 세계대전이 아이러니하게도 미국에게 일종의 출구가 되었다. 전쟁에 들어가는 엄청난 양의 물자를 미국 기업이 공급하게 되면서 갑자기 새로운 시장이 열린 것이다. 이 시기 미국 정부와 기업, 대학이 막대한 재원을 투입해 발전시킨 과학 기술은 미국의 생산력을 더욱 향상시켰다. 이후 미국은 고립주의를 버리고 달러가 지배하는 자유로운 무역 공간을 전 세계로 확대하기 위해 패권을 추구하기 시작했다. 다자간 무역 협정에 바탕을 둔 전후 자유 무역 체제를 정착시키고 민주주의와 자본주의의 수호자를 자처했다.

스페인제국에서 오늘날 미국까지 이어지는 패권 형성과 이동 과정을 살펴볼 때, 우리가 깊이 생각해봐야 할 문제는 패권을 형성하는 요소가 무엇인가 하는 점이다. 유명한 『강대국의 흥망The Rise and Fall of the Great Powers』을 쓴 폴 케네디Paul Kennedy는 군사력과 경제력을 강대국의 두 요소로 꼽았지만, 사실 이 둘은 어느 시대든 패권을 뒷받침하는 힘이었다. 특히 경제력에 더해 나랏일에 필요한 돈을 효과적으로 동원하는 재정 체제가 반드시 필요하다. 이미 2000년도 전에 로마의 정치가 키케로가 일깨워주었던 것처럼 '돈은 전쟁의 힘줄sinews of war'이니 말이다. 그런데 이런 주장은 너무 일반적이라 시대에 따라 패권을 떠받치는 경제력을 구성하는 것이 무엇인가에 제대로 주의를 기울이지 못한다. 예를 들어 스페인제국의 패권은 영토와 군사력의 결합으로 이뤄진 것이었다. 반면에 스페인을 누르고 일어선 네덜란드의 패권은 상업과 군사력에 바탕을 두고 있었다. 영국의 패권은 또 달라서 상업과 산업의 힘이 가장 우선이고 해군력은 그 결과물이었다. 미국에서는 앞선 패권 국가의 요소들이 독특하게 섞여 한 차원 더 진화했다.

왜 패권을 떠받치는 요소가 시대에 따라 달라졌을까? 이 물음에 답하려면 서로 다른 패권 국가가 기대고 있던 경제 체제의 속성을 자세히 들여다봐야 한다. 가령, 중세 봉건제라는 경제 체제와 봉건제에서 자본주의로 이행하는 기간에 등장한 경제 체제의 특징을 생각해볼 필요가 있다. 특히 이행기에 등장하는 자본주의는 식민지 개척과 착취, 전쟁에 기대고 있어서 '전쟁 자본주의'라 부르기도 한다. 그 후 자본주의가 활짝 꽃을 피우면서 '산업 자본주의'가 출현했다고 이야기할 수 있다. 이렇게 변화하는 경제 체제의 속성을 패권의 형성과 이동 문제에 대입해보면 폴 케네디와는 조금 다른 이야기를 할 수 있을 것이다. 이를테면 스페인제국이 영토에 집착했던 까닭은 봉건제의 속성과 연관되어 있다. 반면 네덜란드가 무력을 앞세워 아시아와 아메리카에 무역 네트워크를 개척하는 데 혈안이었던 일은 봉건제가 자본주의로 이행하는 과정과 연관이 있다. 자본주의가 좀 더 성숙함에 따라 영국과 미국은 폭력보다 기술 혁신에 바탕을 둔 경제력과 자유 무역 교리를 앞세우기 시작했다.

패권 국가를 뒷받침하는 경제 체제의 속성을 자세히 들여다보면 패권을 구성하는 요소가 더 분명하게 드러날 뿐만 아니라 패권이 쇠락하는 까닭도 파악할 수 있다. 폴 케네디는 한 나라가 갖추고 있는 경제력에 비해 군사력이 지나치게 확장되면 '과잉 팽창'이 일어나 쇠락이 시작된다고 주장한다. 이는 그럴듯한 주장이지만 경제력이 군사력을 더이상 감당할 수 없는 임계점은 패권 국가마다 달랐을 뿐만 아니라 임계점이 찾아오는 원인도 달랐다는 사실을 간과한다. 따라서 이 문제는 경제 체제가 가지고 있는 독특한 속성을 이해할 때 답할 수 있으며 동시에 패권 행사에 반드시 필요한 재정 체제의 특징을 이해할 때 더욱 분명해진다. 여기서 '재정 체제'란 일반적인 개념, 즉 세금을 거두고 돈을 빌려주고 이자율을 조정해 경제 자원을 동원하는 제도 및 기구뿐 아니라 이를 뒷받침하는 이데올로기나 정치 문화까지도 모두 포함한다. 이 재정 체제를 잘 갖추지 못하면 한 나라의 힘을 국내외로 투사하기 어렵고, 재정 체제가 무너지기 시작하면 패권국 자리를 내줄 수밖에 없다. 이를테면 봉건제에 바탕을 두고 있던 스페인이 기댈 수 있는 재정 체제와 거기서 동원할 수 있는 재정 자원의 규모는 성숙한 자본주의에 바탕을 둔 미국 재정 체제의 역량과 분명 차이가 있으며, 그에 따라 두 나라가 패권을 유지할 수 있는 기간도 달라졌다. 따라서 우리가 패권 형성과 쇠락의 역사를 살펴볼 때 눈여겨볼 문제는 패권의 바탕이 되는 경제 체제의 속성과 그것에 기대고 있는 재정 체제의 효율성이라 할 수 있다.

이렇게 문제를 조금 좁혀놓으면 근대 초 스페인부터 오늘날 미국에 이르는 패권 국가의 역사를 간결하면서도 분명하게 살펴볼 수 있다. 한 국가가 등장해 성장하고 쇠락하는 그 비밀스러운 역사에 한 걸음 더 다가갈 수 있으면, 지금 우리 눈앞에서 펼쳐지고 있는 미국과 중국 사이의 패권 경쟁도 더 깊게 이해할 수 있을 터다. 패권을 두고 다투고 있는 이 두 나라가 어떤 경제 체제를 갖추고 있고, 동원할 수 있는 재정 자원이 얼마나 되는지 살펴봄으로써 경쟁이 어떻게 흘러갈지 감히 예측해볼 수 있을지도 모른다. 이런 시야를 확보하는 일은 모두에게 중요하고 시급한 문제다. 언제까지가 될지는 모를 일이지만 우리나라는 두 거대한 경쟁자 사이에서 생존을 도모해야 하는 처지기 때문이다. 한 나라와 민족의 흥망성쇠가 결국 개인의 풍요롭고 안정적인 삶을 뒷받침한다는 사실을 감안하면, 역사 속 패권 국가들의 성취와 한계를 되돌아보는 일은 국가뿐 아니라 개인과 기업 차원에서도 더 나은 미래를 상상하는 좋은 출발점이 될 것이다.

◈◈◈ **차례**

1장

봉건 제국
스페인의 흥망

　1492년 8월 3일, 크리스토퍼 콜럼버스는 배 세 척을 이끌고 아시아
로 가는 새로운 항로를 찾아 떠났다. 그해 10월 12일, 콜럼버스 일행
은 오늘날 바하마제도의 한 섬에 도착했다. 콜럼버스는 그 섬에 '산살
바도르'라는 이름을 붙였고, 그곳 원주민을 '인디오(스페인 말로 인도 사
람을 뜻한다.)'라고 불렀다. 원주민이 금으로 만든 장신구로 치장한 모
습을 보고 콜럼버스는 몇몇 원주민을 포로로 잡아서 금이 나는 곳으로
안내하라고 채근하기도 했다. 콜럼버스가 남긴 기록에 따르면, 원주민
은 너무 순진해서 그들이 가진 금붙이나 면제품을 값싼 유리 장신구나
부서진 그릇과 맞바꾸었다고 한다. 이것이 스페인-아메리카제국의 시
작이었다.
　스페인은 근대 초 유럽에서 제국이라 부를 만한 강력한 국가를 제일

◆◆◆
1492년에 히스파니올라섬에
상륙한 크리스토퍼 콜럼버스

먼저 세웠다. 여기서 제국이란 내적으로는 군사력과 경제력을 포함해서 지상至上 권력을 추구하고, 외적으로는 자국 중심으로 위계적인 정치 질서를 만들어 주변국에 영향력을 행사하는 나라를 의미한다. 스페인이 이런 제국의 위상을 제대로 갖춘 것은 16세기 초 카를 5세 시대부터였다.

카를 5세가 통치한 스페인제국의 유럽 영토는 고대 로마제국 이후 최대 규모였다. 그의 제국은 스페인 본토와 합스부르크제국의 영토, 그러니까 오늘날의 독일과 오스트리아를 아우르고 있었다. 여기에 지금의 네덜란드와 벨기에를 포함하는 저지대 국가Low Countries와 이탈리아반도 절반이 모두 카를의 영토였다. 뿐만 아니라 대서양 건너에 있는 방대한 아메리카 식민지도 그의 것이었다. 카를의 아들 펠리페 2세는 지금의 필리핀까지 손에 넣으며 아시아까지 세력을 뻗쳤다.

16세기 초까지 유럽 역사에서 이렇게 넓은 제국을 보유한 나라는 스페인제국이 처음이었다. 크기만 놓고 보면 고대 로마제국도 스페인제국과는 비교가 안 된다. 19세기 초 스페인제국의 영토는 1300만 제곱킬로미터 이상으로 전 세계 지표면의 10퍼센트에 달했는데, 이는 최전성기 로마제국의 두 배가 훨씬 넘는다. 인류 역사를 통틀어 가장 큰 제국을 순서대로 꼽으면, 스페인제국은 무려 네 번째다.

그만큼 전성기에 스페인제국의 위세는 대단했다. 17세기 중반 프란시스코 우가르테라는 정치저술가는 이렇게 썼다. "신께서 세상을 창조하신 후로 스페인제국처럼 광대한 제국은 없었나니, 그 땅에는 해가 뜰 때부터 질 때까지 해가 비치지 않는 때가 없다." 흔히 '해가 지지 않는 나라'는 영英제국을 일컫는 말로 알려져 있지만, 사실 이 표현은 스페인제국의 위세를 가리킬 때 먼저 사용되었다.

스페인제국은 넓은 영토만큼 대단한 군사력을 갖고 있었다. 펠리페 2세 시대에 스페인제국은 스페인뿐만 아니라 네덜란드, 이탈리아, 독일 지역에서 육군만 16만 명을 동원할 수 있었다(스페인제국을 가장 경계했던 프랑스 같은 경우 보병 숫자가 3만 명 정도였다). 스페인제국은 경제적으로도 풍요로웠다. 정확한 통계 자료는 없지만, 경제학자 앵거스 매디슨Angus Medison이 추정한 국내총생산 통계를 바탕으로 계산해보면 스페인제국의 부는 지금 돈으로 239억 달러 정도로 추산된다. 이는 역사상 열 번째로 부유한 제국이라는 뜻이다.

물론 스페인이 근대 초 유럽에서 가장 먼저 세계 제국을 세우려 했던 나라는 아니었다(이런 '영광'은 포르투갈에 돌아가야 한다). 하지만 스페인은 인구가 3500만 명에 이르는 잉카와 아스테카 문명을 무너뜨리고 비유럽 지역에 커다란 제국을 세웠다. 오늘날 스페인어를 모국어로 쓰는 사람이 4억 5000만 명을 넘을 만큼 스페인제국의 영향력은 엄청났다. 스페인제국은 어떻게 그런 성취를 이룰 수 있었을까? 그리고 더 중요하게는, 왜 그 영광이 한 세기를 채 넘지 못했을까?

⇒⇒── 세계사를 바꾼 결혼 ──⇐⇐

1469년 10월 19일 아침, 카스티야의 왕위 계승자 이사벨 1세가 시칠리아의 왕이며 아라곤연합왕국의 왕위 계승자 페르난도 2세와 바야돌리드에서 은밀하게 결혼식을 올렸다. 이 역사적인 결혼식이 왕궁이 아니라 사가私家에서 비밀리에 진행된 까닭은 이베리아반도의 세력 판도를 완전히 바꿔놓을 일이라 주변 여러 나라 통치자들이 아주 예민하게 주시하고 있었기 때문이다.

당시 이베리아반도에는 포르투갈왕국을 비롯해, 카스티야왕국이나

아라곤연합왕국 같은 가톨릭 왕국들이 있었다. 그 가운데 카스티야는 오늘날 스페인 수도인 마드리드가 있는 이베리아 중부의 커다란 왕국이었고, 아라곤은 지중해 쪽을 향해 있는 여러 지역, 가령 카탈루냐 같은 곳을 포함한 연합왕국이었다.

이베리아반도의 통치자들은 카스티야가 어느 나라와 손을 잡느냐에 주목했다. 카스티야가 가령 포르투갈과 손을 잡는다면 스페인의 운명이 크게 달라질 수 있기 때문이다. 다행히 이 시나리오는 이사벨이 포르투갈 왕위 계승자와의 결혼을 내켜 하지 않아 실현되지 않았다. 한편 아라곤의 이웃이었던 프랑스는 카스티야가 아라곤과 손을 잡는 일을 경계했다.

이사벨과 페르난도의 결합은 어떻게 보면 자연스러운 일이었을지 모른다. 페르난도의 집안은 원래 카스티야 출신이기 때문이다. 하지만 통합을 가로막는 걸림돌도 있었다. 무엇보다 두 왕국은 각자 바탕을 두고 있던 경제 체제가 아주 달랐다. 카스티야는 농업과 목축, 특히 양을 기르는 일에 특화한 지역이었던 반면 아라곤은 지중해와 접해 있어 상업이 꽤 발전된 지역이었다. 게다가 두 왕국 주민은 서로 친하지도 않았다.

그런데도 결혼이 성사될 수 있었던 것은 페르난도의 처지에서 카스티야의 도움이 절실했기 때문이다. 당시 아라곤왕국은 카탈루냐가 이탈하려는 움직임을 저지하면서 프랑스 루이 11세가 이베리아반도 쪽으로 팽창하려는 야심을 경계해야 했다. 따라서 페르난도는 아라곤왕국을 온전하게 지키기 위해 카스티야의 재정과 군사 원조가 필요했다. 게다가 이사벨이 개인적으로 페르난도에게 매력을 느꼈기 때문에 여러 어려움에도 결혼이 이루어질 수 있었다. 두 왕국의 통합은 당시 양모 산업이 번성해 경제가 역동적으로 성장하고 있었던 카스티야가 주도했다.

이렇게 탄생한 스페인은 곧 나라 밖으로 세력을 확장했다. 스페인은 제일 먼저 이베리아반도에 남아 있던 이슬람 세력의 마지막 근거지인 그라나다왕국을 정복했다. 그라나다 정복은 이슬람 세력에게서 가톨

릭 왕국을 되찾는 재정복운동, 즉 레콩키스타Reconquista의 마지막 장면
이었다. 그 후 페르난도는 이탈리아로 건너가 프랑스와의 전쟁에서 승
리를 거두고 나폴리왕국을 차지했다. 1504년 이사벨이 죽은 후 카스
티야의 왕위가 이사벨의 딸에게 돌아가자 페르난도는 섭정 역할을 하
며 나바라왕국을 추가로 정복했다. 그사이 페르난도는 혼인을 중요한
정책수단으로 삼고서 잉글랜드에서부터 포르투갈과 합스부르크까지
수많은 가문과 결혼 동맹을 맺어 프랑스를 견제하고 자신의 정치적
영향력을 확대했다.

⊰⊱ 스페인제국의 탄생 ⊰⊱

　페르난도가 죽은 뒤 스페인 왕위는 손자 카를이 물려받았다. 카를은
페르난도의 둘째 딸 후아나와 합스부르크왕국의 펠리페 왕자 사이에
서 태어났으며, 스페인식으로는 카를로스 1세라 불린다. 이렇게 스페
인 왕위가 합스부르크 가문으로 넘어가면서 거대한 스페인-합스부르
크제국(이하 '스페인제국')이 탄생했고, 카를로스 1세는 그야말로 유럽
에서 제일 넓은 영토를 다스리는 황제가 되었다. 그는 이미 6세에 아
버지 쪽에서 저지대 국가와 프랑슈콩테 지역을 물려받았는데, 어머니
쪽에서 스페인 왕위까지 물려받으면서 카스티야와 아라곤연합왕국,
이탈리아의 나폴리와 시칠리아, 사르데냐왕국은 물론이고 카스티야에

속했던 아메리카 식민지도 차지하게 된 것이다. 게다가 이탈리아 북부의 밀라노공국도 좌지우지할 수 있었다.

스페인 왕위에 오른 후 몇 년이 채 되지 않아서 카를로스 1세는 다시 한번 영토를 크게 넓힐 좋은 기회를 얻었다. 신성로마제국*의 황제였던 친할아버지 막시밀리안 1세가 사망한 것이다. 신성로마제국 황제는 독일 지역을 다스리던 일곱 제후가 선거로 뽑았는데, 황제의 손자였던 카를로스 1세는 자연스럽게 후보가 되었다. 문제는 다른 후보들도 만만치 않았다는 점이다. 작센 선제후도 유력한 후보였고, 프랑스 국왕 프랑수아 1세와 잉글랜드 왕 헨리 8세도 막강한 후보였다. 신성로마제국의 황제 자리에 오르기 위해 카를로스 1세는 선제후들의 환심을 얻어야 했다.

바로 그때 위력을 발휘한 게 돈, 더 정확하게 이야기하면 오늘날의 독일 아우구스부르크에 본거지를 두고 있던 대상인 집안인 푸거 가문의 힘이었다. 이 가문을 이끌었던 야고프 푸거가 당시로서는 엄청난

• 신성로마제국의 역사는 800년에 프랑크족 왕 샤를마뉴가 교황 레오 3세로부터 로마 황제라는 칭호를 하사받은 일로 거슬러 올라간다. 샤를마뉴 사후에 프랑크왕국은 여러 개로 쪼개졌는데, 962년에 독일 왕국의 오토 1세가 이탈리아왕국을 통합하면서 교황 요하네스 12세에게 다시 한번 황제라는 칭호를 하사받으면서 신성로마제국의 역사가 본격적으로 시작되었다. 15세기부터 공식 칭호가 '독일 민족의 신성로마제국'이 되면서 프랑스와 헝가리 및 폴란드 사이의 중부 유럽에 걸친 넓은 영토를 보유하게 되었다. 신성로마제국 황제는 왕을 선출하는 게르만족 전통에 따라 14세기 중반부터 7명의 선제후選帝侯가 뽑았다.

돈을 카를로스에게 빌려준 것이다. 야고프 푸거가 조성한 선거 기금은 무려 85만 플로린으로, 순금으로 따지면 약 3000킬로그램에 해당되는 양이다. 이는 지금 돈으로 환산하면 1억 3000만 달러가 넘는 천문학적인 액수다. 이런 엄청난 돈을 뇌물로 뿌린 덕에 카를로스 1세는 만장일치로 신성로마제국 황제 카를 5세가 되었다.

카를 5세는 부모의 결혼으로 스페인제국과 합스부르크제국을 한꺼번에 물려받을 수 있었고, 여기에 외교 수완을 발휘해 신성로마제국까지 얻었다. 결혼과 상속, 외교로 고대 로마제국보다도 더 큰 영토를 얻

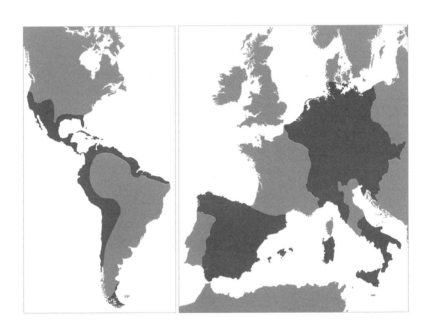

◆◆◆
카를 5세 때의 스페인제국

은 것이다. 그는 가장 중세적인 방법으로 제국을 손에 넣었다. 문제는 당시 유럽이 근대로 향하는 길목에 있었다는 점이다. 그는 치열한 영토 경쟁에서 자신의 제국을 지켜내야 했다. 그러기 위해선 재정 자원을 확보하는 일이 반드시 필요했다. 특히 대서양 너머 아메리카 식민지가 중요한 역할을 했다.

⨳═ 아메리카대륙의 발견 ═⨳

1492년, 그라나다를 정복해 지난 700년간 계속된 레콩키스타 운동을 마무리한 바로 그해에 카스티야 여왕 이사벨은 크리스토퍼 콜럼버스의 항해를 후원하기로 결정한다. 사실 이 두 사건은 긴밀하게 연관되어 있다. 이베리아반도에서 이슬람 세력을 축출하면서 넓은 영토를 차지했지만, 거기서 얻을 수 있는 경제적 잉여는 한정되어 있으니 새로운 부의 원천을 찾는 사업이 무척이나 중요했던 것이다. 그렇게 해서 새로운 무역로를 찾거나 풍요로운 식민지를 선점할 수 있다면 다른 유럽 경쟁국보다 앞서 나갈 수 있었다. 게다가 당시 카스티야는 해외 진출을 모색하는 데 여러 모로 좋은 위치였다.

실제로 15세기 말 카스티야 경제는 활력이 넘쳤다. 13세기부터 양모 무역이 확대되면서 카스티야 항구 도시들이 발전하기 시작했는데, 그 가운데 세비야는 이베리아반도는 물론 지중해 여러 곳에서 수많은 상인과 상업적 부에 관심이 있는 귀족이 모여드는 곳이었다. 한 역사가의 표현을 빌리면, "북아프리카와 대서양의 망망대해를 조망할 수 있는 유럽의 전망대"였다. 즉, 세비야는 국제적인 상업 도시로 발돋움해 자본이 모이는 곳이 되어가고 있었다.

이런 흐름 속에서 카스티야 사람들이 해외 진출에 관심을 갖게 된 건 자연스러운 일이었다. 게다가 이웃 나라 포르투갈 사람들이 활발하게 해외로 진출하고 있었기 때문에 스페인 상인이나 지배 세력은 조바심을 느끼고 있었다. 이 무렵에 등장한 인물이 바로 크리스토퍼 콜럼버스였다.

콜럼버스는 원래 제노바 사람으로, 직조공의 아들로 태어났지만 젊을 때 가업을 버리고 해상 무역에 뛰어들었다(당시 지중해의 젊은이들 사이에서는 흔한 일이었다). 1476년에 콜럼버스는 포르투갈 리스본으로 가서 10년을 머물며 아이슬란드로 항해를 떠나거나 마데이라에서 설탕을 사서 제노바에 가서 팔기도 했다. 또 포르투갈의 해상 왕자 엔히크가 개척한 길을 좇아 아프리카 해안을 따라 항해하기도 했다.

그러던 어느 날, 콜럼버스는 지구가 둥글기 때문에 서쪽으로 계속가다 보면 인도에 닿을 수 있다는 이탈리아 천문학자 토스카넬리의 주장을 접하고서 1485년 포르투갈 국왕 주앙 2세에게 새로운 인도 항로 개척을 제안했다. 하지만 포르투갈 정부가 그의 제안을 거절하자 낙심하여 스페인으로 건너갔다. 처음에는 스페인 정부도 콜럼버스의 제안을 거부했다. 1486년 1월, 콜럼버스는 페르난도와 이사벨을 직접 만

◈◈◈
콜럼버스의 초상화

나 자신의 계획을 자세하게 설명할 기회를 잡았지만, 이번에도 조사위원회의 검토 결과는 마찬가지였다.

하지만 페르난도와 이사벨은 아시아 진출의 꿈을 버리지 않았다. 포르투갈의 성공에 조바심을 느끼고 있던 터라 콜럼버스의 계획이 아무리 터무니없어도 돈이 별로 들지 않으니 한번 해볼 만하다는 생각이 들었다. 특히 이사벨은 나라 사이 경쟁이 점점 더 치열해지던 상황을 타개하는 길은 어떻게든 부를 축적하는 길뿐이라고 생각했던 것 같다. 혹시라도 콜럼버스가 새로운 영토가 될 만한 곳을 발견하기라도 한다면 소위 '대박' 아닌가. 그래서 이사벨은 과감하게 도박을 감행했다. 그는 본질적으로 영토 확장이 나라의 힘을 키우는 지름길이라고 생각하는 중세적인 군주였지만, 근대적인 상인처럼 위험을 감수하려는 면모도 지닌 과도기의 군주기도 했다.

이사벨 여왕의 적극적인 지지를 바탕으로 1492년 산타페에서 콜럼버스는 스페인 왕실과 정식 사업 조약을 체결했다. 사업비는 200만 마라베디로 결정되었고 그중 스페인 왕실이 114만 마라베디를 제공했다. 이사벨은 개인적으로 무척 아꼈던 왕실 보석을 팔라고 이야기할 정도로 후원에 열성적이었다고 한다. 이사벨의 신하들은 왕실 보석을 팔아치우는 대신 왕실에 빚을 지고 있던 어느 도시에 선박 두 척을 헌납하게 함으로써 문제를 해결했다. 한편 이 불확실한 항해에 콜럼버스도 50만 마라베디라는 거금을 투자했다(당시 중산층 가정의 전 재산이 5만 마라베디 정도였으니 그야말로 인생을 걸었다고 볼 수 있다). 콜럼버스는 이 돈을 피렌체 출신 노예 상인에게 빌렸다.

그해 8월 3일 새벽, 산타마리아, 니냐, 핀타, 이 세 척의 배가 스페인의 팔로스항을 떠났다. 콜럼버스 자신은 테니스코트만 한 작은 배 산타마리아호를 지휘했다. 그는 아프리카 대서양 근처에 있는 카나리아제도에 잠시 머물렀다가 다시 떠난 지 33일이 지난 10월 12일 육지를 발견했다. 그곳은 지금의 바하마제도에 있는 어느 섬으로, 콜럼버스는 여기를 산살바도르, 즉 '구세주'라 불렀다.

근대 사업가의 피가 철철 흐르는 것처럼 보이는 콜럼버스가 이런 종교적인 이름을 붙인 데는 다 이유가 있다. 사실 그는 해상 진출로 귀족의 지위를 획득하고 아시아의 재물을 얻으려는 세속적인 욕망뿐만 아니라 인류 구원이라는 종교적 야망으로 똘똘 뭉친 사람이었다. 그는 독학으로 수많은 책을 탐독했는데, 특히 점성술에 푹 빠져서 세상의 종말이 150년밖에 남지 않았다고 굳게 믿었다. 곧 다가올 말세를 준비해야 하는데, 이 일을 주도할 마지막 황제가 스페인에서 나올 것이며 이 새로운 다윗이 십자군을 이끌고 예루살렘을 회복해 성전聖殿을 재건할 거라고 생각했다. 콜럼버스는 아시아 탐험을 이런 종교적 과업과 연결해, 인류가 돌아가야 할 지상낙원을 발견하고, 구약에 기록된 대로 금광을 찾아 이슬람 세력을 격퇴하는 데 필요한 자금을 마련하는 일로 받아들였다.

그런데 흥미롭게도 페르난도와 이사벨, 스페인 귀족들은 콜럼버스가 원래 구상했던 교역로 발견과 상업 전진 기지 구축이라는 목표에 크게 공감하지 않았던 것 같다. 콜럼버스가 약속했던 금과 향료를 즉시 얻을 수 없게 되자 국왕은 카스티야 사람들을 보내 정착시키는 식민 사업을 추진했다. 레콩키스타 때처럼 영토를 정복하고, 정복 사업에 참여한 이들에게 영토를 나눠 주어 이교도를 개종하는 일에 매진하려는 의지를 드러낸 것이다. 실제로 콜럼버스 항해 이후 국왕이 임명한 현지 관리는 땅과 원주민 노동력을 스페인 사람들에게 나눠 주었다. 결국 아시아와의 교역을 꿈꿨던 콜럼버스의 열망은 새로운 땅을 식민지로 삼는 사업으로 바뀌었다. 이로써 아메리카대륙의 상당부가 스페인제국의 차지가 되었다.

⊰═ 프랑스와 오스만제국의 견제 ═⊱

다시 스페인제국으로 눈을 돌려 보자. 고대 로마제국 이후에 유럽의 어떤 왕도 카를 5세처럼 넓은 영토를 다스린 적이 없었다. 로마가 꿈꿨던 유럽 통합, 카를 5세 시대에 널리 쓰인 용어를 빌리면 가톨릭 보편왕국universal monarchy ● 건설을 생각해볼 수 있을 정도로 카를 5세 제국의 판도는 넓었다. 당연히 스페인제국 근처에 자리 잡은 여러 나라 군주들은 그의 제국에 질시와 경계의 눈초리를 보내며 견제했다.

카를 5세에게 가장 심각한 골칫거리는 프랑스였다. 유럽 지도를 보면, 지금의 프랑스가 가운데 있고, 그 주변에 네덜란드, 벨기에, 스위스, 독일, 오스트리아, 이탈리아가 있다. 카를 5세 때에는 이 나라들 가운데 프랑스를 제외한 모든 나라가 스페인제국에 속했다. 다시 말해, 프랑스는 카를 5세의 제국에 완전히 둘러싸인 모양새였다. 프랑스는 이런 포위망에서 벗어나기 위해서라도 스페인제국에 맞서야 했다. 특히 카를 5세 시대에 프랑스를 다스린 프랑수아 1세는 영토 확장에 상

● 일반적인 군주정 국가와 달리 하나의 왕국이 모든 지역에서 유일한 통치권을 갖거나 다른 모든 나라에 대해서 우위를 차지하고 있는 상황을 이야기한다. 이 개념은 고대 로마제국으로 거슬러 올라가는데, 기독교(크리스트교)를 국교로 받아들인 이후 로마제국은 기독교 세계의 우두머리라고 주장했다. 이 개념은 근대 초에 스페인제국이 유럽과 아메리카에서 넓은 영토를 장악하면서 다시 한 번 널리 쓰이기 시작해서, 스페인제국처럼 영토와 지배권에 대한 야심을 드러내는 나라를 비난할 때 주로 사용되었다.

당한 야심을 품고 있었고 무엇보다도 경제적으로 풍요로웠던 이탈리아에 눈독을 들였기 때문에 두 나라의 대결은 피하기 어려웠다.

프랑스와의 첫 번째 전쟁은 1521년에 시작되었다. 프랑스는 베네치아 공화국과 한편이 되었고, 스페인제국은 잉글랜드와 교황 레오 10세와 한편이 되었다. 이 전쟁은 카를 5세의 승리로 끝났고, 프랑수아 1세는 사로잡혔다. 그 뒤 프랑수아 1세는 풀려나지만 교황과 잉글랜드, 이탈리아 여러 나라와 합세해 또다시 카를 5세에 맞섰다. 카를 5세의 응징은 무시무시했다. 제국 군대는 훗날 에라스뮈스가 "한 도시의 파괴가 아니라 한 문명의 파괴"라고 할 정도로 로마를 쑥대밭으로 만들었다. 이후에도 프랑스와의 전쟁은 끝날 듯 말 듯 계속되었다.

동쪽에 있는 오스만제국도 문제였다. 오스만제국은 이탈리아 여러 도시 국가와 시칠리아, 오스트리아 지역을 위협했다. '위대한 술레이만'이라 불리던 술레이만 1세의 오스만제국은 당시 최전성기를 누리며 호시탐탐 유럽으로 세력을 확장하려고 했다. 오스만제국은 유럽으로 가는 길목인 헝가리를 정복하는가 하면 신성로마제국의 수도인 오스트리아 빈을 포위·공격했다. 지중해에서도 오스만제국의 위세는 대단했다. 스페인제국 해군은 튀니지에서 승리를 거두기도 했지만 오스만제국 해군의 위세를 감당하기에는 역부족이었다. 게다가 이슬람 해적들은 시시때때로 스페인과 이탈리아 해안에 출몰해 스페인제국의 무역망을 교란했다.

가톨릭 세계의 보호자 역할을 자처하던 카를 5세로서는 오스만제국

❖❖❖
1538년 프랑수아 1세(왼쪽)와 카를 5세(오른쪽)는 휴전 조약을 맺기 위해 니스에서 만나는 모습.
실제로는 직접 만나기를 거부해 각자 다른 방에서 서명을 했다고 한다.

을 어떻게든 처리해야 했다. 하지만 프랑스와의 대결에 집중해야 해서
오스만제국과의 전쟁에는 전력을 다할 수 없었다. 그러다가 1542년,
프랑스와 오스만제국이 동맹을 맺고 스페인제국과 잉글랜드가 한편이
되어 큰 전쟁이 일어났다.

주변 국가들과 전쟁과 휴전을 반복하던 카를 5세의 치세에는 평안
한 날이 없었다. 봉건 사회에서 영토 확장은 국왕이 부와 세력을 키울
수 있는 가장 확실한 방법이었으니 주변 여러 강대국은 카를의 제국이

확장되는 것을 막거나 아예 제국 일부를 빼앗으려 했다. 이런 연유로 계속된 전쟁은 카를의 막강한 제국에도 심각한 재정 부담이 될 수밖에 없었다.

⟫═══ 종교개혁: 가톨릭 세계의 분열 ═══⟪

영토를 두고 카를 5세의 제국과 주변 열강이 치열하게 다투는 가운데 엎친 데 덮친 격으로 카를 5세의 제국을 하나로 묶어 주던 중요한 끈인 가톨릭교회에 균열이 일어났다. 가톨릭교회에 반대하는 종교개혁이 일어난 것이다. 종교적 통일성에 금이 가기 시작한 것은 가뜩이나 중앙집권적 행정 기구를 갖춘 통일 제국을 만들지 못한 스페인제국에게 큰 부담이었다. 제국에 속한 국가가 종교 자유를 내세워 제국에서 이탈하려고 할 수도 있었기 때문이다. 개신교에 대한 신념이 투철하지 않더라도 황제의 통치에 불만이 많은 제후들은 이걸 구실로 삼아 제국이 강요하는 세금 부담이나 전쟁 참여 요구를 피하고 교회 재산을 차지할 수 있었던 것이다. 실제로 종교개혁이 시작된 독일 지역에서 이런 갈등이 빈번하게 일어났다. 또 카를의 아들 펠리페 2세 시대에는 네덜란드가 종교를 구실 삼아 독립을 선언하기도 했다.

마르틴 루터가 비텐베르크 교회 정문에 면벌부 같은 가톨릭교회의 여러 습속과 교리를 대놓고 비판하는, 저 유명한 '95개조 반박문'을 써

❖❖❖
95개조 반박문

붙여놓을 때만 하더라도 일이 이렇게 커지리라고는 아무도 예측하지 못했다. 가톨릭교회 사제였던 루터는 교회 내부의 개혁을 원했을 뿐이었다. 95개조 반박문을 라틴어로 쓴 것에서 알 수 있듯 루터는 동료 성직자와 신학자를 신학 토론에 초청하고, 토론 내용이 교황에게 잘 전달되기만 하면 문제를 쉽게 바로잡을 수 있을 거라고 믿었다.

하지만 루터의 반박문은 루터 자신도 모르게 독일어로 번역된 후, 당시에 막 퍼지기 시작한 인쇄기를 통해 대량으로 인쇄되어 독일 전역에 퍼졌다. 삽시간에 루터는 개혁 세력의 우두머리가 되었고, 당황한 가톨릭교회 지도자들은 루터를 어르고 달래며 비판을 철회하라고 요구했다. 하지만 루터는 양심을 거스르는 일을 할 수 없다면서 버텼다. 결국 루터는 종교적으로 사형선고나 다름없는 파문을 당했지만, 굴복하지 않고 자기 생각을 여러 팸플릿으로 작성해 널리 알렸다. 종교개혁은 순식간에 독일을 넘어 유럽 여러 곳으로 확산되었다.

프랑스나 오스만제국과 치열하게 다투고 있던 카를 5세에게 종교개혁은 참 골치 아픈 일이었다. 독실한 가톨릭 신자였던 카를 5세는 자신을 가톨릭교회의 보호자라고 자처했기 때문에 종교개혁이 확산되는 것을 그냥 두고 볼 수 없었다. 루터 같은 이단적인 인물은 반드시 처리해야 했고, 루터의 추종자들도 억눌러야 했다. 게다가 이런 일이 자신이 다스리는 신성로마제국의 한복판에서 벌어진 상황은 정말로 참기 어려웠다.

실제로 1521년 보름스 제국 의회에서 루터가 자기 신념을 결코 버리지 않겠다고 공언하자 카를 5세는 태도를 분명히 했다. 카를은 이렇게 단언했다. "이 시대와 세대에 우리의 태만으로 이단, 심지어 이단이라고 의심 받거나 가톨릭교회가 축소되는 일이 일어난다면 우리 자신과 후손에게 영원한 오점이 될 것이며 나와 고귀하고 저명한 독일 민족에 속한 여러분에게 치욕이 될 것이다."

하지만 루터가 머물던 작센 지방의 막강한 선제후 프리드리히는 루

독일 화가 안톤 폰 베르너가 1877년에 그린 〈보름스에서 마르틴 루터〉

터를 끝까지 지켜주었고, 루터의 새로운 교리와 대의를 지지한 제후들은 카를 5세의 위협에도 굴복하지 않고 버텼다. 카를 5세도 여러 곳에서 전쟁을 치르고 있던 터라 무력으로 이들을 모두 응징하기 어려웠다. 그래서 1555년에 아우크스부르크화약을 맺어 일단 타협을 선택했다. 하지만 앙금은 여전히 남아 있었고, 이것이 나중에 독일에서 대규모 종교전쟁이 일어나는 원인이 되었다.

✥══ 끝없는 전쟁 그리고 빚 ══✥

수많은 전쟁을 치른 카를 5세는 1556년에 스페인 왕위를 아들 펠리페에게 넘겼다. 펠리페 2세의 시대가 시작된 것이다. 그런데 펠리페 2세는 광대한 영토만 물려받은 게 아니고, 아버지 카를이 남긴 엄청난 빚도 떠안아야 했다. 카를은 세금을 담보로 푸거가를 포함해 독일과 스페인, 네덜란드 은행가에게 어마어마한 돈을 빌렸는데, 특히 말년에 씀씀이가 엄청났다. 1552년부터 1556년까지 카를 5세가 빌린 돈은 960만 두카트가 넘었고, 이자율은 무려 48퍼센트에 이르렀다. 그래서 펠리페가 제위를 물려받았을 때는 이자조차 감당하기 어려웠고, 원금 상환은 꿈도 꿀 수 없었다. 결국 1557년 스페인 왕실은 지급 정지를 선언해 사실상 나라가 파산했음을 알렸다.

그런데도 펠리페 2세는 대외 팽창과 전쟁을 계속했다. 그에게는 나

◈◈◈
이탈리아 화가 스포니스바 안귀솔라가 그린
〈펠리페 2세 초상〉

라 밖에서 해결해야 할 문제가 참 많았다. 프랑스와의 갈등은 완전히 해결된 것이 아니라서 다시 한번 프랑스를 침공했고, 오스만제국과도 여전히 다투었다. 오스만제국이 베네치아를 침략하자 이탈리아 도시국가들과 신성동맹을 결성해서 1571년에 레판토해전에서 승리하는 전과를 올렸지만, 그런 만큼 재정 지출은 늘어났다.

더 심각한 문제는 잉글랜드와 네덜란드에서 일어났다. 잉글랜드 엘리자베스 1세가 해적을 지원해 스페인을 견제하자 스페인의 대서양 무역이 큰 타격을 입었다. 또한 펠리페 2세는 엘리자베스 여왕이 스페인으로부터 독립하려는 네덜란드 개신교도를 후원하고 있다고 의심해 1580년대 초부터 전쟁을 준비했다. 결국 1588년에 스페인과 잉글랜드는 일대 해전을 벌인다. 하지만 전술적인 오판에다가 무기 체계의 열세와 태풍이 겹치면서 '무적함대'라 불리던 스페인 해군은 잉글랜드 해군에 무참히 패배하고 말았다.

잉글랜드와 전쟁을 치르게 된 원인을 제공한 네덜란드 문제는 다름 아니라 저지대 북부 7개주가 연합해 독립을 선언한 것이었다. 그로 인해 발생한 네덜란드와의 전쟁이 무려 80년간 계속되면서 스페인의 재정 상태를 더욱 악화시켰다. 이는 스페인제국의 세력이 약해지는 결정적인 계기가 되었다(자세한 내용은 2장 참조).

☞═══ 그 많은 돈은 어디서 났을까 ═══☜

카를 5세와 펠리페 2세가 다스리던 시절에 스페인은 명실상부한 유럽의 패권 국가였다. 하지만 스페인의 패권을 두고 볼 수 없었던 유럽 여러 열강의 견제 탓에 카를 5세와 펠리페 2세의 제국은 끊임없이 전쟁에 휘말렸다. 스페인제국의 위세에 위협을 느낀 프랑스와 여러 차례 다퉜고, 유럽으로 세력을 확장하던 오스만제국과 충돌했으며, 종교개혁을 시작한 군주들과도 갈등을 겪었다. 또 제국 안에서는 네덜란드가 반란을 일으켰고, 종교와 무역 이익을 두고 잉글랜드와도 일전을 치렀다.

이렇게 많은 전쟁을 치르려면 당연히 돈이 많이 든다. 패권을 떠받치는 재정 자원을 동원하는 일이 중요했다는 것인데, 특히 근대로 넘어가던 이 시기에 전쟁 양상이 달라지면서 효율적인 재정 자원 동원은 국가의 사활이 걸린 문제였다. 중세에는 기병이 중심이 되어 전쟁을 치렀다면, 이 시대에는 로마제국 시대처럼 보병이 다시 군사력의 핵심이 되었다. 특히 16세기 초부터 스페인이 쓴 테르시오tercio라는 독특한 전투 대형이 여러 전장에서 힘을 과시했다. 테르시오는 원래 보병 연대를 의미하는데, 보통 보병 1000여 명을 가운데 놓고 그 주위에 비슷한 숫자의 총병을 배치하는 것이다. 총병은 화승총인 아르쿼부스와 머스킷으로 무장했다. 이런 방진이 전진할 때 총병이 선두에서 사격을 퍼붓는 식으로 공격했기 때문에 화력을 유지할 수 있었고, 방진 규모가 커서 병사들 사기가 쉽게 떨어지지 않는 장점이 있다. 테르시오를 이루는 병력은 카스티야에서 주로 충원했지만, 때로는 제국 여러 지역에서 충원하기도 했다. 17세기 초에 스페인군은 유럽에서 가장 규모가 컸다.

육군만큼 중요하지는 않았지만, 스페인제국은 지중해에서 오스만제국과 세력을 다투기 위해 해군도 육성해야 했다. 스페인제국은 노를 저어 움직이는 갤리선으로 이루어진 대규모 해군을 운용해서 스페인과 이탈리아 해안을 보호하는 동시에 오스만제국의 세력 확장을 막았다. 다른 한편으로 아메리카 식민지로 가는 길을 보호하기 위해 대서양 쪽에도 해군을 배치했다. 스페인제국 해군은 아메리카 식민지를 오가며 금이나 은을 나르는 선단을 보호하는 역할을 충실하게 수행했다.

대규모 육군을 유지하려면 병사의 급료부터 각종 무기와 보급품을 원활하게 공급하는 보급 체계와 이를 뒷받침하는 재정 자원이 있어야 한다. 해군도 선박 건조부터 급료와 보급품, 무기까지 많은 돈이 든다. 스페인제국은 어디서 이런 자금을 조달했을까? 스페인제국이라는 거대한 전쟁 기계를 움직이게 한 건, 다름 아닌 아메리카 식민지였다.

아시아의 금과 은을 찾아 떠날 때 콜럼버스는 원대한 꿈을 꾸었다. 종말이 머지않았으므로 마지막 십자군 전쟁이 불가피하다고 믿었던 그는 십자군 전쟁에 필요한 자금을 아시아에서 얻으려 했다. 하지만 콜럼버스 이후 아메리카 정복에 나선 콩키스타도르conquistador •는 이런 '고결한' 목표에는 별로 관심이 없었다. 잉카제국을 쑥대밭으로 만든 피사로의 병사들은 잉카 장인들이 수천 년 전부터 공들여 만든 수많은 장식품, 금은으로 만든 보석과 접시, 컵, 타일 같은 물건들을 닥치는 대로 약탈해 모두 녹여 금은 덩어리로 만들었다. 페루 고원 도시인 카하마르카에서만 이런 식으로 1만 3420파운드(약 6000킬로그램)의 금과 2만 6000파운드(약 1만 2000킬로그램)의 은을 얻었다. 1533년 3월부터 6월까지 잉카뿐만 아니라 안데스 문명의 유물이 이렇게 불타버렸다.

스페인제국의 금과 은에 대한 욕심은 끝이 없었다. 프랑스 역사가

• 스페인어와 포르투갈어로 '정복자conqueror'를 뜻하는 말이다. 스페인제국과 포르투갈 제국에서 정복 활동을 이끌었던 기사나 군인, 탐험가를 모두 가리킨다. 아메리카뿐만 아니라 아프리카와 아시아에서도 콩키스타도르는 새로운 영토를 정복하고 무역로를 여는 데 크게 기여했다.

피에르 쇼뉘Pierre Chaunu가 추산한 바에 따르면, 스페인인이 아메리카 대륙에서 2~3년 만에 약탈한 금의 양이 아메리카 원주민이 1000년 동안 축적한 양에 맞먹는다고 한다. 원주민의 금을 약탈한 다음에는 원주민에게 사금 채취를 강요했다. 이렇게 금 채굴에 열을 올린 결과, 스페인은 16세기에 세계 금 생산의 거의 40퍼센트를 차지했다. 금 채굴에 동원된 원주민은 주로 여자였는데 그로 인해 농업 생산이 마비되고 출산도 줄어들어 스페인 사람이 정착한 여러 섬의 인구가 크게 감소했다. 이런 일이 스페인의 아메리카 진출 이후 한 세대 동안 계속되었다.

금보다 더 중요한 건 은이었다. 1540년대 중반에 페루의 포토시, 그러니까 지금의 볼리비아 포토시에서 은광이 발견되었고, 비슷한 시기에 누에바 에스파냐, 즉 지금의 멕시코에서도 은광이 개발되었다. 원래 아메리카 원주민은 포토시 은광을 비밀로 간직하려고 했지만, 1545년

❖❖❖
페루 정복 활동에 참여한 페드로 시에사 데 레온이 지은 책에 실린 〈포토시의 부유한 산〉

에 스페인 사람들이 이 비밀을 알아차렸다. 포토시 은광은 네 개의 노천 광맥으로 이루어져 있었는데, 은이 아주 풍부해서 처음에는 원주민 노동력과 기술만으로도 쉽게 채굴할 수 있었다. 20년쯤 이런 식으로 은을 채굴하다가 노천에서 은을 채굴하는 게 어려워지자 스페인인은 좀 더 깊은 곳에서 은광석을 캐내려 했다. 그런데 은 함유량이 낮은 은광석에서 은을 캐는 일은 원주민 기술로는 불가능했다. 바로 그 무렵 원래 독일 은광에서 사용되던 수은 아말감법이라는 신기술이 들어왔다. 이는 광석을 잘게 부숴 물, 수은과 섞은 뒤 은·수은 합금만 골라내 가열하여 수은을 증발시키고 은을 얻는 방식으로, 은광의 채산성을 매우 높여주었다.

이런 식으로 얼마나 많은 은을 채굴했는지는 분명치 않다. 학자마다 추산이 조금씩 다른데, 대체로 1560~1685년에 채굴된 은의 양은 2만 5000톤에서 3만 톤가량이고, 1685~1810년에는 5만 톤에서 6만 톤 정도 된다고 한다. 같은 기간에 채굴한 금을 합쳐서 아메리카에서 생산된 귀금속이 세계 귀금속 생산에서 얼마나 큰 비중을 차지했는가에 대해서도 논란이 분분한데, 어떤 이들은 세계 은의 85퍼센트, 금의 71퍼센트 정도를 생산했다고 주장한다.

아메리카대륙의 귀금속은 스페인제국의 황제에게도 큰 부를 안겨주었다. 이미 1504년에 스페인 국왕은 아메리카대륙에서 얻는 귀금속의 20퍼센트를 세금으로 거둘 권리를 선언했다. 킨토 레알quinto real이라는 이 세금 덕분에 귀금속 채굴이 늘어날수록 왕실의 재정 수입이 늘어났다. 나중에 스페인 황제는 전쟁 자금을 마련하기 위해 이런 귀금속 수입을 담보로 유럽 은행가들에게 엄청난 돈을 빌리기도 했다.

하지만 귀금속 채굴 때문에 아메리카 원주민은 이루 말로 다할 수 없는 희생을 치렀다. 원주민 노동력을 징발하는 데 스페인 사람들은 원주민의 전통적인 제도인 미타mita를 활용했다. 미타는 마을마다 정해놓은 숫자의 사람을 노동력으로 내보내는 잉카제국의 노동력 징발 방식이었다. 잉카제국 시절에 미타로 징발된 노동자는 나라에서 먹여주고, 마을 바깥에서 일하는 시간도 그렇게 길지 않았다. 반면 스페인 사람들은 이 제도를 마음대로 바꿔 원주민을 마구 부려 먹었다.

은광에서 일하는 것은 정말로 가혹했다. 스페인 성직자들조차 원주민의 처지를 동정할 정도였다. 어느 스페인 성직자는 하느님이 멕시코 원주민에게 내린 열 가지 역병으로 천연두나 전쟁 같은 것 외에 노동 혹사를 꼽았다. 그의 이야기를 직접 들어보자. "아홉 번째 역병은 광산에서의 노역이었다. 인디언들은 무거운 짐을 짊어진 채 광산까지 180마일(약 300킬로미터) 이상 걸어야 했다. 그러다 양식이 떨어지면 광산이나 길에서 죽어갔다. 그들에게는 양식을 살 돈도 없고, 먹을 걸 줄 사람도 없었기 때문이다. 어떤 사람은 지친 상태에서 집까지 왔다가 쓰러져 죽기도 했다. 광산에서 죽은 인디언들과 노예의 시신이 악취를 풍기고 페스트를 퍼뜨렸다."

이렇듯 스페인이 아메리카에서 거둬들인 어마어마한 부는 원주민의 피를 대가로 얻은 것이었다. 여전히 봉건 사회에 머물었던 스페인의 귀족들이 무력을 동원해 농민을 쥐어짜서 부를 축적한 것과 마찬가지로 아메리카의 스페인 정착민도 원주민 노동력을 마음대로 부림으로써 풍요를 누릴 수 있었다. 이를 두고 어느 역사가는 중세 유럽에서와 마찬가지로 스페인-대서양제국의 진정한 보물은 마음대로 착취할 수 있는 원주민 노동력이었다고 이야기했다. 물론 스페인 사람들은 이런 보물을 전혀 아끼지 않았지만 말이다.

◈═══ 생태학적 교환은 변명이 될 수 없다 ═══◈

콜럼버스 원정 이후부터 16세기 중반까지 스페인의 아메리카대륙 식민화 과정은 크게 두 국면으로 진행되었다. 첫 번째 국면은 콜럼버스가 원주민으로부터 탈취해서 가져온 금을 보고 열광한 여러 탐험가가 아메리카의 귀금속을 찾아 앞다투어 떠나는 시기이다. 탐험가들은 콜럼버스가 정착민을 남겨놓았던 에스파뇰라, 그러니까 지금의 아이티를 중심으로 여러 지역을 탐험하면서 상업 거점을 찾아다녔다. 그러면서 태평양을 발견하고, 태평양으로 진출하는 교두보가 될 파나마해협도 장악했다. 뒤이은 두 번째 국면은 아메리카 정복 사업이 본격적으로 진행되는 시기이다. 당시 아메리카에 있던 아스테카와 잉카 두 토착 제국을 정복한 게 바로 이 시기에 일어난 일이다. 각각은 에르난 코르테스와 프란시스코 피사로가 이끌었다.

정복 사업에 참여한 카스티야 사람들은 1000명이 채 되지 않았다. 이렇게 적은 수의 사람들이 어떻게 오래된 문명을 무너뜨릴 수 있었을까? 참고로 코르테스는 병력 600명과 말 16필로 아스테카제국을 무너뜨렸고, 피사로는 병력 180명과 말 37필로 잉카제국을 파괴했다.

이 질문은 유럽인과 아메리카 원주민 사이의 생태학적 교환을 이해해야 답할 수 있다. 아메리카대륙은 아주 오랫동안 유라시아대륙과 분리되어 있었다. 그런데 갑자기 유럽인이 밀어닥치면서 새로운 질병을 끌고 들어왔다. 새로운 질병에 전혀 면역력이 없었던 원주민은 속절없이 쓰러졌다. 콜럼버스 원정 이전에 아메리카 인구는 대략 5000만 명에서 1억 명 사이였을 것으로 추정된다. 비교적 연구가 잘 되어 있는 중부 멕시코 같은 곳은 16세기 중반에 630만 명 정도 살았는데, 17세기 초에는 100만 명으로 인구가 급감했다.

유럽인이 옮긴 질병으로는 돼지 인플루엔자(돼지 독감), 티푸스, 천연두, 홍역 같은 게 있었는데, 특히 천연두의 파괴력이 대단했다. 코르테스가 아주 적은 병력으로 아스테카제국을 공격해서 성공을 거둘 수 있었던 까닭은 공격 후 세 달 만에 주민의 절반이 천연두로 사망했기 때문이다. 피사로의 정복 사업도 비슷하게 설명할 수 있는데, 그가 도착하기도 전에 이미 천연두가 잉카제국을 한바탕 휩쓸고 지나간 상태였다.

이런 사정 때문에 많은 사람이 전염병 때문에 아메리카대륙 인구가 저절로, 급격하게 줄어들어 유럽인이 손쉽게 아메리카를 정복했다는 이야기를 그대로 받아들이곤 한다. 아주 틀린 건 아니지만, 이런 이야기를 나눌 때 조심해야 할 대목이 있다. 전염병은 유럽인이 의도적으로 퍼트린 것이 아니므로, 원주민의 절멸에 유럽인은 책임이 없다는 식의 이야기가 그것이다.

이건 말도 안 되는 이야기이다. 14세기 중반 유럽을 강타해 유럽 인구의 최소 3분의 1을 앗아간 흑사병을 생각해보자. 유럽은 심각한 위기를 겪었지만 인구는 그 후 다시 회복되었다. 하지만 아메리카 원주민 인구는 이렇게 회복되지 않았다. 병이란 게 한 번 돌고 나면 면역이 생기는 법인데도 인구가 다시 회복되지 않았다는 것은, 그만큼 원주민이 먹고살기 어려웠다는 방증이다.

앞에서 이야기한대로 스페인 사람들은 금이나 은 같은 귀금속을 얻기 위해서 원주민을 닥치는 대로 학살했다. 포토시와 멕시코에서 은이 발견된 후에는 원주민 노동력을 끝없이 착취해 엄청난 양의 은을 얻기도 했다. 이런 학살과 노동 착취를 잊어서는 곤란하다. 더군다나 귀금속이 발견되기 전에 이미 스페인 사람들이 원주민 노동력을 착취하면서 엄청난 환경 파괴가 일어났고, 그 때문에 수많은 원주민이 희생되었다는 사실도 빼놓을 수 없다.

또한 아메리카에 정착한 모든 스페인 사람들이 귀금속 채굴로 먹고살았던 것은 아니었다. 어떤 이들은 본국에서 그랬듯 농사나 목축으로 재산을 불리기를 원했는데, 특히 노동력이 많이 필요하지 않은 목축에 관심을 기울였다. 1520년대부터 스페인 사람은 정복 지역에 소, 말, 돼지, 양을 들여왔고, 1530년대부터 본격적으로 목축을 시작했다.

특히 양을 기르는 데 애써서 1550년대에 이르면 양이 1000마리에서 3900마리로 네 배나 늘어났다.

하지만 양 목축은 원주민 농업에 심각한 피해를 입혔다. 양이 농업 지역 내의 공유 목초지에 풀을 뜯으러 들어왔던 것이다. 남아메리카 환경도 크게 바뀌었다. 원래 남아메리카는 땅이 비옥해서 밀 농사를 주로 지었는데, 목축이 확대되고 원주민 인구가 줄어들면서 사막화가 급속도로 진행되었다.

전염병, 사막화, 노동 착취 등으로 원주민 인구는 급속히 줄었고 다시는 그 수를 회복하지 못했다. 이건 어쩌면 원주민에 대한 수탈과 착취가 그만큼 심했다는 방증일 테고, 유럽인의 도덕적 책임은 고스란히 남아 있다는 뜻이다.

⟩⟩⟩═══ 세계 무역을 움직인 스페인의 은 ═══⟨⟨⟨

아메리카에서 은이 생산된 이후 스페인은 세계 경제에서 아주 중요한 위치를 차지하게 되었다. 아메리카에서 유입된 은은 스페인제국이 사방에서 치르는 전쟁 비용에 투입되어 유럽 곳곳에 흘러들었다. 또한 농업 사회였던 스페인에서 부와 권력을 누리고 있던 귀족의 과시적인 소비가 늘어나면서 유럽 여러 나라 상인에게도 다량의 은이 흘러들었다. 이렇게 유럽에 흘러들어간 은은 다시 유럽과 아시아 사이의 무역에 쓰였다.

그 결과 스페인 은화는 세계 경제의 기축 통화로 떠올랐다. 당시 시대 배경을 간단히 요약하면 다음과 같다. 대항해시대가 시작되어 유럽인이 아시아와 아프리카, 아메리카로 앞다투어 진출하고 있을 때 세계 경제의 중심은 아시아였다. 지중해 동쪽부터 중국과 일본까지 아시아에는 여러 바닷길과 육상 교역로로 연결된 촘촘한 교역망이 갖추어져 있었고, 거기서 온갖 상품이 활발하게 교환되고 있었다. 아시아로 가는 새로운 항로를 개척한 포르투갈, 뒤를 이어 아시아에 진출한 스페인, 네덜란드, 잉글랜드 상인들은 대포로 무장하고 아시아 사람들을 윽박질러 무역 거점을 확보하는 한편, 갖가지 향신료를 비롯해서 도자기나 실크 같은 사치품을 대량으로 사들였다.

이때 유럽 상인들이 지불한 수단이 바로 은이었다. 유럽 사람들이 아시아에서 원하는 상품은 많았지만, 거꾸로 아시아 사람들이 유럽에서 들여오려는 상품은 없었기 때문이다. 이 새로운 교역 구조에서 은은 유럽에서 아시아로, 결국 중국으로 흘러들어갔다. 특히 중국은 '은의 무덤'이라 불릴 정도로 은에 대한 수요가 높았다.

당시 중국을 다스린 명나라에선 상거래가 활기를 띠었다. 우선 농업 생산이 지속적으로 늘어났고, 면화나 실크, 도자기 같은 상품의 전문 시장이 전국적인 규모로 커졌다. 그러면서 자연스럽게 지역별로 전문화도 동시에 진행되었다.

그사이에 화폐에 대한 수요는 계속 증가했지만, 명나라 조정이 발행한 지폐는 아무짝에도 쓸모가 없었다. 금이나 은으로 교환할 수 없는 불환 지폐였기 때문이다. 당연히 사람들은 지폐를 신뢰하지 않았고, 대신 은을 사용했다. 처음에는 강남 지역에서 쌀 대신에 은으로 세금을 납부하기 시작했는데 이런 관행이 널리 퍼져나갔다. 이렇게 민간 경제에서 은이 점점 더 널리 활용되면서 은에 대한 수요는 자연스레 늘어났다.

동시에 유럽 상인들도 서서히 중국과 무역을 시작했다. 처음에는 포르투갈 상인이 아메리카대륙에서 채굴한 은을 가지고 와서 중국 도자기나 실크를 사 갔다. 아메리카의 은은 1571년에 스페인이 필리핀 마닐라에 무역 거점을 세우면서 물밀듯이 들어왔다. 안데스산맥에서 채굴한 은은 페루 해안을 거쳐 지금 멕시코 남서부 항구인 아카풀코까지 운송된 뒤, 겨울이 끝날 무렵 대형 갤리언선에 실려 마닐라로 옮겨졌다. 16세기 후반에 이르면 이런 식으로 태평양을 건너가는 은의 양이 매년 3톤에 달했다.

중국에서 은은 너무나 매력적인 상품이었다. 중국에서 은을 금과 교환하면 유럽에서보다 세 배나 더 많은 금을 얻을 수 있어 차익 거래만으로도 손쉽게 이윤을 남길 수 있었다. 더군다나 마닐라에서 은으로 중국 상품을 거래하면 막대한 이윤을 거둘 수 있었다. 예를 들어 중국에서 은 100냥을 주고 실크를 사서 마닐라에 있는 스페인 구매자에게 은 200냥을 받고 파는 것이다. 이러면 특별히 수고를 들이지 않아도 100냥의 이윤을 거둘 수 있었다.

이렇게 해서 유럽과 아메리카, 아시아를 연결하는 은의 사이클이 완성되었다. 아메리카에서 엄청나게 많은 은이 일단 스페인으로 들어왔으니, 겉보기에 스페인제국은 큰 부자가 된 셈이다. 그렇다면 은은 실제로 스페인 경제에 어떤 영향을 미쳤을까? 오랫동안 역사가들은 아메리카의 은이 유럽으로 대거 유입되면서 화폐 유통량이 갑자기 크게 늘어나 유럽 시장에서 가격이 가파르게 오르는 인플레이션이 일어났다고 주장했다. 이를 '가격혁명'이라 부르기도 한다. 그런데 정작 스페인에서는 화폐 유통량이 크게 늘어나지 않았고, 스페인 경제도 특별한 혜택을 보지 못했다.

그 이유는 의외로 간단하다. 아메리카에서 스페인 세비야로 들어온 은이 스페인에 거의 남아 있지 않았기 때문이다. 황제의 몫으로 떼어

◈◈◈
16세기 무렵 세비야의 풍경

놓은 5분의 1은 유럽 곳곳에 머물던 스페인제국군을 유지하고 독일이나 네덜란드, 이탈리아 은행가들에게 빌린 돈을 갚는 데 쓰였다. 이것도 모자라서 황제는 은을 가진 개인 소유자에게 강제로 공채를 팔아 은을 거둬들여야 했다. 이렇게 마련된 은은 전쟁 수행과 빚 청산을 위해 다시 스페인 밖으로 보내졌다. 스페인 상인이나 장인이 가지고 있던 은 또한 대개 세금으로 나갔고, 그건 다시 제국 곳곳으로 퍼져나갔다.

더군다나 스페인 귀족이나 상인은 수중에 들어온 은으로 북유럽의 갖가지 사치품을 사들였다. 사실 스페인 무역에 필요한 자금의 대부분은 외국 은행가들이 대었기 때문에 무역이 늘어나도 이윤은 스페인에 남아 있는 게 아니라 고스란히 외국인들 손으로 넘어갔다. 이렇듯 아메리카에서 들어온 은은 유럽에서 인플레이션이 일어나는 데 기여했지만, 네덜란드나 이탈리아 경제에 비해 스페인 경제에 직접적으로 미치는 영향은 적었다. 물론 스페인 엘리트층이 좋아한 유럽산 사치품 가격은 올랐지만 말이다.

⟩⟩═══ 왜 스페인제국은 파산을 거듭했나 ═══⟨⟨

아메리카대륙에서 세비야로 들어온 엄청난 은은 스페인제국이 유럽 곳곳에서 패권을 지키고 확장하는 데 도움을 주었다. 은이라는 재정 자원의 원천이 있었기 때문에 황제는 유럽 곳곳에서 은행가들에게 큰돈을 빌릴 수 있었다. 또한 은이 빠르게 유통되어 경제 활동이 활발해진 덕분에 제국 내 여러 지역에서 세금을 더 거둬들일 수 있었다. 이 모든 것이 전쟁을 치르는 데 큰 도움이 되었다. 이렇게 은이 쏟아져 들어온 16세기 중반부터 몇 세대 사이에 스페인제국은 '제국'이라는 이름에 걸맞은 넓은 영토와 경제력, 군사력을 충분히 갖추게 되었다. 하지만 아이러니하게도 제국의 위세가 절정에 이른 듯했던 바로 그 무렵 스페인제국은 내부에서부터 무너지기 시작했다. 무엇보다도 카를 5세와 펠리페 2세가 심각한 재정난에 시달렸다.

모든 문제의 근원은 스페인제국이 중앙집중적인 재정 체제를 갖추지 못한 상태에서 너무 많은 전쟁을 치른 것에 있었다. 카를 5세와 펠리페 2세는 계속되는 전쟁으로 영토를 넓히는 데는 어느 정도 성공했지만, 이사벨과 페르난도 시대의 통치 방식을 그대로 따르고 있었다. 이것이 왜 문제가 될까?

앞서 근대 스페인이 이사벨과 페르난도의 혼인으로 탄생했다고 이야기했다. 그런데 사실 이 통합이란 게 좀 기묘하다. 나라 사이에 통합이 일어난다면 어떤 면으로 보나 중요한 변화가 일어나야 할 터인데 실은 그렇지 않았다. 카스티야와 아라곤의 통합왕국은 두 나라 백성 사이의 결합이라기보다는 두 왕실의 결합일 뿐이었다. 다시 말해 같은 군주의 지배를 받게 되었다는 것 외에는 두 나라 정부의 지위나 형태에 아무런 변화가 없었다.

이사벨과 페르난도가 그랬듯 카를 5세와 펠리페 2세 또한 제국에 속한 여러 지역의 제도와 관행을 그대로 두었으므로 통합적인 재정 체제를 만들지 못했다. 그러자 두 가지 현상이 나타났다. 하나는 아무리 황제라도 절대 권력을 휘두를 수 없어 백성, 특히 엘리트와 끊임없이 타협해야 했다는 점이다. 스페인 본토에 한정해서 본다면 엘리트가 모이는 대의 기관, 그러니까 신분제 의회인 코르테스가 꽤 큰 힘을 휘두르는 곳에서는 황제도 마음대로 세금을 매길 수 없었다. 반면에 엘리트의 힘이 약하고 상대적으로 황제 권력이 막강한 카스티야 같은 곳에 수탈이 집중되었다.

다른 하나는 황제가 제국을 어떻게 이해하고 있었는가와 연관되어 있다. 당시까지만 하더라도 황제와 별개로 존재하는 국가라는 개념이 없었다. 그건 훨씬 더 나중에, 근대가 무르익으면서 나오는 사고방식이다. 바꿔 말하면, 황제와 제국은 한 몸으로 여겨졌고, 제국에 속하는 각 지역은 마치 황제의 개인 재산처럼 취급되었다. 그랬기 때문에 카를 5세는 제국의 한 지역에서 거둔 재정 수입을 다른 지역으로 보내 사용하는 일을 당연하게 생각했다. 물론 이런 식으로 일을 처리하면 지역 엘리트가 저항하게 마련인데, 나중에 네덜란드가 반란을 일으키는 한 원인이 되기도 한다. 하지만 카스티야처럼 지역 엘리트의 힘이 약한 곳에서는 황제가 그곳에서 세금을 거둬들여 다른 지역에 써도 문제가 없었다.

실제로 카를 5세는 여러 전쟁을 치르느라 돈이 부족해지자 카스티야에서 온갖 세금을 거둬들였다. 그 결과, 세금을 통해 국왕이 가져가는 재정 수입은 1522~1560년에 무려 네 배나 늘었다. 카스티야는 농업이 주된 생업인 전형적인 농업 사회였는데 여기서 세금을 이렇게 많이 거둬들였으니 백성의 형편이 더 나빠졌다. 어업과 조선업, 상업이 발전했던 네덜란드보다 카스티야에서 거둬들이는 세금이 세 배 이상 많았다.

이렇게 세금을 거둬들였는데도 카를 5세는 전쟁 비용을 다 충당할 수 없어서 외국인 은행가들에게 천문학적인 돈을 빌려야 했다. 담보는 카스티야에서 나오는 세금이었다. 앞에서 카를 5세가 1552~1556년에 48퍼센트 이자를 주고 960만 두카트가 넘는 돈을 빌렸다고 했다. 그 무렵 카스티야에서 거둔 재정 수입이 연평균으로 대략 220만 두카트였으니 빚이 얼마나 많았는지는 쉽게 짐작할 수 있다. 카를 5세는 온갖 수단을 다 동원해 봤지만 빚을 감당할 수 없었고, 결국 후계자 펠리페 2세에게 이 문제를 고스란히 넘겨주었다.

극도로 취약한 재정 구조를 물려받은 펠리페 2세는 제국을 다스리는 오랜 기간 동안 재정 문제를 해결하는 데 어려움을 겪었다. 여기에는 여러 가지 원인이 있겠지만, 제국을 통합하는 통치 구조를 바꾸지 못한 것이 큰 원인이었다. 펠리페도 선대 황제들처럼 제국을 개인 재산처럼 취급했고, 제국 내 여러 왕국과 맺는 개인적인 관계에 바탕을 두고 다스렸다. 물론 제국 곳곳을 순회하면서 지역 엘리트와 유대를 다졌던 카를 5세와 달리, 펠리페는 마드리드를 수도로 정하고 제국 전체를 다스리려 했지만, 제국에 내적 통일성을 부여하는 일에는 성공하지 못했다. 그러다 보니 재정 자원을 효율적으로 동원하는 데도 한계가 있었다. 그저 저항이 좀 약하다고 판단되는 지역, 이를테면 카스티야 같은 곳에서 어떻게든 많은 재정 자원을 뽑아내 제국 내 다른 지역에서 활용하려 했을 뿐이다. 네덜란드 같은 곳에서는 세금을 더 거둬들이려 하다가 거센 저항에 부딪혀, 결국 네덜란드가 반란에 나서는 최악의 상황을 맞이하게 되었다.

제국 안에서 자원을 동원하는 데 어려움을 겪다 보니 펠리페는 카를 5세로부터 물려받은 취약한 재정 상태를 거의 개선하지 못했다. 카스티야 같은 곳에서 세금을 좀 더 거둬들여도 그건 대개 전쟁터의 군인들에게 보내지거나 은행가들에게 이자로 나갔다. 장기적인 재정 자원 조달 계획과 부채 상환 계획 같은 것은 생각할 수도 없는 처지였다. 이렇게 상황이 나빠지자 은행가들을 윽박질러 자금을 조달하는 데도 한계가 드러났다. 장기 부채는 줄어드는 대신 단기 부채가 늘어났고, 이 자율은 올라갔다. 그러니 제국의 신뢰도가 개선될 리 없었다.

이런 상황에서 결정타를 날린 일은 네덜란드에서 일어난 반란과 잉글랜드와의 전쟁이었다. 80년이나 계속된 네덜란드와의 전쟁, 제대로 싸워보지도 못하고 무적함대가 영불해협에서 좌초된 일은 펠리페의 재정 상황을 극도로 악화시켰다. 얼마나 많은 돈이 이런 전쟁에 들어갔는지 단적인 예를 하나 들어보면, 1571~1575년 한때 저지대 국가였던 플랑드르 지역(오늘날 벨기에)에 쏟아부은 전쟁 비용이 900만 두카트였는데, 이 돈은 같은 시기에 아메리카에서 들어온 귀금속 총액 400만 두카트의 두 배를 훨씬 넘는 수준이었다.

이렇게 재정 지출이 늘어나자 펠리페 2세는 다시 한번 카스티야에서 재정 수입을 늘려보려고 몸부림쳤다. 세율을 인상하고, 그것도 부족해 특별 재정 수입원을 찾아 나섰다. 거기다가 아메리카에서 들어오는 귀금속 수입까지 쏟아부었다. 그런데도 빚은 눈덩이처럼 불어나 감당할 수 없는 지경에 이르렀다. 또다시 펠리페 2세는 일방적으로 더 이상 빚을 갚을 수 없다는 지급 정지를 선언했다. 42년간 제위에 머무르면서 펠리페 2세는 이런 식으로 모두 4번에 걸쳐서 지급 정지를 선언하는 수모를 겪었다. 그런데도 스페인제국은 전쟁을 계속했다.

스페인제국은 겉보기에는 최전성기를 누리는 것처럼 보였지만 제국 전체를 아우르는 통합적인 재정 체제를 갖추지 못해 안으로는 곪고 있었다. 아메리카에서 가져온 엄청난 귀금속도 이 문제를 해결하지 못했다. 그러면서 스페인제국은 점점 쇠락의 길로 접어들었다.

⋙══ 영토와 폭력에 의존한 봉건 제국의 한계 ══⋘

근대로 들어서는 길목에서 스페인은 고대 로마 이후 유럽에서 가장 광대한 제국을 건설했다. 포르투갈과 함께 대항해시대를 열었던 스페인은 역사상 최초로 전 세계에 걸친 제국을 세웠다. 대서양 건너 아메리카를 식민지로 삼았고, 나중에는 아시아의 필리핀을 손에 넣기도 했다.

스페인제국은 참으로 부유했다. 네덜란드나 이탈리아처럼 상업과 제조업이 발전한 지역뿐 아니라 농업과 목양업을 주업으로 삼았던 스페인 본토에서도 막대한 세금이 나왔다. 물론 더 큰 행운은 아메리카 식민지에서 보내는 엄청난 양의 금과 은이었다. 이런 경제력과 함께 스페인은 17세기 중반까지만 해도 유럽에서 가장 막강한 육군을 갖고 있었다. 당시 스페인제국은 경제력과 군사력, 그러니까 패권 국가가 갖춰야 할 요소는 다 가지고 있었다.

그런데도 스페인제국의 영광은 오래 유지되지 못했다. 스페인제국은 영토를 넓히기를 원했지만 주변에는 프랑스와 잉글랜드, 그리고 무엇보다도 동쪽에 막강한 오스만제국이 자리 잡고 있었다. 스페인제국은 자국 영토를 넘보는 이들 나라와 끊임없이 전쟁을 치러야 했다. 전쟁을 거듭하면서 군대 규모는 점점 커졌고, 군사 기술이 발전하며 전쟁 비용은 가파르게 올라갔다. 이런 비용을 오롯이 감당하는 일은 인류 역사상 손꼽힐 정도로 부유한 스페인제국에게도 너무나 어려웠다.

여기서 두 가지 질문을 할 수 있다. 우선 스페인제국에는 부유한 지역도 많고, 아메리카라는 든든한 보물창고도 있었는데 왜 전쟁 비용을 조달하는 데 그토록 어려움을 겪었을까? 다음으로 왜 스페인제국과 그 주변 여러 나라와 제국은 끊임없이 영토를 두고 다투었을까?

첫 번째 물음에 대한 답은 스페인제국이 아직까지 중세의 잔재에서 완전히 벗어나지 못했다는 데서 찾아야 한다. 특이하게도 스페인제국은 정복 전쟁보다는 주로 결혼과 상속, 외교를 통해 유럽 여러 나라를 편입하면서 건설되었다. 그러다 보니 중앙집중적으로 통일된 통치 구조를 갖추지 못했고, 대신 여러 나라가 황제 개인을 중심으로 느슨하게 결합되어 있는 복합왕국composite monarchy이라는 체제를 따르고 있었다. 복합왕국은 그것을 구성하는 나라의 고유한 통치 구조와 문화를 그대로 보전한 채 왕조 사이에 혼인이나 상속을 통해 영토를 넓혀나가는 과정에서 탄생한다. 이런 체제는 손쉽게 빨리 영토를 확장하는 데는 유리하지만, 왕국을 구성하는 여러 지역의 재정 자원을 체계적으로, 또 효율적으로 동원하는 데는 한계를 드러낼 수밖에 없다.

이런 특성은 훗날 북아메리카대륙에서 여러 주가 하나의 나라를 이뤄 탄생한 미국과 비교하면 더 두드러진다. 미국은 여러 주가 각각 자치권을 행사하면서도 연방 정부와 의회가 강력한 연방 헌법 아래 아래 재정 자원을 통제하고 배분할 수 있었기 때문에 비교적 짧은 시간에 강력한 나라로 떠오를 수 있었다. 미국의 연방 체제와 복합왕국의 느슨한 결합은 달랐다는 이야기다. 반면에 스페인제국 같은 복합왕국은 잘 정비되어 있는 재정 체제를 갖추지도 못했고, 이를 뒷받침하는 이념도 발전시키지 못했다. 그러니 나랏돈이 필요할 때마다 그때그때 각 지역 엘리트와 갈등하고 타협하면서 근근이 자원을 동원해야 했다.

두 번째 물음에 대한 답은 첫 번째 물음에 대한 답을 보충하기도 한다. 잘 정비된 체계적인 재정 체제를 갖추지 못한 까닭과 영토를 둘러싼 다툼이 끊이지 않았던 일은 모두 같은 원인, 바로 스페인제국이 여전히 봉건적인 경제 질서에 바탕을 두고 있었다는 점에서 비롯된다. 이 경제 체제는 근본적으로 군사력을 가진 이들이 농민이 생산한 경제 잉

여를 강압적으로 짜내는 일에 바탕을 두고 있었기 때문에 농민들은 기술 혁신을 도모해 생산을 늘릴 까닭이 전혀 없었다. 따라서 혁신은 극히 드물고 생산성은 아주 낮을 수밖에 없는 체제였다.

이런 경제 체제에 바탕을 두고 나라를 다스리는 군주나 황제는 백성에게서 거두는 잉여를 단기간에 늘릴 수 없었다. 세금을 늘린다고 해도 거둬들일 잉여 자체가 워낙 부족하니 한계가 있으며, 대개 농민의 저항에 부딪치기 십상이었다. 이럴 때 쓸 수 있는 한 가지 방법은 국왕에게 속한 땅, 그러니까 직영지라 불리는 땅을 더 효과적으로 이용하는 것인데, 이 일도 농민의 노동력을 동원하는 일이어서 또 다른 저항에 맞닥뜨릴 위험이 컸다. 결국 봉건 군주가 부를 늘리는 가장 손쉬운 대안은 정복이나 결혼으로 영토를 늘리는 일이었다. 이것이 바로 스페인제국이 그토록 영토에 집착한 이유다.

영토를 넓히려는 전략, 그러니까 정복 전쟁이나 결혼, 상속, 외교 같은 수단을 동원해 영토를 넓히는 일은 일시적으로 군주의 필요를 채울 수 있다. 하지만 제국 규모로 성장한 뒤에도 봉건제의 잔재에서 완전히 벗어나지 못한 것은 문제가 될 수 있다. 스페인제국, 특히 제국의 본거지였던 스페인에는 아직도 농민에게서 잉여를 착취하는 귀족 영주나 소규모 군주가 많이 남아 있었다. 이런 세력을 완전히 제압하고 중앙집중적인 국가를 건설하는 일, 즉 역사학자와 정치학자들이 국가 형성state formation이라고 부르는 과정이 스페인제국에서는 완성을 보지 못했다.

봉건제에 머물고 있던 스페인제국은 상업이나 제조업에서 끝없이 이윤을 거둬 자본을 축적하는 사람이 다수를 이루는 사회로 이행하지 못했다. 이런 이행의 동력은 직접생산자인 농민을 토지에서 축출해 임금노동자로 바꾸는 과정이 필요했고, 그런 일은 거칠게 이야기하자면 지주가 자본가로 변신해 농민과의 싸움에서 승리해야 가능했다. 당시 유럽 변방의 작은 나라였던 잉글랜드가 백년전쟁과 장미전쟁을 치른 후에 귀족이 대거 몰락하면서 왕권을 크게 강화하는 한편 농촌에서 지주가 농민을 땅에서 쫓아내면서 재산권을 다져나갔던 게 바로 이런 사례라고 할 수 있다. 대신 스페인 지주층, 바꿔 말하면 귀족은 여전히 농민에게서 경제 잉여를 짜내어 과시적인 소비에 몰두했다. 이런 이들이 지배층을 이루고 있었기 때문에 스페인제국이 계속해서 영토를 둘러싼 전쟁에 휘말리는 일은 피하기 어려웠다. 하지만 계속된 전쟁으로 봉건 경제 체제에서 동원할 수 있는 재정 자원이 바닥을 드러내기 시작했고 결국 스페인제국은 쇠락의 길로 들어서고 말았다.

더 읽을거리

존 H. 엘리엇, 『스페인제국사 1469–1716』, 김원중 옮김, 까치.
원래 1963년에 초판이 나온 아주 오래된 책이지만, 이 책에서 살펴보는 스페인제국에 관해서는 제일 좋은 안내서이다.

존 H. 엘리엇, 『대서양의 두 제국』, 김원중 옮김, 그린비.
이 책은 엘리엇이 최근에 스페인과 영국의 대서양 제국을 비교하면서 내놓은 역작이다. 우리가 다루는 이야기와 직접적인 관련은 없지만 왜 스페인의 대서양 제국이 착취적인 성격을 갖게 되었는지 이해하는 데 중요한 실마리를 제공한다.

2장

네덜란드
황금기의 비밀

　1623년 2월, 인도네시아 말루쿠제도의 작은 섬 암보이나에 머물던 네덜란드동인도회사 상인들은 빅토리아 요새의 방어 태세를 염탐했다는 혐의로 일본인 무사 1명을 붙잡았다. 무자비한 고문이 이어졌고, 고문을 견디지 못한 일본인 무사는 다른 무사들과 함께 요새를 점거하고 네덜란드 총독을 암살하려 했다고 자백했다. 또한 이 음모에 암보이나섬에 있던 잉글랜드동인도회사 사람들도 가담했다고도 했다. 곧 잉글랜드인들이 검거되었고, 네덜란드인들은 그들을 고문해 끝내 자백을 받았다. 반역죄로 기소된 잉글랜드인 10명, 일본인 9명, 포르투갈인 1명이 네덜란드동인도회사 총독과 여러 명으로 구성된 법정에서 사형 선고를 받고 1623년 3월 9일에 참수를 당하면서 이 사건은 막을 내렸다.

◆ ◆ ◆
잉글랜드동인도회사에서 발행한 팸플릿에 실린 암보이나 학살 사건

그해 여름 재판에서 사면을 받은 몇몇 잉글랜드인은 바타비아(지금의 인도네시아 자카르타)로 건너가 이 사건이 모두 고문으로 날조된 일이라며 네덜란드동인도회사 총독에게 강력하게 항의했지만 소용없었다. 그러자 이들은 잉글랜드로 돌아가 사건을 널리 알렸다. 분노한 잉글랜드인은 이 사건을 '학살'로 부르면서 네덜란드인의 잔혹함에 치를 떨었다. 이 일은 곧 잉글랜드와 네덜란드 사이에 외교 문제로 확대되어 오랫동안 치열한 공방을 낳았다. 결국 처형된 잉글랜드인의 후손과 잉글랜드동인도회사는 네덜란드동인도회사로부터 배상금을 받게 되었지만, 잉글랜드인에게 이 사건은 네덜란드인의 잔혹성을 보여주는 단적인 예로 오랫동안 남게 되었다.

암보이나 사건은 겉으로 드러나는 음모와 고문, 처형 같은 일을 넘어 네덜란드와 잉글랜드 두 동인도회사의 역사에 큰 영향을 미쳤다. 사건은 정향이라는 향료의 원산지였던 암보이나에 대한 통제권을 두고 신경을 곤두세우고 있던 네덜란드인의 근심에서 비롯되었는데, 당시 네덜란드와 잉글랜드의 동인도회사는 여러 향료 원산지에서 치열하게 다투고 있었다. 암보이나 사건 직전에 두 나라는 조약을 맺어 타협을 시도하기도 했지만 아시아 현지에서 이런 타협은 제대로 지켜지지 않았다. 네덜란드동인도회사는 향료 원산지를 독점하는 일을 무엇보다 중요하게 여겼고, 양보할 생각이 조금도 없었다. 결국 암보이나 사건으로 네덜란드동인도회사는 목표를 이뤘다고 볼 수 있다. 그 이후 잉글랜드동인도회사는 향료 무역에서 한발 물러나 인도로 관심을 돌렸다.

이 사건은 네덜란드동인도회사, 더 나가서 네덜란드가 어떻게 17세기 초반 반세기에 세계의 '창고'로 거듭날 수 있었는지 보여준다. 그 무렵 네덜란드는 당대 최강 스페인제국으로부터 독립을 쟁취하기 위해 애쓰는 한편, 세계 곳곳으로 무역 네트워크를 확대하면서 엄청난 부를 쌓고 있었다. 이번 장에서는 토양은 척박하고 천연자원은 부족한데다가 인구도 많지 않았던 서유럽의 작은 나라 네덜란드가 어떻게 세계 경제의 패권 세력으로 떠오를 수 있었는지 살펴보려 한다.

⟫══ 유럽에서 도시화가 가장 빠른 나라 ══⟪

17세기 중반 세계 경제를 주름잡으며 황금기를 누렸던 네덜란드는 원래 스페인-합스부르크제국에 속한 곳이었다. 오늘날 네덜란드, 벨기에, 룩셈부르크가 자리 잡고 있는 이 지역은 '합스부르크 네덜란드'라고 불리던 지역으로 16세기 중반 스페인의 펠리페 2세가 다스리고 있었다. 그런데 1568년 이 지역에 속한 17개주가 펠리페 2세의 통치에 맞서 반란을 일으켰다. 당대 최강 육군을 갖고 있던 스페인제국은 반란을 진압하지만, 홀란트를 중심으로 한 북부 7개주는 저항을 멈추지 않았다. 결국 이 7개주가 1581년 '네덜란드연방공화국'을 세우게 되자, 스페인제국은 이런 도발을 가만히 내버려 두지 않았다. 그래서 시

◈◈◈
베스트팔렌조약 비준

작된 전쟁은 잠깐의 휴전을 거쳐 1648년 베스트팔렌조약*이 체결되고
네덜란드공화국의 독립이 국제 사회에서 공식적으로 인정받을 때까지

• '베스트팔렌의 평화'라고도 하며, 1648년 5월과 10월에 체결된 일련의 조약을 일컫는
  말이다. 30년전쟁을 포함해서 16세기 중반부터 17세기 중반까지 계속된 유럽 종교전쟁은
  무려 800만 명에 이르는 사망자를 낼 정도로 혹독한 싸움이었는데, 베스트팔렌조약은 이런
  치열한 종교 분쟁을 일단락지었다. 그 과정에서 주권 국가 간에 서로 간섭하지 않기로 하고,
  만약 그럴 경우 세력 균형을 통해 억제한다는 원칙이 제시되었다. 국가 사이 분쟁을 조약으
  로 해결한 최초의 사례이자 흔히 근대 국제 관계의 출발점이 된 사건으로 평가된다.

계속되었다.

네덜란드와 스페인 사이에 일어난 전쟁을 되돌아보는 일은 근대 세계사에서 패권 이동과 자본의 힘이 얽혀 만들어내는 다이내믹을 이해하는 데 무척 중요하다. 왜냐하면 같은 전쟁을 치르면서도 스페인제국은 천문학적인 전쟁 비용을 감당하지 못해 쇠퇴의 길을 걸었지만, 네덜란드는 그 기간 동안 경제 성장을 계속 이어갔기 때문이다. 어마어마한 영토와 강력한 육군을 가진 스페인제국과의 전쟁은 네덜란드공화국에 분명 큰 부담이었고 시련이었을 텐데, 어떻게 이 모든 열세를 극복하고 정치적 독립과 경제적 부흥을 모두 이룰 수 있었을까?

이 질문에 답하려면 중세 시대로 거슬러 올라가 네덜란드에 대해 조금 더 자세히 알아볼 필요가 있다. 루이 14세 때 프랑스 외교관이 네덜란드에 대해 남긴 기록을 살펴보자. "이 작은 나라의 바닷가 쪽으로는 아무데에도 소용이 없는 모래 언덕이 있고, 안쪽으로는 많은 강과 운하가 얽혀 있는데 양쪽에서 모두 빈번하게 범람이 일어난다." 이것만 봐도 네덜란드가 살기 좋은 땅이 아니었다는 것은 쉽게 짐작할 수 있다. 사실 네덜란드는 토양이 척박해 곡물 경작이 어려웠다. 늘어만 가는 인구를 먹여 살리기 위해 간척 사업을 하고 땅을 개간했지만 곡물은 여전히 충분하지 않았다. 생산성은 낮았고, 무엇보다 개간한 땅이 자꾸 가라앉는 침하 현상이 일어나 농민이 생계를 유지하는 데 반드시 필요한 곡물 농사를 제대로 지을 수 없었다.

일종의 생태 위기로 볼 수도 있는 이런 침하 현상은 특히 바다와 인접한 해안 지역, 특히 네덜란드의 핵심 지역인 홀란트에서 심각했다. 결국 그 지역 농민은 곡물 농사를 포기할 수밖에 없었는데 그러면서 흥미롭게도 자본주의라 부를 수 있는 사회관계가 나타났다. 일부 농민은 지주에게 빌린 땅에서 목축업을 시작해 낙농 제품을 시장에 내다팔았다. 반면에 대다수 농민은 삶의 터전인 땅을 빼앗기고 노동자로 전락하거나 아예 땅을 버리고 떠났다. 카를 마르크스가 『자본』에서 '시초 축적primitive accumulation'이라 불렀던 과정, 그러니까 직접생산자인 농민이 토지에서 쫓겨나 아무런 생산 수단도 갖지 못한 노동자가 되는 과정이 네덜란드에서는 아주 일찍부터 시작된 것이다.

이렇게 토지에서 풀려난 농민 가운데 수많은 이들이 농촌을 떠나 도시로 모여들었다. 네덜란드에서는 본래 봉건제가 약했기 때문에 귀족은 농민이 도시로 탈출하는 일을 막을 수 없었다. 이렇게 해서 네덜란드에서는 도시화가 일찍부터 빠르게 진행되었다. 특히 홀란트를 비롯해 간척지 침하가 일어난 곳에 살았던 농민이 대거 이주해 곳곳에서 도시를 이뤘다. 이것도 유럽에서는 특이한 경우인데, 흔히 도시는 궁정 같은 행정과 정치 중심지 또는 유럽 교역망에 자리 잡고 있는 정기시定期市를 중심으로 생겨나 주변으로 퍼져나갔는데, 네덜란드에서는 상황이 특수하다 보니 한꺼번에 여러 도시가 등장했다.

도시란 원래 농사를 짓는 곳이 아니므로 도시민이 먹고살려면 주변 농촌이나 멀리 떨어진 곳에서 꾸준하게 식량을 공급받아야 한다. 그러려면 당연히 식량과 맞바꿀 만한 상품이 필요했다. 즉, 도시가 계속 유지되려면 교역이 필수였다. 교역은 도시에서 수공업자들이 생산한 여러 제품을 농산물과 교환하거나 먼 곳에서 들여온 상품을 되파는 중개 판매 형식으로 이루어졌다. 따라서 홀란트의 여러 도시처럼 해안 가까이에 있는 네덜란드의 도시에서는 일찌감치 수공업이 발전했다. 바다가 가깝다는 지리적인 조건을 살려 어업으로 큰돈을 벌기도 했다. 상품을 가까운 농촌이나 먼 지역에 실어 나를 수 있는 운송업과 이에 필요한 배를 만드는 조선업도 함께 성장했다.

이런 식으로 도시가 여러 곳에서 성장해 1600년에 이르게 되면 이미 네덜란드 인구 가운데 30퍼센트가 인구 2500명 이상의 도시에 살았다. 당시 유럽 다른 나라에서 농촌 인구가 차지하는 비중이 대개 80퍼센트였다는 사실과 견주어보면, 네덜란드 안에서 도시화가 매우 신속하게 진행되었다고 할 수 있다.

⟶⟹═ 네덜란드 상업의 발전 ═⟸⟵

네덜란드에서 도시가 처음 성장하게 된 계기는 농촌에서 일어난 생태 위기와 그 이후에 진행된 '시초 축적' 때문이었지만, 인구 가운데 30퍼센트 이상이 도시에 살 정도로 도시화가 지속적으로 빠르게 진전되려면 상업과 제조업 발전이 뒷받침되어야 한다. 그중 네덜란드가 발전하는 데 특히 중요했던 것은 상업, 더 정확하게 이야기하자면 해외 무역이 발전한 것이었다.

네덜란드는 훗날 세계 무역을 지배하는 패권 국가가 되지만, 그 시작은 소박했다. 처음부터 네덜란드가 유럽에서 우위를 다투는 해상 세력은 아니었는데, 그 출발에 도움이 되었던 것은 유럽 북부의 발트해를 무대로 한 해상 무역이었다. 훗날 네덜란드가 세계의 창고가 되는 긴 과정의 출발점이었다는 뜻에서 발트해 무역을 '모무역mother trade'이라고 한다. 네덜란드 상인들은 발트해 주변 여러 나라에서 파는 곡물과 목재 같은 상품을 실어 날라 저지대 국가에 배분하는 역할을 했다. 1497~1530년 발트해를 지나면서 통행세를 낸 선박 가운데 70퍼센트가 네덜란드 배일 정도로 발트해 교역은 네덜란드 상인들이 확실하게 장악하고 있었다.

이렇게 네덜란드가 발트해 무역에서 큰 성공을 거둘 수 있었던 원동력은 무엇이었을까? 네덜란드인이 보유한 대규모 선단, 동원한 선박의 효율성과 그에 따른 낮은 운송비를 꼽을 수 있다. 한 걸음 더 나가서 네덜란드인이 많은 배를 효율적으로 운용할 수 있었던 건, 네덜란드에서 일찌감치 어업이 발전했기 때문이다.

특히 중요했던 것은 대어업大魚業이라 불렀던 청어잡이였다. 네덜란드가 여기서 성공할 수 있었던 것은 어떻게 보면 운이 좋았다. 원래 청어 떼는 발트해에 주로 머물렀는데, 15세기에 소빙하기로 바다 수온이 낮아지자 좀 더 따뜻한 바다를 찾아서 네덜란드 앞바다인 북해로 이동한 것이다. 그래서 『베르메르의 모자Vermeer's Hat』를 쓴 캐나다 역사학

◈◈◈
청어를 쓸어 담는
암스테르담 사람들

자 티머시 브룩Timothy Brook은 네덜란드인이 '윈드폴windfall', 즉 '뜻밖의 행운'을 누리게 되었다고 이야기한다.

하지만 네덜란드 어부들은 이런 행운을 누리기에 충분한 준비를 갖추고 있었다. 이미 14세기 중반에 청어 내장을 제거해 소금에 절이는 기술을 개발했고, 15세기 초에는 기동력이 좋고 안정적인 뷔스buss*라는 배를 이용했다. 17세기 전반기에 이르면 이런 청어잡이 어선이 무려 1500척이었고, 어부 숫자도 1만 2000명에 달했다. 네덜란드 상인

---

*   네덜란드에서 널리 이용된 청어잡이 전문 선박이다. 네덜란드 어부들은 뷔스를 타고 나가 청어를 잡아 배 위에서 바로 내장을 버리고 소금에 절이는 방법을 썼다. 청어는 기름기가 많은 생선이라 쉽게 상할 수 있기 때문에 이런 염장법이 아주 중요했다. 뷔스는 돛대가 3개였고, 적재량은 80~100톤에 달했다.

2장 네덜란드 황금기의 비밀   075

은 청어와 발트해 지역의 곡물을 교환했는데, 이 곡물을 서유럽과 이베리아반도 지역에 수출하고 대신 정제되지 않은 소금이나 수공업 제품을 수입해 큰 이익을 거뒀다.

어업과 무역의 성장은 네덜란드 조선업 발전을 이끄는 힘이 되었다. 튼튼하고 빠른 뷔스에 이어 16세기 말에는 소형 범선인 카라벨caravel을 개량해 원양 항해에 적합하게 만든 캐럭carrack을 발트해 무역에 널리 쓰기 시작했다. 그러다가 1595년에는 플라이트fluyt라는 범선을 개발해 썼는데, 이 배는 선체 좌우가 볼록해 많은 상품을 실을 수 있었기 때문에 대량 운송에 아주 효율적이었다. 17세기에 이르면 네덜란드 조선소에서 매년 건조되는 배는 400척이 넘었고, 고용된 노동자만 해도 1만 명 이상이었다.

네덜란드에서 도시화가 빠르게 일어났다는 사실은 경제가 성장하는 데 유리한 여러 변화를 낳았다. 중세 후기에 네덜란드를 비롯해 유럽

❖❖❖
1750년대 암스테르담에
위치한 동인도회사 조선소

곳곳에서 일어난 도시화는 근대적인 재산권 개념이 생기고 펴져나가는 데 도움이 되었다. 물론 그것만으로 자본주의가 자리 잡았다고 이야기하기는 어렵지만 배타적인 재산권 개념이 도시에서 널리 펴지기 시작하면서 상거래와 공업이 발전했다.

도시가 발전하면서 문화적으로나 지적으로 번성한 일도 넓게 보면 네덜란드가 스페인의 지배에서 독립하고, 암스테르담 같은 국제 도시가 발전하는 데 기여했다. 특히 르네상스 시대 이탈리아에서 시작된 인문주의가 북유럽에서 기독교 인문주의humanism* 운동으로 변해 저지대 국가 도시들을 중심으로 꽃을 피웠다. 그 시대 대표적인 인문주의자로 유럽 곳곳 지식인과 깊이 교류했던 지식인 에라스뮈스가 저지대 국가 출신이었다는 사실이 이 점을 잘 보여준다. 에라스뮈스의『우신예찬』같은 베스트셀러가 보여주듯, 이들은 신앙의 근본으로 돌아가야 한다고 역설하면서 가톨릭교회 성직자의 전횡과 타락을 맹렬하게 비

---

* 인문주의는 간단하게 이야기하면 사람이 사람다워지는 데 필요한 공부 프로그램이라고 이야기할 수 있다. 르네상스 시대 이탈리아 사람들, 특히 피렌체나 베네치아 같은 공화국에 살았던 사람들은 공화정이 인간의 자유를 최대한 보장하는 좋은 정치 체제이지만 오래 지속되기 어렵다는 점을 잘 알았다. 이들은 공화정을 오랫동안 유지하려면 언어와 문학, 역사 같은 학문을 가르쳐 덕성virtue을 길러야 한다고 생각했다. 이 인문주의가 북유럽으로 건너가면 관심사가 조금 달라진다. 북유럽은 왕정 국가가 확실하게 자리 잡고 있던 터라 공화정의 유지라는 문제는 뒷전으로 밀려나고, 북유럽 사회를 좀먹던 사회 문제와 개인의 도덕 문제에 더 관심을 기울이게 된다. 토머스 모어의『유토피아』나 에라스뮈스의『우신예찬』같은 책이 이런 경향을 잘 보여준다.

판했다.

저지대 국가 도시들은 이런 비판적인 생각이 널리 퍼져나가는 데 좋은 조건을 갖추고 있었다. 문맹률이 유럽 다른 곳에 비해서 현저하게 낮았고, 상공업이 발전하면서 인쇄물 수요가 크게 늘어 출판업도 번성했다. 이런 환경에서 상인이나 제조업자 같은 중간 부류는 인문주의자의 이야기에 귀를 기울이기 시작했고, 심지어 1517년부터 시작된 개신교 종교개혁의 목소리에도 관심을 보였다. 가톨릭교회의 권위에 도전하면서 개인의 양심과 신앙을 강조하고, 세속적인 성공이 하느님으로부터 선택받은 징표가 될 수도 있다는 개신교의 가르침이 큰 울림을 낳았던 것이다. 과연, 네덜란드에서는 개신교가 빠르게 퍼져나갔고, 그것이 결국 가톨릭교회를 지키려는 스페인제국 지배자와 충돌하는 원인이 되었다.

※═══ 네덜란드가 스페인제국에 맞선 진짜 이유 ═══※

사실 네덜란드를 포함해 저지대 국가에서 도시가 빠르게 성장한 데는 스페인제국의 도움이 컸다. 당시 북유럽 최대 무역 도시로 유럽 전체의 무역과 금융 허브 역할을 수행한 벨기에의 안트베르펜 같은 도시가 대표적이다. 아메리카대륙에서 스페인으로 쏟아져 들어온 은이 안트베르펜으로 넘어왔고, 포르투갈이 수입한 아시아 향료가 안트베르펜에서 거래된 덕분에 안트베르펜 상인은 엄청난 부를 축적했다. 안트베르펜에 비해 규모가 작은 네덜란드 여러 도시의 상인들도 스페인제국군의 보호 아래 안전하게 교역했다. 게다가 스페인 상류층이 원하는 갖가지 상품을 수출해 막대한 이익을 거두었다. 이런 경제적 이점이 있는데도 저지대 여러 나라가 스페인제국에 반기를 들었던 까닭은 무엇일까? 심지어 인구도 얼마 되지 않으면서 왜 무력 갈등까지 감수하

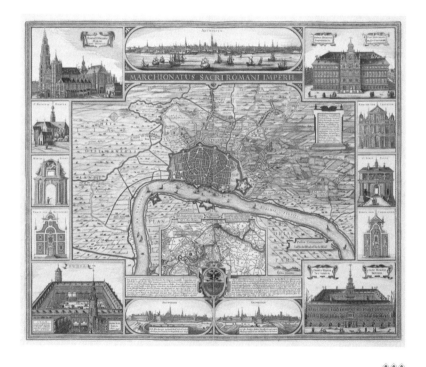

려 했을까?

전쟁의 원인은 여러 가지였지만, 한 가지 중요한 원인은 종교 갈등이었다. 16세기 중반은 기독교 세계가 가톨릭과 개신교 진영으로 나뉘어 치열하게 경합하던 때였다. 스페인제국은 가톨릭 세계의 맹주나 다름없었던 반면 네덜란드에는 개신교도가 많았다. 특히 펠리페 2세는 아버지 카를 5세에 비해서 훨씬 더 전투적인 가톨릭교도였다. 그는 악명 높은 종교재판소를 세워 1300명이 넘는 이단자들을 처형하며 개신교도를 압박했다.

하지만 종교 갈등보다 더 결정적인 계기는 재정 문제였다. 스페인제국은 전쟁에 필요한 돈을 마련하느라 항상 허덕였다. 당연히 스페인제국에 속한 네덜란드 지방에서 세금을 더 거둬야 한다는 목소리가 높아졌다. 여러 명목으로 새로운 세금이 신설되었지만, 그렇게 거둔 세금도 재정 압박을 해결하지 못했다. 그러다가 1556년 스페인 왕위를 이어받은 펠리페 2세 시절에 스페인제국의 재정 위기는 절정에 이르렀다. 결국 1571년에 저지대 지역 총독인 알바 공작은 주 의회의 반대를 무시하고 모든 물품 거래에 10퍼센트 세금을 부과하기로 결정했다.

네덜란드인은 이 세제 개혁을 두려워했다. 사실, 알바 공작이 제안한 소비세 자체는 친숙한 것이었다. 1542년부터 제국 정부는 와인이나 맥주, 육류, 소금 같은 상품에 소비세를 매겼는데, 이렇게 거둔 재정 수입이 상당했다. 재산, 특히 땅에 매기는 세금과 함께 물품소비세는 재정 수입의 근간을 이뤘다. 하지만 이것도 모자라서 알바 총독은 1569년에 아예 네덜란드 세금 구조를 통일하기로 하고 모든 재산에 대해 1퍼센트 세금을, 부동산 거래에 대해 5퍼센트 세금을 매겼다. 그런데 불과 2년 만에 보편적인 거래세를 매기기로 한 것이다. 예전에는 몇 개 상품에만 매겼던 소비세가 모든 상품으로 확대된 셈이었다.

이렇게 되면 상공업으로 먹고사는 네덜란드 도시민, 특히 상인이나 수공업자의 부담이 너무 컸다. 일부 추정에 따르면 내야 할 세금이 무려 15배나 늘었다. 세제 개혁안을 내놓은 시기도 매우 좋지 않았다. 덴마크와 스웨덴이 전쟁을 벌이는 바람에 발트해 곡물 교역이 한동안 중단되고, 잉글랜드의 통상 금지령 때문에 플랑드르 직물업이 심각한 타격을 입고 있던 참이라 경기가 크게 침체되었던 때였다. 그런데다 흉작과 기근, 홍수, 흑사병과 혹한이 연달아 네덜란드를 강타하면서 곡물 공급이 부족해졌고, 물가는 크게 올랐다. 이런 불황기에 세금을 크게 올리는 개혁안을 내놓았으니 민심이 좋을 리 없었다.

주 의회들은 먼저 타협을 시도했지만 총독은 그럴 생각이 전혀 없었다. 그는 주 의회의 결의와 관계없이 새로운 조세 정책을 취하겠다고 선포했고, 실제로 세금 납부를 거부하는 상인들에 군사를 보내 겁을 주기도 했다. 이런 위협에도 조세 저항은 계속되었고, 플랑드르를 비롯한 여러 주 의회는 스페인에 특사를 보내 총독의 전횡에 항의했지만 소용이 없었다.

결국 종교재판소 도입과 개신교도에 대한 박해에서 시작된 정치적·

종교적 불만에, 스페인제국의 무리한 세제 개혁과 극단적인 조치가 더해지면서 17개주 전체의 저항 운동으로 번져나갔다. 특히 이 과정에서 네덜란드 사회의 주류를 이루었던 상인 집단의 태도 변화를 주목해야 한다. 원래 상인은 정치적 저항을 굉장히 꺼리는 편인데, 정치권력자에 대해서 드러내놓고 저항하는 일은 자칫하면 사업 자체를 완전히 망칠 수 있기 때문이다. 그렇게 신중하고 또 신중한 상인이 저항에 가담했다는 건, 그만큼 제국에서 얻는 이익에 비해 제국이 강요하는 부담이 너무 커졌다는 뜻이다.

네덜란드독립전쟁은 1568년에 시작되어 이후 80년이나 계속되었다. 물론 이 작은 나라가 당시 세계 최강의 스페인제국군에 맞서는 건 정말 쉽지 않았을 것이다. 1580년대 말, 스페인제국의 공세가 거세지자 네덜란드공화국은 '스페인만 아니면 된다.'는 생각으로 프랑스나 잉글랜드에 보호를 요청해볼 궁리까지 할 정도였으니 말이다. 하지만 1590년대 이후 전세가 역전되기 시작했다. 상업 네트워크를 바탕으로 막대한 부가 축적되고, 이런 부가 다시 전쟁을 지속시키는 일종의 선순환이 나타난 것이다. 그 덕택에 네덜란드는 스페인제국은 물론 잉글랜드나 프랑스 같은 새로운 열강으로부터 독립을 유지하면서 경제적 활력을 유지할 수 있었다. 어떻게 이런 일이 가능했는지 좀 더 자세하게 살펴보자.

⟫⟪═ 전쟁과 경제의 선순환 ═⟫⟪

일반적으로 근대 이전에는 전쟁 기간에 경제 규모가 성장하는 일이 매우 드물다. 인명과 재산에 직접적인 피해를 입을 뿐 아니라 교역, 특히 대외 무역이 교란되어 경제가 타격을 입기 때문이다. 게다가 근대 초에는 군대 규모가 커지고 무기가 발전하면서 전쟁 비용이 많이 올라 재정 상황도 쉽게 악화되곤 했다. 실제로 네덜란드독립전쟁을 거치면서 스페인제국은 계속 늘어나는 재정 부담을 견디지 못하고 쇠퇴의 길을 걷게 되었다.

하지만 근대 초에 나타나는 이런 전반적인 추세와는 달리 네덜란드는 전쟁 기간에도 빠르게 성장했다. 전통적으로 네덜란드가 강점을 갖고 있던 조선업이나 목재 제재업, 양조업 같은 분야뿐만 아니라 저지대 남부 지역에서 활발했던 고급 직물업이 번성했다. 제조업보다 훨씬 더 인상적인 성과를 거둔 부문은 대외 무역이었다. 발트해 무역이 여전히 건재했던 데다가 지중해와 레반트 지역에서 네덜란드 상인이 활발하게 활동했다. 더 멀리는 노예 무역을 포함한 대서양 무역과 향료와 여러 사치품을 수입하는 아시아 무역에서 큰 성과를 거두었다. 전쟁이 끝날 무렵 네덜란드는 명실상부한 세계 무역의 창고로 떠올랐다.

서유럽의 작은 나라 네덜란드는 어떻게 자기보다 덩치가 몇 배나 큰 당대 최강 제국과 전쟁을 치르면서도 경제가 번성할 수 있었을까? 이 문제를 살펴보려면 우선 네덜란드가 전쟁에서 승리할 수 있었던 두 가

◈◈◈
1607년 네덜란드와 스페인 해군이 지브롤터해협에서 격돌했다. 이 해전에서 네덜란드 함대가 스페인 함대를 크게 이겼다.

지 원동력을 주목해야 한다. 하나는 전투력을 극대화하는 데 도움이 되었던 군사 개혁이었다. 다른 하나는 군사 개혁을 뒷받침하면서 전쟁에 들어가는 엄청난 재정 자원을 효과적으로 동원하는 재정 체제를 마련한 일이었다.

우선 군사 개혁을 살펴보자. 독립을 선언한 7개주는 전쟁 초기에 열세를 면치 못했다. 1장에서 살펴본 것처럼, 당시 테르시오를 중심으로 한 스페인제국 보병이 엄청난 위력을 발휘했던 탓이다. 강한 화력이 떠받치는 파괴력 넘치는 방진方陣에 네덜란드 군대가 맞서 승기를 잡으려면 새로운 유형의 군대와 전술이 필요했다. 이 일은 16세기 말에서 17세기 초 마우리츠와 그 형제들에 의해 달성되었다. 이들은 총병과 창병이 결합된 스페인 테르시오를 최신 화기로 제압하려 했는데, 그러려면 아주 엄격하게 훈련된 규율 잡힌 병사와 이들을 이끄는 전문적인 장교단이 필요했다. 실제로 군사 개혁은 성공적으로 완수되었고, 화기를 잘 다루면서도 군기가 잘 잡힌 병사와 직업 장교로 구성된 네덜란드 군대는 선형 대형을 자유롭게 구사하면서 스페인군의 방진 대형에 효과적으로 맞섰다.

군사 개혁을 통해서 전력이 크게 향상된 군대를 네덜란드 정부가 어떻게 활용했는지도 흥미로운 일이다. 앞에서 살펴본 것처럼 스페인제국은 기본적으로 영토 확장을 지향했다. 이런 특징은 스페인제국 경제가 여전히 봉건제의 논리에 바탕을 두고 있었던 탓이었다. 반면 네덜란드는 군사력을 동원해 영토를 넓히는 데 특별히 관심을 보이지 않았다. 군대의 규모도 계속 키워나

◈◈◈
마우리츠 총독

가는 게 아니라 네덜란드 경제를 보호할 수 있는 수준에 맞춰 엄격하게 제한했다. 전투를 치르는 데도 아주 신중했다. 마우리츠는 불필요한 병력 손실을 줄이기 위해 스페인군을 완전히 무찌르는 일보다 스페인군의 공격을 어떻게든 막아내 네덜란드의 상업 기반을 지키는 일에 주력했다.

이런 특징은 네덜란드 해군에서도 나타났다. 네덜란드는 독특한 연방 구조 탓에 통합된 해군을 유지할 수 없었고, 직업 해군을 갖추지도 못했다. 하지만 관세를 돈줄로 삼아서 1620년대 이후에는 3만 톤이 넘는 전함을 갖출 정도로 전력을 강화할 수 있었다. 네덜란드 정부는 이렇게 정비한 해군을 영토를 넓히거나 적을 치는 데 쓰지 않고 철저하게 자국의 경제 이익을 보호하는 데 활용했다. 가장 중요한 것은 네덜란드 상업선단이 다니는 바닷길을 적국의 사략선단(국가로부터 노획과 약탈을 허가받은 준군사 집단)과 해군으로부터 보호하는 일이었다. 먼저 네덜란드 해군은 공화국 연안과 내륙 수로를 보호하고, 더 나가서 스페인의 해상 봉쇄 시도를 좌절시키는 데 집중했다. 17세기 초반에는 네덜란드 상인이 아시아와 대서양에 본격적으로 진출하는 것을 돕기도 했다.

이렇게 군사력을 동원하려면 네덜란드 역시 엄청난 재정 지출을 감당해야 했다. 전쟁 초기였던 1580년대 말에는 연평균 300만 길더 정도가 육군에 투입되었는데, 전쟁 말기인 1621년이 되면 한 해에 1400만 길더라는 큰돈이 지출되었다. 앞서 육군과 해군을 합쳐 군사비로 들어가는 돈이 재정 지출에서 얼마나 큰 비중을 차지했는지는, 예컨대 1641년 예산을 보면 확인할 수 있다. 이에 따르면, 각 주와 지방에서 쓰는 돈을 제외한 네덜란드연방공화국의 전체 예산 2400만 길더 가운데 군사비가 무려 87퍼센트나 차지했다. 반면 행정 비용으로 할당된 돈은 단 9퍼센트에 불과했고, 흥미롭게도 국가 부채에 대한 이자를 갚는 데 들어가는 비용 등은 다 합해도 4퍼센트 밖에 되지 않았다.

그렇다면 네덜란드 정부는 빠르게 늘어나는 군사비 지출을 어떻게 감당할 수 있었을까? 가장 쉽게 떠올릴 수 있는 방법은 국민에게서 세금을 더 많이 거두는 것이지만, 네덜란드 정부는 관세를 빼놓고는 연방 전체에 적용되는 세금을 매길 수 없었다. 그래서 연방을 구성하는 7개주가 재정을 각출했다. 이는 전쟁 기간에 도입된 제도로, 국무위원회가 예산을 작성해서 전국 의회(연방 의회)에 청원 형식으로 제출하고, 각 주에 분담금을 할당하는 방식이었다(나중에는 예산안 비준을 쉽게 하려고 주마다 감당할 몫을 아예 정해놓았다). 그 가운데 홀란트가 57퍼센트를 조금 넘는 수준으로 가장 많은 몫을 내놓았는데, 주로 물품소비세와 토지세로 돈을 마련했다. 이 지역의 1인당 물품소비세 부담이 1584년에 3길더 미만에서 1630년대에 10길더로 늘어난 것만 봐도 군사비를 충당하는 데 세금이 주요 정책 수단이었음을 알 수 있다.

하지만 세금을 늘려도 전쟁 비용을 다 감당할 수 없었으므로 네덜란드도 스페인제국처럼 돈을 빌려야 했다. 세금을 거둬들일 때처럼 돈을 빌리는 일도 연방 정부가 아니라 각 주 정부가 알아서 했다. 전체 예산에서 가장 큰 몫을 감당했던 홀란트는 심지어 전국 의회가 공식적으로 빌렸던 돈보다 열 배쯤 되는 큰돈을 빌렸다. 1640년에 전국 의회가 지고 있던 빚은 1100만 길더 정도였는데, 홀란트의 빚은 무려 1억 길더에 이르렀다. 홀란트는 이런 큰돈을 어떻게 빌릴 수 있었을까? 홀란트는 스페인제국처럼 몇몇 은행가 가문에 의존하는 대신 부유한 시민에게서 값싼 이자에 장기간 돈을 빌리는 장기 공채 같은 제도를 활용했다.

홀란트는 스페인제국의 지배 아래에서 제국이 주기적으로 요구하는 대부를 감당하려고 이미 1540년대에 장기 공채 제도를 도입했다. 이 제도의 핵심은 정부가 공채를 발행해서 채권 시장에서 팔아 자금을 조성하고, 그 대가로 공채 이자를 지불하는 것이다. 따라서 이 제도는 이자가 제때에 꼬박꼬박 지불될 것이라는 시장의 신뢰가 있어야 원활하게 작동할 수 있었다(이자를 받을 수 없다면 누가 공채를 사려 하겠는가?). 홀란트 정부는 이런 신뢰를 얻기 위해 공채 이자로 쓸 돈을 특정 세금으로 거둬들이는 재정 수입에서 충당하겠다고 공표함으로써 약속한 시점에 이자가 지급되도록 하는 장치를 마련했다. 또한 투자한 원금을 되돌려 받고 싶은 사람은 시장에서 공채를 팔 수 있었다. 처음에는 이 제도로도 꽤 높은 이자를 물어야 했지만, 1640년대에 이르면 이자율이 4퍼센트 수준으로 떨어졌다. 반면 스페인 황제는 몇십 퍼센트에 이르는 높은 이자를 주고 은행가에게 돈을 빌려야 했다.

이렇게 정부가 전쟁에 최선을 다하며 상업 세력의 이익을 보호하

네덜란드 암스테르담에 위치한 증권 거래소.
채권 및 주식을 자유롭게 거래할 수 있는 세계 최초의 공식적인 증권 거래소였다.

는 가운데 제조업과 대외 무역이 쑥쑥 성장했다. 때로 정부는 전쟁에서 가끔씩 등장하는 예기치 않은 행운을 재빠르게 간파해 기회를 놓치지 않고 상업 세력에게 도움을 주었다. 대표적인 사례가 저지대 국가의 핵심적인 상업 도시였던 안트베르펜이 몰락한 후 벌어졌다. 스페인 군대는 1584년 7월부터 1585년 8월까지 무려 1년 넘게 북서부 유럽 최대의 무역·금융 중심지였던 안트베르펜을 포위해 공격했다. 결국 안트베르펜이 함락되자 거기에 살던 부유한 상인과 제조업자가 대거 탈출했는데 그 수가 무려 10만 명이었다.

안트베르펜을 탈출한 이들 가운데는 숙련된 제조업자와 자본이 풍

2장 네덜란드 황금기의 비밀   089

부한 상인이 많았다. 네덜란드 정부는 이들을 붙잡기 위해 최선을 다했다. 면세 혜택을 주고 길드 규제에서 자유롭게 해주었으며 아동 노동력을 공급하거나 판매 보장 같은 온갖 혜택을 제시하면서 이민을 유치했다. 결과는 놀라웠다. 많은 이들이 홀란트와 제일란트의 여러 도시에 정착했다. 그 덕분에 레이던 같은 섬유 산업 도시는 인구가 두 배 이상 증가하고, 이민이 들여온 신직물new draperies*의 주산지가 되었다. 하를럼은 인구가 세 배 가까이 늘었는데, 숙련된 표백공이 이주하면서 리넨 산업의 중심지가 될 수 있었다. 암스테르담에는 무려 3만 명이나 이주했는데, 특히 새로 정착한 상인 숫자가 암스테르담 상인 공동체의 3분의 1에 이를 정도로 많았다. 이들은 암스테르담 상인 자본의 규모를 50퍼센트 정도 늘렸을 뿐 아니라 유럽 및 세계 곳곳에 뻗어 있는 상인 네트워크에 대한 지식과 최신 무역 정보를 전해주었다.

이렇게 볼 때 오랜 전쟁에도 네덜란드가 스페인제국과 달리 경제 성장을 이룰 수 있었던 이유는 네덜란드 정부가 군사와 재정 정책으로 네덜란드 상업을 적극적으로 보호했기 때문이다. 게다가 전쟁을 피해 이주한 수많은 이민을 유치해 자본과 지식, 사업 네트워크를 흡수했

---

* 16세기 중반에 저지대 국가 신교도 제조업자가 주로 만들었던 새로운 직물을 일컫는 말이다. 길이가 짧은 방모사로 짠 무겁고 폭이 넓은 구직물old draperies과 달리 신직물은 좀 더 거칠고 가벼우면서 길이가 긴 소모사로 짰다. 나중에는 소모사와 방모사를 엮어 짠 서지serge나 소모사와 명주실로 짠 직물이 등장했다. 구직물은 16세기 중반에 인기를 잃은 반면, 신직물은 가볍고 색깔이 다채로운 데다가 값이 저렴해서 엄청난 인기를 끌었다.

던 일도 크게 기여했다. 군사비를 몇몇 국제 은행가들의 대부에 의존한 스페인제국과 달리 자국의 부유한 시민에게 의존한 일도 경제가 활발하게 돌아가는 데 도움이 되었다. 세금만으로는 전쟁을 치를 수 없었던 정부가 장기 공채 같은 채권을 발행해 시민으로부터 전쟁 자금을 모았고, 그 결과 채권 시장에서 거래가 활발해져 시중에 자본이 더 활발하게 돌았던 것이다. 이렇게 네덜란드 경제는 상업과 금융업을 바탕으로 전쟁에 적응해갔다.

결국 군사력과 재정 자원을 동원하는 일과 상업을 유기적으로 연결해 계속 부를 창출하는 체제를 갖춘 네덜란드는 봉건 영토의 세금과 아메리카의 귀금속, 그리고 이를 바탕으로 한 대규모 대부에 의존한 스페인제국과 전혀 다른 길을 걸었다. 80년이라는 긴 시간 동안 치열하게 다툼을 벌였던 두 나라 가운데 스페인제국은 전쟁이 길어질수록 힘을 잃은 반면, 네덜란드는 상업의 위용을 유럽 안팎에서 마음껏 과시했다. 그 결과, 인구가 기껏해야 150만 명 정도였던 작은 나라 네덜란드는 당대 최강의 군사력을 자랑하던 스페인제국으로부터 독립을 지켜낼 수 있었고 더 나아가 패권 국가로 도약하기 위한 궁극적인 힘, 바로 상업을 진작할 수 있었다. 어떻게 네덜란드가 그런 힘을 갖게 되었는지 이해하려면 16~17세기 아시아 무역에서 두각을 나타낸 동인도회사의 사례를 살펴봐야 한다.

✻═══ 네덜란드동인도회사: 자본과 권력의 결합 ═══✻

오랜 전쟁을 거치면서 네덜란드 경제는 빠르게 성장했을 뿐만 아니라 안트베르펜으로부터 인력과 자본을 흡수하면서 제조업 경쟁력과 사치품 교역 네트워크를 갖춰나갔다. 그러면서 네덜란드 사회 내에서도 중요한 사회 변화가 함께 진행되었다. 그동안 정치권력에서 소외되었던 도시 대상인이 새로운 엘리트층으로 떠오른 것이다. 이들은 엄청난 재산을 보유했고, 이윤이 높았던 아시아 사치품 무역에 관심이 많았다. 마침 포르투갈이 네덜란드를 아시아 무역, 특히 향료 무역에서 배제하려는 움직임을 취했기 때문에 네덜란드 내에서는 아시아와 직접 교역하려는 열망이 커졌다. 이런 상황은 16세기 말, 네덜란드가 아시아에 공격적으로 진출하면서 경제적 패권을 추구하는 계기가 되었다.

처음에는 몇몇 상인이 돈을 모아 회사를 만들어 아시아로 배를 보냈다. 그런데 이런 회사들이 너무 많아져서 아시아에서 네덜란드 상인끼리 경쟁하는 일이 벌어졌다. 자연스레 현지의 향료 가격은 크게 올랐고, 유럽 시장에서는 공급이 늘어나 가격이 떨어지면서 이윤이 줄었다. 게다가 아시아로 가는 항해는 시간도 오래 걸리고 무척 위험했다. 전쟁 중인 스페인이나 포르투갈의 사략선단과 무장한 무역선이 공격할 가능성 또한 컸다. 실제로 이 무렵 아시아로 떠난 무역선 가운데 20퍼센트가 돌아오지 못했고, 항해 기간도 2년 이상 걸렸다. 네덜란드 정부는 아시아에 진출하는 상인들에게 무기를 빌려주거나 관세를 면제해

주는 등 지원을 아끼지 않았지만 이런 문제들을 근본적으로 해결하기에는 역부족이었다. 결국 아시아 무역에 뛰어든 여러 회사와 네덜란드 전국 의회 사이에 협상이 진행되었고, 기존 회사들을 하나로 통합한 네덜란드동인도회사Vereenigde Oost-Indische Compagnie, VOC가 1602년 암스테르담에 설립되었다.

전국 의회가 회사 통합에 직접 관여해 동인도회사를 세운 뒤 정부는 더 적극적으로 회사를 지원했다. 중세 때부터 내려오는 관행에 따라 동인도회사에 특허장을 수여한 것이다. 그에 따라 동인도회사는 아시아 여러 나라와의 조약 체결이나 적대 세력에 대한 전쟁 선포, 아시아에서 요새와 상관商館을 건설할 권리 같은 여러 특권을 얻었다. 게다가

◈◈◈
17세기 네덜란드동인도회사 상선과 로고

동인도회사는 자체 군사력을 육성해서 동원할 수 있는 권한도 누리게 되었다. 네덜란드 정부는 어떻게든 아시아 무역에서 승기를 잡는 일이 재정 수입에 도움이 될 뿐만 아니라 자국의 위세를 높이는 데도 기여하리라 믿었다.

국가의 후원은 네덜란드동인도회사의 성공에 결정적인 요인이었다. 국가의 지원을 받아 키운 군사력이야말로 아시아 무역이 성공하는 데 핵심적인 동력이었기 때문이다. 동인도회사 사람들도 이 점을 잘 알고 있었다. 초대 동인도회사 총독을 지낸 코엔은 이렇게 이야기했다. "이사 여러분들도 경험으로 알고 계시겠지만 아시아에서 교역은 이사 여러분 자신의 무기라는 보호와 호의 아래에서만 밀어붙일 수 있고 유지

◆◆◆
1780년대 네덜란드동인도회사 군인의 옷차림

할 수 있습니다. 무기들은 교역에서 나오는 이익으로 사야만 하는 것이므로 전쟁 없이는 교역을 수행할 수 없고, 교역 없이는 전쟁도 수행할 수 없지요."

과연, 군사력을 바탕으로 네덜란드동인도회사는 포르투갈이 선점하고 있던 무역 거점을 차례로 빼앗았을 뿐만 아니라 향료 원산지를 무력으로 장악해 유럽으로 가는 향료 공급을 완전히 통제하려 했다. 이번 장 첫머리에서 살펴본 암보이나 학살 사건도 그 과정에서 일어난 일이었다. 그만큼 폭력은 네덜란드 상업 패권의 핵심적인 요소였다. 물론 경제적 패권을 장악하기 위해서 폭력을 사용하는 일은 포르투갈이나 스페인제국도 마찬가지였다. 중요한 차이는 포르투갈이나 스페인은 영토를 점령하고 거기서 강압적인 힘을 동원해 경제 잉여를 수취했던 반면 네덜란드는 영토 자체에 관심이 없었다. 아시아에 먼저 진출한 포르투갈은 몇몇 거점을 점령해서 그곳을 통과하는 상선으로부터 통행세를 받거나 주변 통치자에게서 공납을 받곤 했다. 하지만 네덜란드는 공급처를 통제해 유럽 시장에서 최대한 이윤을 확보하는 데 주력했다. 폭력 행사 이면에 자리 잡고 있던 논리가 달랐던 것이다.

네덜란드동인도회사는 막대한 자본도 동원할 수 있었다. 나라에서 받은 특허장을 근거로 주식을 발행해 누구에게나 팔 수 있었기 때문이다. 그 덕택에 거의 비슷한 때에 설립된 잉글랜드동인도회사에 비해 열 배가 넘는 자본을 끌어모아 사업에 투자할 수 있었다. 게다가 굉장히 근대적인 경영 방식을 도입하기도 했다. 그 시대에 상인은 주로 동업 형식으로 회사를 꾸렸고, 항해가 끝날 때마다 투자 자본과 이윤을 나눠 갖는 게 보통이었다. 동인도회사는 이런 관행을 깨고 초기 자본을 10년간 그대로 묶어두어 투자 자금을 지속적으로 확보하고 경영의 연속성을 유지할 수 있었다. 또한 사업에 실패했을 때 동업자 모두가 투자 자본과 무관하게 무한한 책임을 졌던 것과 달리, 유한 책임 제도를 도입해서 투자자의 위험 부담을 크게 줄였다. 이렇게 해서 많은 투자자를 모집하는 한편 경영은 전문경영인에게 맡겼다. 경쟁자였던 잉글랜드동인도회사는 17세기 중반 이후에야 이런 제도를 도입했다.

기본적으로 유럽의 아시아 교역은 향료와 실크 같은 아시아 사치품을 아메리카의 은과 맞바꾸는 일이어서 고질적인 무역 적자에 시달리기 쉬웠는데, 네덜란드동인도회사는 이 문제도 성공적으로 해결했다. 아시아 내부 무역망에 침투해 인도부터 일본까지 교역 네트워크를 넓히면서 아시아 상품을 중개해 막대한 이윤을 거둔 것이다. 네덜란드 상인들은 인도의 면제품을 인도네시아로 실어 나르고, 중국의 실크를 일본에 팔고, 일본의 은과 구리를 인도네시아 향료와 교환하는 식으로 부를 축적했다. 그러면서 자연스럽게 유럽에서 아시아로 은이 대거 유출되는 일을 막았다.

서유럽의 한 귀퉁이에서 발트해 무역에 뛰어들어 조금씩 이윤을 거두던 네덜란드 상인은 이제 유럽 내 사치품 무역뿐만 아니라 부가가치가 높은 아시아 무역까지 장악해나갔다. 네덜란드 상인이 이렇게 세계 곳곳을 누비고 다닐 수 있었던 밑거름은 네덜란드 해양 운송업이 가

일본 나가사키의 인공섬 데지마에 설치된 네덜란드동인도회사 상관. 중국 배와 네덜란드 배가 보인다. 네덜란드동인도회사는 아시아 무역을 활성화하기 위해 거점 확보와 독점 무역권 획득에 몰두했다.

장 효율적이었던 데다가 자본이 풍부했기 때문이다. 더불어 군사력이라는 폭력 수단을 무자비하게 동원했던 일도 빼놓을 수 없다. 재정 자원을 효과적으로 동원해 독립전쟁을 승리로 이끌면서 상공업 세력을 적절하게 보호했던 국가의 역할도 물론 중요했다. 효율적인 재정 자원 동원은 네덜란드인의 풍부한 자본 덕분이었으므로 정확하게는 재정 체제와 자본, 전쟁이 긴밀한 영향을 주고받으며 서로를 강화했다고 해야 할 것이다. 이런 체제 아래서 네덜란드는 폭력을 효과적으로 동원해 부를 창출하는 새로운 유형의 성장 엔진을 근대 유럽에서 가장 먼저 장착했고, 그 덕분에 스페인의 뒤를 이어 세계 패권을 넘볼 수 있었다.

동인도회사의 배들이 아시아 곳곳을 헤집고 다니던 17세기 전반은 그야말로 네덜란드의 황금기였다. 독립전쟁은 1648년에 막을 내렸고, 네덜란드공화국의 독립이 국제 사회에서 공식적으로 인정되었다. 네덜란드 상인들은 유럽과 아시아, 아메리카의 갖가지 상품을 본국으로 들여온 후 이를 다시 유럽 곳곳에 유통시켜 엄청난 이윤을 누렸다. 고급 직물을 비롯한 네덜란드 공산품은 유럽 전역에서 인기를 끌었다.

네덜란드는 그야말로 세계의 창고가 되었다. 프랑스 역사가 페르낭 브로델Fernand Braudel은 저서 『물질문명과 자본주의Civilization matérielle, Économie et Copitalisme』에서 네덜란드 창고 무역의 일면을 이렇게 이야기했다. "거대한 창고였다. 창고는 큰 선박보다 더 크고 많은 비용이 들었다. 이것을 이용해서 연합주(네덜란드) 전체 국민이 10~12년 동안 (1670년) 소비할 수 있는 양의 밀을 비롯해 청어, 향료, 영국의 직물, 프랑스의 포도주, 폴란드와 동인도의 초석, 스웨덴의 구리, 메릴랜드의 담배, 베네수엘라의 카카오, 러시아의 모피, 에스파냐의 양모, 발트해 지역의 대마, 레반트의 비단 같은 상품을 보관했다."

이런 '창고무역(중개 무역)'에서 축적한 부 덕분에 네덜란드 사회는 대단한 풍요를 누렸다. 이를테면 우리에게 널리 알려진 렘브란트나 페르메이르 같은 대가를 비롯해서 수많은 화가의 작품들이 활발하게 거래되었다. 17세기 중반 네덜란드에는 대략 250만 점의 미술 작품이

◈◈◈
페르메이르가 그린
〈진주 귀걸이를 한 소녀〉
(1665년)

유통되었는데, 네덜란드는 물론 유럽 곳곳에서 수입된 작품들, 특히
여러 장르의 회화 작품은 네덜란드 중산층 가정을 장식하는 데 활용
되었다.

하지만 네덜란드의 황금기는 짧았다. 17세기 후반이 되면 이미 경제
에서 쇠퇴의 징후가 나타나고, 유럽에서 새롭게 떠오른 강자 잉글랜드
와 전통적인 열강 프랑스와의 경쟁에서 뒤처지기 시작했다. 물론 그때
도 네덜란드는 여전히 유럽에서 가장 부유했지만, 17세기 초 같은 활
력을 보여주지는 못했다. 핵심적인 원인은 네덜란드가 기본적으로 상

업에 거의 모든 것을 의존하는 사회였다는 데 있었다.

네덜란드는 자본주의 사회의 면모를 어느 정도 갖추기는 했지만, 네덜란드가 거래하며 이윤을 거뒀던 유럽 사회는 여전히 봉건 질서에서 벗어나지 못했다. 스페인제국에서 이야기했던 것처럼 봉건 사회는 기본적으로 영토의 논리, 그러니까 토지에 묶여 있는 농민으로부터 강제로 잉여를 수취하는 이들이 지배하는 사회였다. 그러므로 농업에서 문제가 생기면 지배층이 거둬들일 수 있는 잉여도 줄고, 그만큼 이들이 익숙했던 사치스러운 과시적 소비도 위축될 수밖에 없었다. 소빙하기가 찾아와 유럽 대부분 나라에서 농업 생산이 위축된 17세기 중반 위기는 바로 이런 문제를 낳았다.

그 결과, 네덜란드 경제의 중추를 이루었던 무역에 문제가 생겼다. 우선 네덜란드 무역을 오랫동안 지탱한 발트해 무역이 정체하기 시작했다. 상황이 이렇게 된 건 네덜란드 해양 운송업과 무역업에 특별히 문제가 있었기 때문은 아니었다. 실제로 발트해 무역에서 네덜란드가 차지하는 비중 자체는 크게 달라지지 않았다. 오히려 농업 위기로 인해 인구가 줄어들거나 정체되어 전반적으로 수요가 떨어져서 발트해 무역량 전체가 줄어든 것이 문제였다. 실제로 17세기 전반 이후 발트해 무역량은 서서히 줄어들기 시작해 17세기 말에는 20퍼센트 가까이 줄었고, 18세기 전반기에는 절반 이하로 줄었다.

발트해 무역이 위축되었던 것만큼이나 네덜란드 경제에 치명적인 타격을 입힌 일은 아시아 향료 무역의 수익성이 악화된 것이었다. 이 역시 17세기 유럽의 위기와 긴밀하게 연관되어 있었다. 인구가 줄어들고 농업 생산이 위축되면서 향료 같은 사치품에 대한 수요가 줄어들었기 때문이다. 흥미롭게도 향료 무역의 수익성이 빠르게 악화된 17세기 후반에 인도산 면직물이나 차, 커피 같은 새로운 상품의 교역은 늘어났다. 네덜란드동인도회사도 이런 추세에 따라 면직물 같은 새로운 상품 시장에 들어가려 했지만, 여기서는 향료 무역에서처럼 독점적인 지위를 구축하기가 어려웠다. 향료와 달리 면직물 같은 상품의 생산지는 여러 지역에 분산되어 있었던 데다가, 강력한 제국과 지역 국가에 속해 있었기 때문에 쉽게 정복할 수 없었다.

그런데도 네덜란드동인도회사는 새로운 무역 환경에 적응하지 못하고 구태의연한 방법을 쓰려고 했다. 차 무역 같은 경우 네덜란드는 향료제도에 있던 약소 부족에게 썼던 방법을 아시아의 거인 중국에도 쓰려고 했다. 물론 중국 정부는 가만있지 않았고 네덜란드동인도회사가 차 무역에 참여하는 것을 금지했다. 그사이 잉글랜드동인도회사는 차 시장에 뛰어들어 인도산 면직물과 중국산 차를 맞바꾸는 새로운 무역을 시작했다. 네덜란드동인도회사는 폭력과 강압으로 큰 성공을 거뒀으나 예전의 성공에 도취된 나머지 변화하는 세계 경제 환경에 기민하게 대응하지 못했다.

네덜란드공화국 경제가 어려움을 겪었던 것과 맞물려 근대 국가를 형성하려는 움직임이 잉글랜드와 프랑스 같은 곳에서 활발하게 일어났다. 유럽에서 국가 형성 과정은 전쟁과 긴밀하게 맞물려 진행되었다. 미국 사회학자 찰스 틸리Charles Tilly가 말했듯, "전쟁은 국가를 만들었고, 국가는 전쟁을 만들었다." 국가 내부에서는 권력을 집중시키는 한편 바깥으로는 나라의 힘을 뻗어나가려는 노력 속에서 국가 간 경쟁도 치열해졌다. 나라를 만들어나가는 과정에는 돈이 필요했기에 유럽 여러 나라가 돈줄이 되는 상업 이익을 보호하고 증진하려 했다. 바야흐로 중상주의mercantilism* 시대가 시작된 것이다.

17세기 중반의 네덜란드 또한 이 중상주의 경쟁에서 자유롭지 못했다. 경쟁은 당시 유럽에서 상업적으로 가장 우월한 지위에 있는 네덜란드에 신흥 강자가 도전하는 양상으로 진행되었다. 네덜란드가 맞닥

---

* 17세기 중반부터 18세기까지 계속된 중상주의 경쟁은 근본을 따진다면 세계에 있는 부의 총량은 한정되어 있다는 생각에 바탕을 두고 있다. 이런 부는 귀금속의 총량처럼 눈으로 볼 수 있는 것이라고 믿기도 했다. 이런 상황에서 한 나라가 다른 나라보다 우월한 지위를 차지하려면 다른 나라가 차지하고 있는 부의 일부를 자국 것으로 만드는 게 최선이었다. 그래서 중상주의 정책을 펼친 나라들은 수출은 늘리고 수입은 줄이는 길을 택했다. 그래야 무역수지 흑자를 내서 자기 나라는 부유해지고 상대 나라는 딱 그만큼 더 가난해지기 때문이었다.

2차 잉글랜드-네덜란드 전쟁(1665~1667년) 때 벌어진 '4일해전'

트린 상대는 바로 잉글랜드였다. 그 무렵 잉글랜드는 내전을 정리한 뒤 나라의 힘을 되찾으려 하고 있었다. 특히 세계 시장에서 자국의 몫을 늘려 경제력을 높이려 했다. 그러려면 당시 세계 운송 무역에서 지배적인 위치를 차지하던 네덜란드에 도전하지 않을 수 없었고, 이런 다툼은 결국 전쟁으로 치달았다.

　1650년대부터 1680년대까지 네덜란드와 잉글랜드는 세 차례 전쟁을 치렀다. 마지막 세 번째 전쟁에서 네덜란드는 잉글랜드뿐만 아니라 유럽 대륙의 최강자가 되려 했던 프랑스와도 전쟁을 치러야 했다. 전쟁은 어느 한편의 승리라고 이야기할 수 없는 어정쩡한 상태로 끝났다. 손실도 만만치 않았는데, 네덜란드는 북아메리카에 세운 식민지인 뉴암스테르담(오늘날 뉴욕)을 잉글랜드에 넘겨줘야 했다. 이 사건은 네덜란드가 북아메리카 식민지에서 완전히 손을 떼야 한다는 사실을 보여주는 일이었다.

중상주의 경쟁이 이렇게 치열해지다 보니 네덜란드의 패권도 심각하게 도전받을 수밖에 없었다. 네덜란드는 여전히 부유한 나라였지만, 스페인제국과 한판 승부를 겨룰 때처럼 경제가 빠르게 성장하지 못했기 때문에 재정 자원을 마음껏 동원할 수 없었다. 반면에 잉글랜드나 프랑스는 중상주의 경쟁에 국가의 운명을 걸고 필사적으로 달려들었다. 인구가 200만 명도 채 되지 않는 느슨한 연방 공화국 형태인 네덜란드가 절대 왕정의 강력한 통솔력 아래 일사분란하게 움직이는 인구 2300만 명의 프랑스 같은 나라와 맞서 싸우기란 쉽지 않았다. 날이 갈수록 경쟁은 치열해지고 전쟁의 규모는 커지는 가운데 영세한 인구와 영토를 가진 네덜란드가 패권을 유지하기는 점점 힘들어졌다.

폭력과 상업 위에 세워진 과도기적 패권 국가

네덜란드는 17세기 초 그야말로 황금기를 누리면서 세계 경제의 흐름을 좌우할 정도로 막강한 패권을 과시했다. 한 세기 전만 해도 발트해에서 곡물과 목재를 실어 나르거나 청어잡이로 이윤을 얻어 조금씩 부를 늘려나가는 데 그쳤던 서유럽 한 귀퉁이의 이 작은 나라가 한때나마 세계 경제를 지배했다는 사실 자체만으로도 근대 초 네덜란드의 역사는 찬찬히 살펴볼 가치가 있다. 네덜란드의 성공 스토리는 세계 경제에서 패권을 거머쥐려면 어떤 요소를 갖춰야 하는지에 대해서도 우리에게 일깨워주는 점이 있다.

대서양과 면해 있는 네덜란드는 개간을 통해 땅을 일군 나라로, 중세 말에 간척지가 조금씩 가라앉기 시작하면서 심각한 위기에 부딪혔다. 경제 활동의 밑바탕을 이루는 곡물 농사를 제대로 짓기가 어려워지자 네덜란드에서는 자본주의 사회관계라 부를 만한 것이 만들어지기 시작했다. 일부 부유한 농민은 곡물 농사 대신 낙농업 같은 시장지향적인 농업에 눈을 돌렸고, 다수 농민은 땅을 잃고 빈털터리가 되어 도시로 가서 임금노동에 종사했다. 그 결과, 유럽 어느 나라보다 네덜란드에서 도시화가 빠르게 진행되었다.

이렇게 등장한 네덜란드 여러 도시가 살아남을 수 있었던 것은 어업과 해운 운송업에 눈을 돌려 이윤을 냈기 때문이었다. 네덜란드 상인들은 해외 무역에서도 성과를 거두기 시작했다. 그 무렵 스페인제국이 패권을 유지하기 위해 더 많은 세금을 강요하는 한편 네덜란드 도시에서 세력을 키워가던 개신교도를 위협하자 네덜란드는 과감하게 독립을 선언했다. 독립전쟁에서 네덜란드는 국가의 보호 아래 상업과 제조업의 활력을 유지하면서, 동시에 이런 활력을 원천으로 삼아 자원을 효과적으로 동원하는 재정 체제를 만들어 결국 승리를 거머쥐었다. 자본 축적과 재정 체제가 시너지를 일으켜 스페인제국과는 아주 다른 체제를 만들어내는 데 성공한 것이다.

그사이 네덜란드 상인은 부가가치가 높은 상품, 그러니까 싸게 사서 비싸게 되팔 수 있는 새로운 상품을 찾아 아시아와 대서양으로 진출했다. 특히 동인도회사에 모인 상인들의 아시아 진출이 활발했다. 이때는 네덜란드인이 누리던 폭력의 우위가 큰 힘을 발휘했다. 네덜란드인은 향료 같은 사치품의 원산지를 힘으로 장악해서 유럽 시장으로 들어가는 공급을 통제해 막대한 이윤을 거두었다. 폭력으로 무역을 뒷받침했던 네덜란드의 사례는 얼핏 스페인제국이 아메리카대륙에서 보인 행태와 비슷하게 보일 수도 있다. 하지만 스페인이 아메리카에서 얻은 은을 이윤으로 전환하는 데 실패했던 것과 달리 네덜란드는 상품 교역에서 이윤을 얻고, 그것을 다시 새로운 교역에 투자해 지속적으로 부를 축척해냈다는 중요한 차이가 있다. 즉, 자본 축적의 논리가 패권의 형성과 유지에 긴밀하게 연루되기 시작한 것이다.

바꿔 말해, 자본주의가 등장하면서 패권의 구성 요소도 달라졌다. 네덜란드 사례가 보여주듯 자본 축적은 그 자체로 새로운 영토를 필요로 하지는 않는다. 자본주의 시장 관계가 새로운 땅에 침투해, 그곳에 살아가는 사람들이 점점 더 시장에 의존할 수밖에 없도록 만드는 일이 중요하지 영토가 넓다는 것만으로는 의미가 없다. 따라서 자본주의에 바탕을 두고 있는 사회는 패권을 추구할 때 영토 그 자체를 목표로 삼지 않는다. 그런데도 원주민에 대한 정복 전쟁이 일어나고 식민지 확대가 일어난 까닭은 자본 축적에 필요한 노동력을 확보하거나 원료를 얻기 위해서였다. 폭력에 의존하지 않고도 자본의 필요를 충족할 수 있었다면 더 편리하고 경제적이었겠지만, 네덜란드가 전성기를 누리던 시절에는 아직 그런 단계에 이르지 못했다.

그렇다면 네덜란드의 패권은 왜 오래 이어지지 못했을까? 두 가지 원인을 제시할 수 있는데, 하나는 봉건 질서가 지배하는 유럽 세계에서 네덜란드가 주로 사치품 무역을 통해 이윤을 거두고 있었기 때문이다. 그러다 보니 17세기 소빙하기에 농업 위기가 찾아왔을 때 봉건 귀족의 구매력이 급격하게 떨어지자 네덜란드로서는 이윤을 창출할 만한 대체 구매자를 찾기 어려웠다. 다른 하나는 국가 형성 과정에서 일어난 중상주의 경쟁에서 밀려났기 때문이다. 경제 성장이 빠르지 않아서 재정 자원을 동원하기 어려울 때 규모가 훨씬 큰 프랑스나 잉글랜드 같은 경쟁자와 만나다 보니 싸움이 힘들 수밖에 없었다.

따지고 보면 이런 한계는 네덜란드 자본주의가 좀 더 발전했다면 해결할 수도 있지 않았을까? 네덜란드가 싸게 사서 비싸게 파는 아주 오래된 전통적인 논리를 따라 이윤을 추구하는 게 아니라 끊임없는 기술 혁신과 국내 시장의 통합, 내수 시장 확대 같은 성숙한 자본주의 사회를 추구했다면 상황이 달라졌을지 모른다. 아울러 규모의 문제도 이 점과 연관이 있다. 네덜란드가 대외 무역에 집중하면서 실제로 정착 식민지를 확대하는 데 관심을 보였다면 무역 위기가 닥쳤을 때 이를 보완해줄 넓은 제국 시장에 기댈 수 있었을 것이다.

실제로 네덜란드는 17세기 후반 이후 패권을 잃은 다음에도 여전히 부유한 나라로 남았다. 18세기 중반까지도 네덜란드의 1인당 국내총생산은 유럽은 물론 전 세계적으로 가장 높은 수준이었다. 오히려 문제는 네덜란드 경제가 성장이나 후퇴가 거의 없는 정체 상태에 접어들었다는 것이었다. 원래 상업에 바탕을 두고 자본을 축적했던 나라였기 때문에 제조업이 충분히 발전하지 못했고, 기술 혁신이 빠르게 일어나지 않았던 터라 18세기 즈음에 이르면 네덜란드 자본은 투자할 곳을 찾지 못했다. 그래서 네덜란드 자본은 금융 시장으로 몰렸고, 거기서 조성된 돈은 결국 경쟁국인 영국으로 흘러들었다.

그런 점에서 네덜란드의 뒤를 이어 패권을 거머쥐게 된 영국은 좀 달랐다. 영국의 자본주의 역시 상업에 크게 의존하기는 하지만, 제조업 분야에서의 기술 혁신이 네덜란드보다 지속적으로 일어났고, 결국 산업혁명에 성공했다. 따라서 네덜란드는 영토 확장에 바탕을 둔 스페인과 자본 축적에 기댄 영국 사이에 놓인, 이를테면 이행기의 패권 국가였다고 볼 수 있다. 어쩌면 그래서 네덜란드의 전성기는 그렇게 짧았던 것일지도 모른다.

더 읽을거리

페르낭 브로델, 『물질문명과 자본주의』 3권, 주경철 옮김, 까치.
이 책은 프랑스 역사가 브로델의 기념비적인 업적이라 할 수 있는데, 3권에서 네덜란드를 비롯한 여러 나라의 부침을 다루고 있다.

찰스 P. 킨들버거, 『경제 강대국 흥망사 1500-1990』, 주경철 옮김, 까치.
20세기에 가장 중요한 경제사 연구자인 킨들버거는 이 책에서 제시한 틀과는 조금 다른 해석으로 강대국의 흥망을 다루고 있는데, 네덜란드 편은 쉽게 참고할 수 있는 좋은 안내서이다.

3장

변방의 섬나라
영국의 부상

1773년, 스웨덴 출신 식물학자가 시에라리온 근처 번스섬에 도착했다. 그곳에는 런던 상인 6명이 운영하던 서아프리카 노예 상관이 있었다. 상관 본부는 '평범하면서도 깔끔한' 건물로 전면에는 시원하고 편리한 복도가 있었고 안에는 천장이 높은 넓은 방이 여러 개 있었다. 상관 주변에는 열대 지방에서 흔히 볼 수 있는 수풀이 말끔하게 정리된 정원이 있었다. 상관도 인상적이었지만, 이 식물학자가 무엇보다도 감탄했던 것은 다양한 여흥이었다. 열대 지방에서 겪는 불편함이라고는 찾아볼 수 없었고, 유럽인이 즐기는 온갖 오락을 충분히 즐길 수 있었다. 이를테면 식물학자는 아메리카와 유럽 여러 지역에서 온 동료 상인들과 골프를 즐겼다. 당시 골프는 영국에서도 딱 두 곳에서만 즐길 수 있는 운동이었고, 유럽 대륙에서 유일한 골프 코스는 홀란트에 있

었으니, 아프리카에서 골프를 즐
긴 일은 충분히 감탄할 만했다.

이 일화는 18세기 중후반 영국
인이 누린 번영과 그 기원에 대
해 이야기한다. 영국 상인은 이제
막 시작된 골프를 비롯해 온갖 오
락을, 그것도 저 먼 아프리카 해
안에서 즐길 수 있었는데, 이들이
쌓은 부는 노예 무역에 바탕을 둔
것이었다. 이런 번영은 18세기
중반, 7년전쟁이 끝났을 때 마침
내 프랑스를 제압하고 영국이 패

◈◈◈
18세기 골프

권을 거머쥘 수 있었던 원동력이기도 했다. 하지만 영국이 언제나 이
런 번영과 위세를 누렸던 것은 아니었다. 불과 두 세기 전만 해도 잉
글랜드는 양모나 수출하는 유럽 변방 국가였다.* 사실, 잉글랜드는 영
토나 인구로 볼 때 패권 국가가 될 것이라고 예상하기 어려웠다. 면적
은 13만 제곱킬로미터로 우리나라보다 약간 컸으며, 1650년 무렵 인

---

*   오늘날 우리에게 익숙한 영국은 1707년에 잉글랜드와 스코틀랜드, 웨일스가 통합하
면서 태어난 나라이고, 여기에서 언급하는 나라는 그 이전 시대의 영국제도British Isles의
일부였던 잉글랜드이다.

구는 560만 명에 그쳤다(비슷한 시기 프랑스 인구가 2000만 명 정도였다). 어떻게 이 작은 나라가 두 세기 만에 세계에서 가장 부유한 나라가 되어 200년 넘게 유럽과 세계에서 패권을 누리며 아시아 최강자 중국까지 굴복시킬 수 있었을까? 20세기 초에 미국이나 독일에 밀려 쇠락한 이유는 또 무엇일까? 이번 장과 다음 장에서는 이런 물음에 답해 보려고 한다.

❖〓 잉글랜드는 왜 네덜란드에 뒤처졌을까 〓❖

앞에서 스페인제국이 힘을 잃어가는 과정을 살펴보면서 잉글랜드와 스페인 사이에 전쟁이 있었다고 이야기했다. 이 잉글랜드-스페인 전쟁(1585~1604년)에서 해적왕 프랜시스 드레이크가 영불해협(도버해협)에서 스페인 무적함대를 박살낸 칼레해전이 유명하다. 칼레해전은 유럽 변방 작은 섬나라 잉글랜드가 강대국이 가득한 유럽 무대에서 처음으로 두각을 나타낸 사건이었다. 하지만 잉글랜드가 곧바로 유럽 패권 경쟁에서 승리할 수 있었던 것은 아니었다. 세계 최강 스페인제국의 콧대를 꺾으면서 네덜란드와 함께 강력한 패권 경쟁자로 떠오르기는 했지만, 암보이나 학살 사건에서 보았듯이 17세기 초에 패권을 쥔 것은 잉글랜드가 아니라 네덜란드였다. 왜 잉글랜드는 네덜란드에 뒤지게 된 것일까?

17세기 초반 네덜란드공화국이 유럽에서 첫째가는 상업 세력으로 위세를 떨치기 시작했을 때, 잉글랜드는 정치적으로 혼란했다. 17세기 초, 그러니까 제임스 1세 시대부터 찰스 1세 치세까지 종교와 헌정 질서 문제를 두고 다툼이 끊이지 않았고, 이런 다툼은 급기야 왕당파와 의회파 사이의 내전으로 치달았다. 그러니 무역은 물론 경제 문제에 국가가 제대로 신경 쓸 겨를이 없었다. 1600년에 설립한 잉글랜드동인도회사나 1606년 설립한 버지니아회사●가 별다른 성과를 거두지 못하고 지지부진했던 것은 다 이런 이유 때문이었다. 앞서 언급한 암보이나 학살 사건에서 잉글랜드동인도회사가 네덜란드동인도회사에 제대로 맞서지 못한 것도 이런 역량 차이를 잘 보여준다.

　상황이 바뀌기 시작한 것은 올리버 크롬웰이 이끄는 세력이 내전의 혼란을 극복하면서 집권한 1649년 이후였다. 크롬웰은 개신교도였지만, 아들을 신앙인으로 키우기보다 "사업을 이해하게 하고 역사를 좀 읽게 하고 수학과 천문학을 공부하게 할 것"이라고 말할 정도로 잉글

● 　1606년에 제임스 1세가 특허장을 내려 설립된 주식회사이다. 부유한 런던 상인들이 회사 주식을 사서 자본을 조성하고, 대서양 건너 북아메리카대륙 해안에 식민지를 세울 이민을 모집했다. 주식회사 형식으로 식민지 개척에 나선 까닭은 잉글랜드 왕실이 해외 식민지를 원하면서도 여기에 자본을 투자할 만한 여력을 갖추지 못했고, 그럴 의지도 없었기 때문이다. 특허장 덕분에 버지니아회사는 식민지 지도자로 구성된 자문위원회와 식민지 총독을 임명할 권한을 가졌고, 식민 사업에 참여한 이민에게 물자와 배를 공급할 책임을 부여받았다. 설립 이듬해에 버지니아회사는 지주층과 장인, 노동자들을 대서양 건너편으로 보냈고, 이들이 제임스타운을 건설하면서 북아메리카 식민지 개척이 시작되었다.

랜드의 미래가 튼튼한 경제에 달려 있음을 명확하게 인지했다. 그런 그가 특히 관심을 기울인 일은 네덜란드의 힘에 맞서 자국민의 상업 이익을 보호하는 것이었다. 이때부터 잉글랜드는 본격적으로 중상주의 정책을 추구하기 시작했다.

크롬웰의 중상주의 정책 중 가장 유명한 항해법은 잉글랜드나 잉글랜드 식민지로 상품을 나를 때 잉글랜드 배를 이용하거나 상품 생산국 선박을 이용해야 한다는 내용을 담고 있다. 이 조치는 누가 봐도 저렴한 운송비를 앞세워 중개 무역에 주력한 네덜란드인을 겨냥한 것이었다. 당연히 네덜란드 정부는 크게 반발했고, 결국 잉글랜드와 네덜란드 사이에 전쟁이 일어났다.

20여 년 동안 세 차례 전쟁을 치르면서 국력을 소모한 네덜란드와 달

◈◈◈
영국 화가 새뮤얼 쿠퍼가 그린
올리버 크롬웰 초상화

리 잉글랜드는 이 전쟁에서 상당한 성과를 거두었다. 지금의 뉴욕인 뉴암스테르담을 차지해 북아메리카 동부 해안 지대의 통제권을 확보했을 뿐 아니라 향후 패권을 쥐는 데 중요한 역할을 하는 해군력을 크게 강화했다. 잉글랜드는 전시에 상선을 군함으로 바꾸는 기존 관행에서 벗어나 표준화된 전열함을 해군 주력 전투함으로 삼았는데, 이 전열함을 중심으로 상선을 보호하는 호송 체제를 확립해 운송비와 보험료를 크게 줄였다. 이는 잉글랜드 해운업이 본격적으로 발전하는 계기가 되었다.

앞서 네덜란드독립전쟁이 스페인과 네덜란드 간 패권 교체의 전환점이었듯, 잉글랜드와 네덜란드의 전쟁 또한 그러했다. 강력한 경쟁자를 제친 잉글랜드는 본격적으로 상업적 농업과 제조업을 개발하면서, 식민지와 새로운 항로를 개척해나갔다. 상인들이 유럽 너머 대서양과 아시아로 대거 진출하면서 잉글랜드 해외 무역은 빠르게 성장할 수 있었고, 한때 서유럽 변방 국가였던 잉글랜드는 17세기 말이 되면 유럽 어느 나라도 함부로 무시할 수 없는 중요한 나라가 되었다. 이제 해양 상업 국가 잉글랜드는 유럽 대륙에서 세력을 공격적으로 넓혀가던 절대주의 국가 프랑스와의 한판 대결을 남겨두고 있었다.

⟫⟩⟩== 2차 백년전쟁과 재정혁명 ==⟨⟨⟨

저 유명한 잔 다르크가 종횡무진 활약했던 잉글랜드와 프랑스의 백년전쟁이 중세 유럽에서 패권을 두고 다툰 일이라면, 17세기 말부터 19세기 초까지 여러 차례 진행된 잉글랜드(영국)와 프랑스 사이 전쟁은 근대 세계에서 패권을 두고 다툰 일이라고 봐도 무방할 듯하다. 1689년에 시작된 9년전쟁부터 스페인왕위계승전쟁, 오스트리아왕위계승전쟁, 7년전쟁, 북아메리카독립전쟁을 거쳐 프랑스혁명·나폴레옹전쟁까지 한 세기가 넘게 진행된 이 대결을 역사학자들은 '2차 백년전쟁'이라 부르기도 한다. 그것은 기본적으로 개신교 세력과 가톨릭 세력을 대표하는 두 맹주 사이에 종교의 자유와 안전을 지키려는 열정, 왕조의 위신과 명예, 상업 이익을 확보하려는 욕망이 복잡하게 얽혀 일어난 전쟁이었다.

잉글랜드가 프랑스와의 첫 번째 전쟁에 뛰어들게 된 계기는 국왕 윌리엄 3세가 강력한 의지를 보였기 때문이다. 그가 왕위에 오르기 전에 원래 잉글랜드 왕이었던 제임스 2세는 프랑스와 같은 가톨릭 절대주의 체제를 잉글랜드에 세우려고 했다. 해가 갈수록 이런 야심이 뚜렷하게 드러나자 의회와 잉글랜드 국교회 지도자들은 격렬하게 반발했다. 그들은 내전까지 치르면서 겨우 지켜낸 개신교 종교개혁의 성과와 '잉글랜드인의 자유'라는 오랜 전통을 지키기 위해 네덜란드 왕자 윌리엄(빌럼)에게 잉글랜드 침공을 요청하는 극단적인 방법을 택했다. 윌리엄이 1만 5000명의 다국적군을 이끌고 잉글랜드 남서쪽 데번 토베이에 상륙하자 제임스 2세는 싸우지 않고 프랑스로 도망쳤다. 의회는 윌리엄과 부인 메리를 왕위에 올렸는데, 이것이 1688년 잉글랜드에서

일어난 명예혁명이었다.

윌리엄의 처지에서도 잉글랜드 침공은 엄청난 모험이었다. 그가 자리를 비운 사이 자칫 프랑스가 네덜란드로 쳐들어올 수도 있었기 때문이다. 그런데도 이런 위험천만한 결정을 내린 까닭은 오랫동안 프랑스의 위협 아래 떨던 네덜란드를 비롯한 대륙 개신교 세력을 구하는 유일한 길은 잉글랜드의 힘을 빌리는 것이라 믿었기 때문이다. 당시 인구가 2000만 명이 넘었던 프랑스는 십수만 명에 이르는 대규모 군대를 보유하고 있었던 데다가 농업과 상업이 번성한 덕분에 재정 자원도 풍부한 명실상부한 유럽 대륙 최강 국가였다. 스스로를 태양왕이라 불렀

◆◆◆
윌리엄 3세와 메리 2세

던 루이 14세는 전 세계를 프랑스식 가톨릭교로 개종시키는 게 자신의 사명이라고 철석같이 믿고 있었다. 그러니 윌리엄 같은 개신교 세력 지도자가 볼 때 프랑스는 세계를 지배하는 보편왕국 건설의 야심을 품은 위험한 나라였다. 윌리엄은 프랑스의 이런 야망을 저지하기 위해, 잉글랜드 왕위에 오르자마자 프랑스와 전쟁을 시작했다.

　한 세기가 조금 넘는 기간에 일어난 여섯 차례 대규모 전쟁에서 승리를 거둔 것은 영국이었다. 엄밀하게 승패를 따지자면 대략 5승 1무 정도인데, 유일한 무승부는 북아메리카독립전쟁이었다. 유럽, 더 나아가 세계의 패권을 두고 프랑스와 치른 이 치열한 경쟁에서 영국이 승리를 거둘 수 있었던 중요한 원동력은 물론 돈이었다. 전쟁이 일어날 때마다 규모는 점점 커졌고, 그만큼 전쟁 비용도 가파르게 올라갔다. 9년전쟁 때 잉글랜드는 전쟁 비용으로 대략 550만 파운드를 썼던 데 비해 북아메리카독립전쟁 때는 거의 네 배쯤 되는 2000만 파운드를 쏟아부었다(이 돈을 2017년 가치로 따지면 23억 파운드 정도이다).

이렇게 많은 전쟁 비용을 어떻게 조달할 수 있었을까? 핵심은 국가 부채와 조세 수입이었는데, 두 가지 모두에서 영국은 경쟁국인 프랑스보다 훨씬 효율적으로 재정 자원을 동원하고 운용했다. 이는 1690년대부터 진행된 재정혁명financial revolution 덕분이었다. 재정혁명이 성공적으로 추진되려면 두 가지 조건을 먼저 갖춰야 했다. 하나는 행정부와 의회가 효율적으로 작동해야 했다. 의회가 나름대로 대표성을 가지고 있어야 큰 저항 없이 세금을 매길 수 있고, 세금을 제대로 매기고 거둔다는 보장이 있어야 국가가 마음껏 돈을 빌릴 수 있었다. 또한 징수 주체인 행정부가 세금을 효율적으로 거둬들일 적절한 제도와 인력을 갖춰야 했다.

다른 하나는 재정 체제를 궁극적으로 뒷받침하는 국민이 부유해야 했다. 이 점에서 17세기 후반 이후 영국의 상업과 제조업, 농업 모두 빠르게 발전했다는 사실은 주목할 만하다. 1인당 소득으로만 따지면 네덜란드만큼 부유하지는 않았지만, 임금 같은 지표로 보면 18세기 중반에 영국인은 세계에서 가장 높은 임금을 받았다. 18세기 영국은 이 두 조건 모두 어느 정도 갖추고 있었기 때문에 효율적으로 재정 자원을 동원할 수 있었고, 그것은 곧 영국이 패권을 거머쥐는 데 중요한 동력이 되었다.

명예혁명은 정치혁명 그 이상이다

루이 14세의 막강한 프랑스 군대에 맞서 싸우는 것은 엄청난 재정이 필요했다. 다행히 윌리엄은 스페인제국에 맞서 독립전쟁을 치루는 동안 값싼 이자를 주고 많은 돈을 조달하는 방법, 이를테면 장기 공채 같은 혁신적인 방안을 정착시킨 네덜란드 출신이었다. 마침 영국인들도 네덜란드의 성공 비결을 알아내는 데 무척 관심이 많아서 네덜란드의 제도를 빌려 오는 것에 아무런 거리낌이 없었다. 잉글랜드는 네덜란드의 장기 공채 제도를 받아들여, 가령 평생 연금 형식으로 이자를 지불하는 대신 원금 상환을 미루는 제도를 시행했다. 또한 '백만 파운드 복권'처럼 모든 복권 구매자에게 16년 동안 매년 1파운드씩 상금을 보장하는 제도를 도입해 목돈을 마련했다.

여러 주식회사를 통한 자금 조달도 이뤄졌다. 가장 대표적인 회사가 1694년에 설립된 잉글랜드은행이었다. 오늘날 영국의 중앙은행인 이 은행의 시작은 전쟁 비용을 마련하기 위해 정부와 상인이 협상해 만든 주식회사였다. 상인들은 120만 파운드를 나라에 빌려주는 조건으로 주식회사를 설립하고, 그 대가로 지폐 발행이나 개인 대출 같은 여러 금융 서비스를 제공하는 특권을 받았다. 120만 파운드는 주식을 발행해서 조달했는데, 잉글랜드은행은 이 돈을 정부에 빌려주고 8퍼센트 이자와 일정한 취급수수료를 챙겼다. 잉글랜드은행의 주주는 주식에 대한 배당금뿐만 아니라 주식 시장에서 주가가 오르면 그만큼 시세 차익을 누릴 수 있었기 때문에 쏠쏠한 이익을 기대할 수 있었다. 잉글랜드은행뿐만 아니라 동인도회사나 남해회사South Sea Company 같은 여러 회사들이 주식을 발행해 공공 대중에게 팔거나 직접 사는 방식으로 국가가 재정 자원을 동원하는 데 도움을 주었다.

이런 여러 제도가 정착하면서 영국의 재정혁명은 차근차근 진행되었다. 재정혁명이 성공적인 전쟁 수행과 패권 장악에 중요했던 까닭은 국가 간 경쟁에서 재정 자원을 값싸게 동원하는 능력이 결정적인 요인이었기 때문이다. 핵심은 값비싼 이자를 치러야 하는 단기 대부에 의존하지 않고 오랜 기간에 걸쳐 이자와 원금을 갚거나 아예 원금을 되돌려주지 않고 이자만 지불하면서 대규모 자금을 동원하는 것이었다. 이 일은 말로는 간단하지만, 실행에 옮기기는 무척 어려웠다. 스페인제국처럼 넓은 영토에서 실제로 막대한 양의 은을 캐낼 수 있었던 나라조차도 장기 공채 같은 제도를 도입하지 못했다. 스페인 정부가 꼬박꼬박 이자와 수수료를 지불한다는 신뢰를 주지 못했기 때문이다. 영국 정부는 어떻게 이런 신뢰를 확보할 수 있었을까?

영국 정부는 투자자의 신뢰를 얻기 위해 특정 세금에서 거두는 수입

◈◈◈
권리장전

을 특정 부채에 대한 이자를 갚는 데만 사용하도록 법으로 정했지만, 역사를 되돌아보면 통치자가 법을 어기는 일은 너무나 흔했다. 그러면 영국 투자자들은 뭘 근거로 법을 신뢰할 수 있었을까? 여기서 명예혁명이 무엇을 성취했는지 되돌아볼 필요가 있다. 혁명 이후 의회는 왕위에 오른 윌리엄 3세에게 한 가지 중요한 양보를 얻어낸다. 의회의 동의 없이 과세할 수 없다는 조항을 포함해 국민의 재산권을 확실하게 보장하고, 동시에 왕이 자기 마음대로 의회를 소집하거나 해산할 수 없도록 법으로 못 박아 놓은 것이다. 이런 내용이 1689년에 제정된 권리장전Bill of Rights에 포함되었다.

국민에게서 돈을 빌리는 일은 바꿔 말하면 국민이 재산 일부를 잠시 정부에 맡기는 것이므로, 재산권을 보장하려면 반드시 되돌려주어야 한다. 재산권 보장을 법으로 명시한 것은 이런 게임의 규칙을 확인한 것이라 볼 수 있다. 하지만 더 중요한 일은 실제로 재산권을 보장하는 것이다. 이 점에서 권리장전이 제정되고, 그 이후 조치로 의회가 왕의 의사와 무관하게 매년 반드시 열리며, 의회가 예산과 과세에 대한 통제권을 갖게 된 것은 아주 중요한 의미를 갖는다.

학교에서 명예혁명과 권리장전에 관해서 배울 때 흔히 국민의 자유 같은 기본권을 보장하는 근대 입헌군주제가 성립된 사건이었다는 정도로만 이해하고 넘어간다. 그런데 그만큼이나 중요한 일이 바로 의회가 매년 열렸다는 사실이다. 이 의회를 구성하는 의원들 가운데 많은 이들이 공채나 주식을 샀던 상인이나 제조업자, 지주였다. 그러니까 공채를 사는 사람들이 세금을 매기고 그 세금 수입으로 자기 자신에게 이자를 지불하는 법을 만들었던 셈이다. 다시 말해, 정치권력과 돈을 버는 일이 긴밀하게 얽혀 들어갔던 것인데, 이는 자본주의 경제 체제의 아주 중요한 특징 가운데 하나다. 바로 이런 의미에서 명예혁명의 성공은 영국 자본주의의 발전과 깊이 연관된 사건이었다.

실제로 영국 의회는 특정 물품소비세와 관세 수입을 정부 공채에 지불하는 이자로만 사용하도록 법을 제정했고, 이런 식으로 정부의 지불을 보증해 시장에서 두터운 신뢰를 얻을 수 있었다. 그 결과, 영국 정부는 매번 전쟁을 치를 때마다 점점 더 큰돈을 금융 시장에서 조달할 수 있었다. 이러다 보니 프랑스 같은 경쟁국은 영국 정부의 자금 조달 능력을 따라잡을 수 없었다. 프랑스와 전쟁을 시작한 1689년 잉글랜드 정부가 지고 있던 부채는 겨우 100만 파운드 정도였다. 적은 액수는 아니지만, 훗날을 생각하면 사소한 돈이었다. 1690년대 재정혁명을 시행한 후 9년전쟁이 끝났을 때 그 액수는 1500만 파운드로 늘었다. 세월이 흘러 북아메리카독립전쟁이 끝나는 1783년에 이르면 국가 부채가 2억 4300만 파운드에 이르렀다(2017년 기준으로 계산하면 2000억 파운드가 넘는 금액이다). 80년 만에 조달할 수 있는 재정 자원의 규모가 거의 15배 늘어난 셈이다.

⁂═══ 근대 재정 – 군사 국가의 탄생 ═══⁂

하지만 이렇게 조성한 공공 부채도 실제 전쟁 비용의 30~40퍼센트를 감당하는 데 그쳤다. 대략 1688년부터 1815년까지 전쟁 규모가 점점 커지면서 군대 또한 규모가 커지고 구성과 구조가 복잡해졌기 때문이다. 절대주의 체제가 유럽 여러 나라에 자리 잡으면서 상비군을 두는 경우가 많았고, 국가 간 경쟁이 심해지면서 군대 규모는 점점 커졌다. 예전에는 필요할 때마다 용병을 썼지만 이제는 자국 국민으로 충원한 병사가 군대의 중심이 되었다. 섬나라인 영국은 대규모의 상비군을 직접 유지하는 대신 동맹국에게 전쟁 비용을 주고 대리전을 치르게 하는 경우가 많았다. 그래도 해군에는 많은 돈을 썼는데, 전함을 건조하고 유지하는 비용이 워낙 컸다.

빈번하게 일어나는 전쟁에서 상시로 동원되는 수많은 군인에게 무기나 식량을 비롯해 온갖 물자를 대려면 공공 부채뿐만 아니라 세금을 추가로 거둬야 했다. 실제로 1인당 조세 부담액을 비교해 보면 영국인은 프랑스인에 비해 훨씬 많은 세금을 내고 있었는데, 18세기 중반에는 그 차이가 두 배, 18세기 말에는 세 배나 되었다. 여기에는 두 가지 원인이 있었다. 하나는 영국 정부가 재산이나 소득이 아니라 소비에 대해서 세금을 매기는 간접세 중심으로 세금을 거둬들였다는 것이다. 물품소비세나 관세가 여기에 해당되는데, 이런 세금은 특정 상품을 소비할 때 누구나 내야 하는 것이었다. 18세기에는 사치품보다도 오히려 생필품에 세금을 매기는 경우가 많아서 가난한 사람에게 더 부담이 되었다. 그래도 간접세는 세금을 내야 하는 사람에게 직접 매기는 게 아니라 소비하는 상품 가격에 숨겨져 있어 조세 저항이 비교적 적고 거두기 쉬웠다.

또 하나의 원인은 영국 정부의 행정 조직이 세금을 거두는 데 그만큼 효율적이었다는 것이다. 흔히 영국이 작은 정부를 유지했을 것이라고 생각하기 쉽지만 18세기 영국 정부는 세금을 거두는 문제에 있어서는 오히려 행정 역량을 강화하기 위해 인력을 대규모로 충원하고 조직도 더 효율적으로 정비했다. 그래서 역사학자들은 18세기 영국을 '재정-군사 국가fiscal-military state'의 성공 사례로 꼽는다. 이는 영국이 왕실 수입 대부분을 국왕 개인의 영지와 여러 권리에서 얻는 '영지 국가'에서 견실한 공공 재정을 바탕으로 하는 진정한 '근대 국가'로 거듭났다는 걸 의미한다.

하지만 이렇게 재정 자원을 효율적으로 동원할 수 있었던 근본적인 이유는 경제가 견실하게 버티고 있었기 때문이다. 국민이 잘살아야 나라에 돈을 빌려주고, 주식을 사고, 세금을 낼 수 있다. 영국 경제는 어떻게 그런 활력을 보일 수 있었을까? 앞서 스페인제국의 경우는 아메리카 원주민으로부터 빼앗은 금과 은이 부의 원천이었다. 네덜란드의 경우에는 사치품 교역에서 거둔 이윤, 이를테면 아시아에서 향신료를 독점적으로 수입해서 얻은 이윤 덕분에 부유해졌다. 17세기 후반 이후 영국이 누린 풍요와 번영 역시 네덜란드처럼 해외 무역에 뿌리를 두고 있었다. 하지만 네덜란드처럼 사치품 교역에만 의존하지는 않았다. 영국은 농업과 제조업 또한 발전시켜 견실한 국내 시장을 보유하고 있었고, 북아메리카와 서인도제도 식민지를 비롯해 자국에서 생산한 제조업 제품을 판매할 수 있는 국외 시장을 갖고 있었다. 상업 발전이 제조업 혁신과 더불어 일어난 결과, 경쟁력 있는 제조업 제품을 세계 곳곳에 수출해 다시 상업에서 우위를 얻는 선순환 구조가 형성된 것이다. 이것이 18세기 영국이 패권을 거머쥘 수 있는 밑거름이었다.

✳═══ 인클로저 운동부터 상업혁명까지 ═══✳

그렇다면 영국 경제는 어떻게 이런 식으로 발전하게 된 걸까? 이 물음에 답하려면 중세 말 잉글랜드로 거슬러 올라가야 한다. 우선 14~15세기 왕위 계승 문제를 두고 일어난 백년전쟁과 장미전쟁으로 수많은 귀족이 전장에서 죽음을 맞이하면서 귀족 가문이 대거 몰락했다. 그 자리를 대신해 새로운 지주층, 그러니까 일종의 하급 귀족이라 할 수

있는 젠트리gentry가 등장했다. 이들은 농업에서 이윤을 거두는 일에
관심이 많았는데 16세기에 좋은 기회가 찾아왔다. 유럽 인구가 크게
증가하면서 중세 때부터 잉글랜드의 중요한 수출 품목이었던 양모와
직물에 대한 수요가 빠르게 늘어난 것이다. 그러자 젠트리는 오랜 관습
에 따라 농민이 보유한 땅뙈기를 하나로 합쳐 울타리를 치고 목초지로
바꾸기 시작했다. 이것이 토머스 모어가 『유토피아』에서 "양이 사람을
잡아먹는다."라고 개탄한 '인클로저 운동enclosure movement'이다. 갑자기

◈◈◈
17세기에도 인클로저 운동은 폭력과 함께 진행되었다.
오랜 관습에 의해 농사짓고 살던 농민은 하루 아침에 쫓겨나는 신세로 전락했다.

땅을 잃은 농민은 농촌에서 농업노동자가 되거나 아예 도시로 가서 제조업에서 일자리를 구해야 했다. 마르크스는 『자본』에서 자본주의가 어떻게 잉글랜드에서 처음 등장했는지 설명하면서 바로 이 인클로저 운동을 '시초 축적'의 한 예로 들었다.

그런데 16세기 중반에 잉글랜드 양모와 직물 수출이 인플레이션과 네덜란드독립전쟁 때문에 큰 타격을 입었다. 전쟁터로 변한 플랑드르 지방이 전통적으로 잉글랜드가 이런 상품을 수출하던 곳이었기 때문이다. 그러자 실질 임금이 줄어들고, 빈민 숫자가 크게 늘어났다. 상공업자들은 위기를 극복하려고 애쓰는 한편, 오랫동안 의존했던 양모와 거친 모직물 수출에서 벗어나 신직물이라는 새로운 모직물을 생산하는 데 열을 올렸다. 상인들은 새로운 시장을 찾아 나섰다. 전통적인 시장인 북유럽 시장 바깥에서 지중해와 레반트 지역으로 진출하더니, 더 나가서 아프리카와 대서양 지역, 심지어 아시아까지 뻗어나갔다. 일부 잉글랜드인은 해적으로 변신해 은을 실어 나르던 스페인 선박을 노리기도 했다. 이렇게 잉글랜드와 스페인의 마찰이 심각해지다 결국 1588년 잉글랜드 해군과 스페인 무적함대가 격돌했다.

잉글랜드 상인의 팽창 의지는 17세기 전반에 내전과 혁명 같은 정치 격변 때문에 타격을 입었지만, 1660년에 스튜어트 왕가가 왕위를 되찾으면서 다시 모습을 드러냈다. 그 후 명예혁명으로 권리장전이 제정되어 재산권을 보장하고, 귀족과 젠트리가 주류를 이루는 의회가 실질적인 주권을 행사하면서 잉글랜드에서 자본주의는 더욱 탄탄한 바탕 위에 서게 되었다. 왕정복고 이후에 시작된 경제 근대화는 빠르게 진행되어 농업은 점점 더 상업적인 성격을 띠었고, 생산성이 향상되어 예전보다 더 적은 숫자가 농업에 종사하면서도 더 많은 농산물이 생산되었다. 농사짓기를 그만둔 사람들은 빠르게 성장하는 잉글랜드 제조업에 필요한 노동력을 제공했다. 동시에 상업을 비롯한 서비스업이 발전해 여기에 종사하는 사람들이 늘어나면서 도시화가 빠르게 진행되었다. 그러면서 하천을 따라 연안 항구와 내륙 시장이 연결된 전국적인 시장이 등장했다. 중세 때부터 내려오는 동업조합*의 규제를 받지 않는 노동자들은 빠르게 바뀌는 소비자 취향에 따라 모직물을 비롯해 다양한 상품을 생산하는 데 투입되었다.

17세기 후반부터 잉글랜드 경제와 사회에서 일어난 이런 여러 변화는 잉글랜드 안에서 일어난 변화에만 바탕을 둔 것이 아니었다. 이 무렵부터 특히 상업에서 축적한 부가 빠르게 증가하기 시작했는데, 이런 축적의 원동력 가운데 더욱 역동적인 모습을 보였던 것은 바로 해외 무역이었다. 특히 가까운 유럽과의 교역보다는 멀리 떨어진 지역과 교역이 훨씬 활발하게 일어났다. 거리가 멀수록 여러 위험이 따르지만,

---

* 중세 때부터 유럽에서 활발하게 나타난 것으로 보통 길드guild라고 부른다. 어느 지역에서 특정 직종에 종사하는 사람들(흔히 장인이나 상인)이 이런 동업조합을 결성해서 그 직종에 진출하려는 사람의 자격 요건을 심사해 허가를 내주고, 특정 제품의 가격이나 품질을 관리하는 역할을 담당했다.

그만큼 큰 이윤을 거둘 수 있었기 때문이다. 이 시기에 해외 무역이 활발해지고, 그 구조와 내용도 크게 달라졌기 때문에 역사학자들은 잉글랜드에서 '상업혁명commercial revolution'이 일어났다고 생각하기도 한다. 상업혁명은 잉글랜드 경제가 성장하는 원동력이자 향후 영국이 패권을 장악하는 데 결정적으로 기여한 요인이었다.

⟩⟩= 유럽을 휩쓴 캘리코 열풍 =⟨⟨

중세부터 근대 초까지 잉글랜드는 유럽 경제 변방에 있었다. 중세 말에 이탈리아와 서유럽 일부 지역에서 도시가 다시금 번성하기 시작하고, 몇몇 정기시를 중심으로 유럽 내에 사치품 무역 네트워크가 만들어졌을 때도 런던 같은 잉글랜드 주요 도시는 특별히 중요하게 여겨지지 않았다. 상품 무역으로 보나 국제 금융 측면에서 보나 잉글랜드의 도시가 차지하는 위상은 보잘것없었다.

16세기에 유럽 인구가 크게 증가하고 유럽 내 무역이 활발해졌을 때도 잉글랜드는 기껏해야 유럽 시장에 양모나 절반쯤 가공된 모직물, 주석이나 납 같은 원료를 수출하는 나라였다. 그래도 유럽 경제가 번성하면서 잉글랜드도 한동안 호황을 누렸는데, 이런 번영은 오래가지 않았다. 16세기 중반 이후에 잉글랜드의 가장 중요한 무역 대상 지역이었던 네덜란드에서 전쟁이 일어나면서 수출 길이 막혔기 때문이다.

16세기 후반, 엘리자베스 여왕 시대 말기부터 잉글랜드 상인은 무역 대상 지역을 넓히기 시작했다. 처음에는 지중해와 레반트 같은 가까운 지역에서 활로를 찾았고, 곧이어 더 멀리 서아프리카와 북아메리카, 서인도제도, 아시아로 눈길을 돌렸다. 엘리자베스 시대나 뒤이은 스튜어트 시대 초기에 이런 노력은 큰 성과를 거두지 못하지만, 17세기 후반에 결실을 맺으며 무역이 빠르게 늘어났다.

1700년과 1800년을 비교하면 불과 한 세기 만에 수입과 수출은 각각 다섯 배, 재수출은 무려 아홉 배나 늘었다. 재수출이 특히 빠르게 늘어난 까닭은 잉글랜드가 대서양 식민지에서 설탕이나 담배 같은 새로운 상품을 들여와 유럽 여러 나라로 수출했기 때문이다. 이는 식민지 무역이 그만큼 중요해졌음을 의미한다. 양적인 변화뿐 아니라 세부 구성에서도 흥미로운 변화가 일어났다. 1713~1803년 영국의 해외 무역에서 유럽이 차지하는 비중은 74퍼센트에서 33퍼센트로 크게 줄어들었는데, 이는 영국과 비유럽 세계와의 교역이 이전보다 훨씬 더 중요했음을 보여준다. 그러므로 17세기 후반부터 빠르게 진행된 영국의 상업 발전을 이해하려면 유럽 너머 여러 지역과 영국이 어떻게 얽히게 되었는지 살펴봐야 한다.

먼저 오랫동안 유럽 사치품 시장에서 큰 비중을 차지했던 아시아 무역을 살펴보자. 잉글랜드 아시아 무역을 이끈 가장 중요한 주체는 1600년에 설립된 동인도회사였다. 잉글랜드는 네덜란드보다 먼저 특허회사를 설립해서 아시아 진출 의지를 드러냈다. 하지만 설립 이후

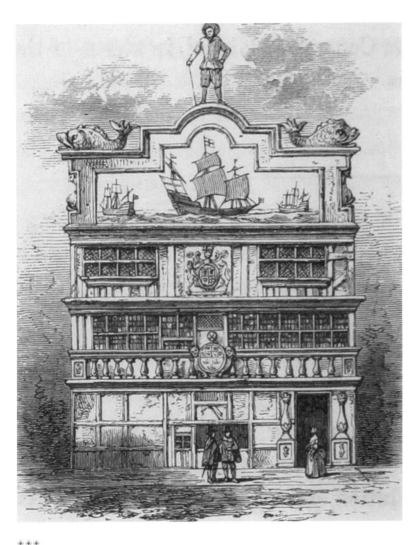

◈ ◈ ◈
1660년대 런던에 있는 잉글랜드동인도회사 본사

처음 60년 동안 동인도회사는 특별한 성취를 이루지 못했다. 이유는 여러 가지였지만, 무엇보다도 자본이 부족했다. 잉글랜드동인도회사는 네덜란드동인도회사와 마찬가지로 주식을 팔아 자본을 조달했는데, 처음에 마련한 자본이 네덜란드동인도회사의 10분의 1 수준에 불과했다. 또한 항해가 끝날 때마다 원금과 이윤을 배분했기 때문에 사업 규모를 키워나가는 데 충분한 자본을 유지할 수 없었다. 게다가 대담함도 부족했다. 네덜란드는 일본인 무사를 고용하는 등 상당한 전쟁 수행 능력을 갖추고 아시아 곳곳에 요새와 상관을 건설했던 데 반해 잉글랜드동인도회사는 그럴 만한 군사력을 갖추지 못했다. 간단히 정리하면, 평화로운 교역을 통한 이윤 추구를 중요하게 여겼던 영국의 동인도회사는 국가의 지원 아래 해군 등의 무력을 거침없이 동원하는 네덜란드동인도회사를 도저히 이길 수가 없었다.

사정은 올리버 크롬웰이 나라를 다스리던 시절부터 달라지기 시작했다. 1657년 새롭게 특허를 받으면서 동인도회사는 항해마다 자본과 이윤을 배분하던 방식을 버리고 자본을 계속 유지하는 주식회사의 모습을 제대로 갖추게 되었다. 그 결과, 더 많은 자본으로 무장한 잉글랜드동인도회사는 아시아 무역에 좀 더 적극적으로 참여할 수 있었다. 실제로 1660년과 1690년 사이에 동인도회사 연간 수입량은 세 배나 늘어났다. 하지만 아시아 무역에서 가장 중요한 위치를 차지했던 품목인 향료는 이미 네덜란드가 17세기 초반에 주요 원산지를 다 차지한 상태였기 때문에 잉글랜드동인도회사는 끼어들 틈이 없었다. 앞서 암보이나 학살 사건 이후에 향료 무역에서 발을 뺄 수밖에 없었던 잉글랜드동인도회사는 대신 무굴제국이 지배하는 인도로 눈길을 돌렸다.

네덜란드동인도회사의 위세에 밀려 어쩔 수 없이 인도에서 활로를 찾았지만, 17세기 후반이 되면 이게 잉글랜드동인도회사에 큰 행운을 가져왔다. 당시 유럽 인구가 줄어들면서 향료 무역은 수익성이 점점 떨어지고 있었다. 한편 잉글랜드동인도회사는 유럽 시장에 내다 팔 새로운 상품인 면직물을 발견했다. 그 무렵 인도의 수공업자들은 탁월한 솜씨로 온갖 색깔에 종류가 다양한 면제품을 생산하고 있었다. 잉글랜드동인도회사는 유럽에서 '캘리코'라고 부른 면제품을 수입했는데, '캘리코 열풍'이라는 말이 나올 정도로 폭발적인 인기를 끌었다. 15세기 베네치아에서 면과 아마를 섞어 짠 퍼스티언이 유럽 곳곳으로 퍼져나

◈◈◈
잉글랜드동인도회사는 인도 봄베이에 상관을 두고 본격적으로 무역 상권을 넓혀갔다.

가긴 했지만, 인도산 면직물처럼 제대로 된 면직물은 유럽이 경험해보지 못한 것이었다. 면직물은 모직물에 비해 훨씬 가벼운 데다가 습기를 잘 흡수하며 내구성도 좋았다. 인도 염색 기술이 워낙 좋아서 빨아도 색깔이 변하지 않았고 문양도 다양했다. 게다가 리넨 같은 상품에 비해서 값도 쌌다. 1664년이 되면 면직물 교역은 잉글랜드동인도회사 무역의 총가치 가운데 73퍼센트를 차지할 정도로 규모가 커졌다.

면직물 교역은 차 교역이 등장하는 계기도 되었다. 면직물이 이렇게 인기를 끌면서 대량으로 수입되자 잉글랜드 내 모직물 제조업자들이 불만을 품은 것이다. 이들은 오랫동안 잉글랜드 경제의 중추를 이루며 키워온 정치적 힘을 발휘해 의회와 행정부에 압력을 넣어 인도산 면제품 수입과 소비를 규제하는 조치를 얻어냈다. 잉글랜드동인도회사는 면제품을 대신할 만한 새로운 교역 품목을 다시 찾아야 했다. 그때 눈길을 끌었던 것이 바로 중국산 차였다. 잉글랜드 상류층은 17세기 후반부터 차를 즐겨 마시기 시작했는데, 동인도회사가 18세기에 중국산 차를 대량으로 들여오면서 중간 부류는 물론 심지어 하층민까지도 차를 마실 수 있었다.* 게다가 영국령 아메리카 식민지인도 차를 즐겨 마

---

* 차를 마시는 일은 18세기 잉글랜드인에게 매우 중요한 일이었다. 차를 제대로 마시려면 찻잔 같은 도자기 제품도 필요했고, 차와 함께 할 달콤한 간식도 있어야 했다. 하층민도 차를 마시고 싶어 했지만 너무 비싸 엄두를 내지 못했다. 하지만 차에 대한 열망이 너무 강해서 상류층이나 중간 부류가 이미 우려먹은 차를 말려 놓은 제품이 등장할 정도였다.

셔 밀수까지 성행해서 정부가 골머리를 앓을 정도였다. 그 결과 중국산 차가 동인도회사의 수입 총액에서 차지하는 비중은 1710년대 1퍼센트 수준에서 1760년대 40퍼센트 수준까지 늘었다.

이렇듯 당시 영국과 유럽 소비문화에서 중요해진 면직물과 중국산 차 같은 상품을 수입하면서 영국동인도회사는 18세기 초에 네덜란드 동인도회사보다 상업적으로 더 큰 성공을 거두었다. 네덜란드동인도회사가 주로 힘을 앞세워 독점을 추구했던 데 비해서 영국동인도회사는 현지 무역 네트워크에 잘 적응하면서 평화롭게 교역을 이어나갔던 게 주효했던 셈이다. 중국산 차 같은 경우 중국의 무역 관행을 잘 따랐기 때문에 영국동인도회사가 성공을 거뒀던 반면 네덜란드동인도회사는 힘으로 중국을 윽박지르려다가 실패했다.

게다가 영국은 아시아에서 들여오는 상품을 국내 시장에서 팔거나 유럽에 재수출하는 데만 의존하지 않았다. 그랬다면 작은 외부 충격에도 쉽게 흔들렸을 것이다. 하지만 18세기 영국은 아시아 무역뿐 아니라 대서양 무역과 유럽 내 교역까지 결합해 거대한 무역 네트워크를 장악했고, 여기에서 영국산 제조업 제품을 대량으로 수출해 국내 제조업 발전까지 도모할 수 있었다. 바로 이것이 영국과 네덜란드가 패권 국가로 발전하는 과정에서 나타나는 중요한 차이점이다.

⊱═ 산업혁명의 불씨를 지핀 대서양 무역 ═⊰

17세기 초 잉글랜드인이 북아메리카대륙에 관심을 기울이기 시작한 것은 스페인인처럼 귀금속을 비롯한 사치품을 찾아 일확천금을 얻고 싶었기 때문이다. 하지만 1607년 버지니아회사가 모집한 이민이 북아메리카대륙 남부에 도착해 제임스타운을 세우고 나서 보니 원주민에게는 귀금속 같은 사치품도 없었고, 스페인령 아메리카처럼 대규모 은광을 찾을 수도 없었다. 오히려 원주민과 갈등하고 풍토병이 창궐해서 초기 정착민 가운데 극소수만 겨우 살아남을 수 있었다. 게다가 풍토가 완전히 달라서 잉글랜드에서처럼 농사를 짓기도 어려웠다. 그래서 초기 정착민은 본국 회사에서 보내는 물품에 의존할 수밖에 없었다.

이런 절박한 상황에서 북아메리카와 서인도제도 식민지를 구한 것은 현지 기후에도 잘 맞고 잉글랜드로 수출도 할 수 있는 상품작물인 담배와 사탕수수 같은 것이었다. 이런 작물은 큰 농장에서 아주 많은 노동자를 동원하는 플랜테이션 농업으로 재배되었다. 그러려면 잉글랜드 상인과 지주의 자본이 식민지에 들어가야 했다. 식민지는 잉글랜드에서 재배되지 않는 이국적인 상품작물을 수출하고 잉글랜드는 갖가지 상품을 수입하는 교역 네트워크가 서서히 자리를 잡았다. 그 결과, 17세기 후반부터 식민지 무역이 가파르게 늘었다.

식민지에서 플랜테이션 농업이 발전한 일은 그야말로 중요한 혁신

◆◆◆
17세기 버지니아주 제임스타운의 담배 경작

이었다. 새로운 무역로가 열렸고, 수백만 명이 영국과 아프리카에서 북아메리카와 서인도제도로 이주했다. 동시에 자본과 신용을 빠르고 촘촘하게 네트워크로 연결해 상품작물 재배와 교역이 성장하는 데 도움을 주었다. 그 덕분에 영국과 식민지 양쪽에서 새로운 상인과 지주, 제조업자들이 성장할 수 있었다. 처음에 주로 담배와 사탕수수 재배를 중심으로 발전한 플랜테이션 농업은 17세기 후반 이후에 쌀, 인디고, 커피 같은 새로운 상품으로 확대되었다.

물론 모든 식민지가 플랜테이션 농업의 이익을 누릴 수 있었던 것은 아니었다. 북아메리카 북부와 중부는 유럽과 기후가 비슷해서 플랜테이션 농업보다는 잉글랜드와 유사한 농업과 제조업에 집중했다. 그래서 북아메리카 북부 뉴잉글랜드는 생계 유지를 목표로 하는 소규모 농업이나 어업, 조선업 같은 것을 특화했다. 넓은 평원이 있는 북아메리카 중부에서는 밀 농사를 대규모로 지었고, 밀이나 밀가루를 유럽으로 수출했다. 이렇게 지역마다 독특한 경제 체제가 자리 잡으면서 북아메리카와 서인도제도 식민지는 번영을 누렸고, 인구도 빠르게 늘어났다.

식민지에서 생산된 농산품과 원료 가운데 여러 품목은 항해법에 따라 우선 잉글랜드 항구로 보내야 했다. 그 후에 담배나 설탕 같은 상품은 유럽 시장으로 재수출했다. 당시 유럽 열강들은 중상주의 정책에 따라 보호 무역을 했지만, 이국적인 식민지 상품은 아시아에서 수입한 면직물이나 차와 더불어 유럽 시장에서 큰 인기를 끌었다. 영국산 제조업 제품은 보호주의를 내세우면서 진입을 막았지만, 워낙 인기가 높은 식민지 상품에 대해서는 시장을 열지 않을 수 없었던 것이다.

이국적인 식료품이나 음료와 더불어 대서양 식민지에서 영국으로 들어온 수입품 가운데 큰 몫을 차지했던 것이 다양한 원료였다. 북아메리카독립전쟁 이전 한 세기에 잉글랜드가 수입한 상품 가운데 대략 32퍼센트에서 36퍼센트가 바로 이런 원료였다. 목재 제품이나 철봉鐵棒, 리넨이나 실크, 모직물을 만드는 실 같은 원료는 대개 식민지에서 어느 정도 가공된 상태로 들여왔다. 값싸게 수입한 이런 원료 덕분에 영국 제조업자들은 유럽의 다른 경쟁자보다 우위에 설 수 있었다.

대서양 식민지가 영국 경제 발전에 기여한 또 하나의 중요한 대목은 영국 제조업자에게 엄청나게 넓은 시장으로 기능했다는 것이다. 영국 본토에 대서양 식민지, 더 나가서 스코틀랜드와 아일랜드까지 포함하는 일종의 공동 시장을 만든 것이 잉글랜드 제조업자에게 소중한 기회를 제공했다. 영국 의회와 정부가 식민지에서 제조업이 발전해 본국 제조업자와 경쟁하는 일을 여러 법으로 막았기 때문에 기회가 더 많았다. 게다가 식민지 시장은 인구가 아주 빨리 늘어나서 성장 가능성도 높았다. 북아메리카와 서인도제도 인구는 1650년만 하더라도 겨우 5~6만 명 수준이었지만, 1770년에는 각각 228만 명과 48만 명이 되었다. 그들은 본국의 관습과 생활방식대로 살았기 때문에 본국에서 수입한 물품에 크게 의존했다. 이렇듯 빠르게 성장하는 시장을 상대로 잉글랜드 제조업자는 다양한 가능성을 실험할 수 있었다. 식민지 시장은 잉글랜드 제조업이 다변화하고 성장하는 데 크게 기여했다.*

18세기 영국 대서양 무역은 네덜란드처럼 중개 무역에 그친 것이 아니라 영국 내 제조업 발전과 긴밀한 연관관계를 맺으며 발전했다. 무역과 제조업 발전이 시너지를 내면서 함께 성장했던 것이다. 무역

---

* 영국이 얼마나 다양한 제조업 제품을 수출했는지는 1770년대 뉴욕에서 발간된 여러 신문을 훑어보기만 해도 알 수 있다. 대략 9000종에 이르는 상품 광고가 게재되어 있는데, 모든 상품이 영국산은 아니더라도 상당 부분이 영국산이었을 것이라고 본다면 정말로 다양한 상품이 수출되었음을 알 수 있다.

을 통해서 거둬들이는 수입뿐만 아니라 제조업 발전을 통해서 창출되는 고용과 부가가치는 영국 내 시장을 확대하는 결과를 낳기도 했다. 그런 만큼 영국 자본주의가 더욱 진전되었고, 이것은 훗날 산업혁명이 일어나는 데 중요한 조건을 제공했다. "산업혁명에 불을 붙일 불꽃이 필요했다면 해외 무역은 그 불꽃이 나온 곳"이라고 말한 역사학자 에릭 홉스봄Eric Hobsbawm의 말처럼 말이다.

❋═══ 노예 무역, 악마의 맷돌을 돌리다 ═══❋

역사를 돌이켜 보면, 사람들이 자발적으로 자기 노동력을 상품으로 파는 경우는 흔치 않다. 특히 자본주의가 처음 등장해 노동력을 상품화하는 과정에서는 자발성을 찾아보기 어렵다. 오히려 이 과정은 강제적으로 이루어지는 경우가 대부분이었고, 폭력이 동원되기도 했다. 대표적인 사례는 대서양 무역에서 찾아볼 수 있다. 주로 평화로운 상품 교역이 대부분이었지만, 대서양 무역 네트워크의 중요한 한 축이자 대서양 플랜테이션 농업이 번성하는 밑거름이 되었던 것은 잔혹한 폭력이 수반된 아프리카 노예 무역이었다. 이걸 과연 자본주의라고 부를 수 있는가에 대해서는 역사학자 사이에서도 논란이 분분하다. 하지만 마음껏 돈을 벌 수 있도록 경제와 정치, 사회, 문화를 재편한 하나의 문명이 자본주의라고 생각한다면 노예 무역과 노예제는 초기 자본주의

◈◈◈
1684년 알제리 노예 시장

의 중요한 일부였다.

17세기 후반부터 영국령 서인도제도와 북아메리카 남부 식민지는 노예 노동에 본격적으로 의존했다. 유럽인을 통해 들어온 여러 질병 탓에 수많은 원주민이 죽음을 맞이했고, 식민지인이 추진한 플랜테이션 농업에 원주민이 제대로 적응하지 못하자 식민지인은 먼저 가난한 영국인에게 이주 비용을 지불하고 일정 기간 일을 시키는 계약 하인 제도에 의존했다. 하지만 17세기 후반에 인구 증가가 멈추면서 잉글랜드 안에서도 노동력이 부족해지자 식민지에서 새로운 삶을 개척하려는 이들이 크게 줄어들었다. 그때 식민지 노동력 수요를 충당하는 원천으로 떠오른 것이 바로 아프리카 노예였다. 영국 상인들이 왕립아프리카회사라는 특허회사를 통해 노예를 대거 수입하면서 악명 높은 삼각 무역triangular trade이 자리 잡았다.

삼각 무역은 영국과 아프리카, 아메리카의 세 축을 연결하는 교역 네트워크였다. 런던이나 브리스틀, 리버풀 같은 곳에서 출발한 배는 인도산 직물이나 술, 총, 각종 제조업 제품을 싣고 서아프리카에 도착했다. 이런 상품으로 현지 노예 상인에게서 노예를 산 뒤 아메리카대륙을 향해 떠났다.* 북아메리카 남부 식민지나 서인도제도에서 노예를 팔고 나면, 그 빈자리를 설탕이나 담배, 커피, 염료, 해군 물자 같은 물품으로 채워 넣고, 다시 영국으로 떠났다. 세 단계로 이루어진 이 여정은 길게는 18개월이나 걸렸다.

이렇게 아프리카에서 아메리카대륙으로 실려 간 노예 숫자는 엄청났다. 1662년부터 영국에서 노예 무역이 폐지되는 1807년까지 영국 노예 상인이 실어 나른 노예는 대략 330만 명에 이른다. 중간 항해를 거치면서 15퍼센트 정도의 노예가 질병으로 죽거나 자살을 택했다. 노예로 잡힌 아프리카인들은 다시는 고향으로 돌아갈 수 없었다. 선상 봉기도 심심찮게 일어났다. 전체 항해 가운데 10퍼센트 정도에서 아프리카인이 봉기를 일으켰다. 죽음을 택하지 않은 노예가 배에서 감내해야 하는 고통은 이루 말로 표현할 수 없을 정도였다. 노예 상인은 가능

---

* 서아프리카에서 대서양 식민지로 이어지는 이 여정을 중간 항해middle passage라고 부른다.

한 많은 노예를 배에 태웠기 때문에 물과 식량이 부족하기 일쑤였고, 사슬에 묶인 노예들은 1인당 0.37제곱미터, 그러니까 0.1평에 불과한 비좁은 공간에서 악취와 영양 부족, 질병에 시달렸다. 이런 고통을 짧게는 8주에서 길게는 12주까지 버텨야 했다.

인간성이라고는 찾아보기 어려운 이런 폭력이 떠받치고 있던 노예 무역과 플랜테이션의 노예 노동은 사실 영국령 대서양이 단일한 경제 체제로 작동하는 데 필수적인 부분이었다. 삼각 무역은 영국과 아프리카, 대서양 식민지를 연결하는 무역 네트워크에 그친 것이 아니라 끝없이 아프리카 노동력을 공급함으로써 설탕을 비롯한 여러 상품이 대량 생산될 수 있게 한 필수적인 구성 요소였다.

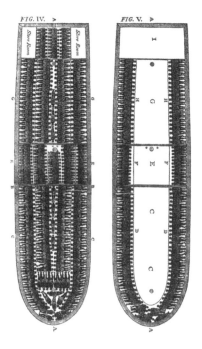

노예 무역과 노예제는 영제국이 누린 부의 근원이었다. 브리스틀이나 리버풀 노예 상인들은 수십만 파운드를 노예 무역에 투자할 정도로 부유했다. 노예 노동으로 식민지인이 축적한 부는 더욱 대단했다. 자메이카 백인 정착

◈◈◈
노예선 설계도. 까만 사람 형상은 노예를 의미한다.

민의 자산은 무려 2800만 파운드, 북아메리카 남부 플랜테이션 식민지의 자산은 1억 파운드에 이를 정도였다. 여기서 상당 부분은 노예를 재산으로 환산한 것이었지만, 노예를 제외해도 플랜테이션 지주들은 당시 영제국 안에서 누구보다 부유했다. 이렇게 대서양 식민지는 영국 상인과 제조업자에게 자본을 보태는 원천이 되었다.

근대 초에 탄생한 자본주의는 이렇게 인간을 착취해 얻은 이윤에 바탕을 두고 작동했다. 이를 초기 자본주의라고 부를 수 있다면, 이 자본주의가 영국에서 처음 탄생했다는 사실은 영국이 어떻게 네덜란드와 프랑스를 물리치고 패권을 장악할 수 있었는지 설명할 때 중요한 의미를 갖는다. 간단히 말해 자본주의가 발전하면서 축적된 자본은 그 자체로 패권 형성의 요인이 될 뿐만 아니라 군사력으로 전환되어 실제로 패권을 쟁취하는 데 힘을 보탰다. 이후 영국이 패권을 장악하고 영제국이 점점 세를 넓히는 과정은 바로 이 자본주의의 확대 및 심화와 밀접한 관련이 있다. 19세기에 '팍스 브리타니카Pax Britannica'라고 불리는 시대는 이렇게 시작되었다.

더 읽을거리

주경철, 『대항해시대』, 서울대학교 출판부.
우리나라 역사가인 주경철 서울대학교 교수의 역작으로 영국을 비롯해 이 책에서
다루는 시기에 일어난 최초 세계화의 여러 양상을 잘 보여준다.

마커스 레디커, 『노예선』, 박지순 옮김, 갈무리.
미국의 저명한 역사가 마커스 레디커가 노예선을 중심으로 노예 무역의 양상을 생
생하게 조명한 책이다. 노예 무역의 실상을 파악하는 데 아주 좋은 자료이다.

4장

산업혁명과
영제국의 탄생

흔히 영국 패권의 절정기를 '팍스 브리타니카'라고 부른다. 이 말만큼 19세기 영국의 위상을 압축적으로 표현하는 말이 또 있을까? 영국은 거의 한 세기 동안 세계 무대를 이끌 만큼 그 힘이 대단했다. 영국이 세계 곳곳에서 패권을 휘두를 수 있었던 근본적인 밑바탕은 절대적인 경제적 우위였다. 식민지를 뺀 영국 영토 자체는 세계 지표 면적의 0.2퍼센트도 채 안 되지만, 영국 경제는 1850년대에 이르면 세계 공업 생산의 4분의 1, 해외 무역의 4분의 1을 차지했다. 영국은 이런 막강한 경제력을 갖추고서 정치와 군사 차원에서 다른 나라를 압도하며 크게 앞서나갔다.

영국이 문자 그대로 패권을 휘두를 수 있었던 까닭을 이해하려면 산업혁명을 반드시 이해해야 한다. 1760년대부터 1850년대까지 기술

산업혁명이 시작되면서 영국에는 방직기가 설치된 직물 공장이 늘어났다.

과 생산 조직의 혁신이 지속적으로 일어나 생산량과 생산성이 빠르게
향상된 일 말이다. 사실 산업혁명을 어떻게 정의해야 하느냐는 학계에
서 논란이 분분하지만, 바로 이 시기에 영국 경제 구조가 농업에서 공
업 중심으로 완전히 재편되었고, 영국 자본주의가 한 단계 질적 도약
을 했다는 점은 분명한 사실이다.

　영국에서 산업혁명이 일어난 이후 자본주의, 특히 산업 자본주의를
받아들이려는 노력이 몇몇 유럽 국가와 미국에서 일어났다. 그러면서
기술과 자본이 어우러져 만들어내는 생산력이 19세기 패권 경쟁에서
가장 중요한 요소가 되었다. 이 치열한 경쟁에서 가장 먼저 승리한 나

라가 바로 영국이었다. 산업혁명을 거친 영국은, 바다를 누비며 상업 제국을 건설한 네덜란드와 다른 길을 걸으며 산업 제국으로 우뚝 섰다.

여기서 한 가지 질문을 던질 수 있다. 바로 '산업혁명이라는 이 거대하고 중요한 대전환이 왜 하필이면 영국에서 처음 일어났는가?'라는 것이다. 이번 장은 이 질문에 답하면서 시작한다.

산업혁명이 영국에서 가장 먼저 일어난 이유

3장에서 17세기 후반부터 18세기 중반까지 영국이 근대 자본주의 경제의 특징을 갖춰나가는 과정을 살펴봤다. 이 시기에 농민들은 관습적으로 인정되던 토지 보유권을 잃고 임금노동자로 전락했다. 지주와 대규모 차지농(농업 경영자)은 새로운 돌려짓기 방법과 상품작물을 받아들여 생산성을 높이고 이윤을 늘려나갔다. 그 결과, 과거보다 훨씬 적은 노동력으로 더 많은 농산물을 생산할 수 있었다. 그러자 더 많은 농민이 일자리를 잃었고, 이들이 일거리를 찾아 도시로 몰려들면서 도시화가 빠르게 일어났다.

상업과 제조업의 성장도 가팔랐다. 특히 해외 무역이 다변화하면서 오랫동안 의존해온 유럽 시장에서 벗어나 대서양 식민지와 아프리카, 아시아와이 거래가 활발해졌다. 영국은 식민지나 유럽 바깥 세계에서 들어오는 이국적인 상품을 다시 유럽으로 수출해 큰 이윤을 얻었다.

게다가 식민지를 비롯한 비유럽 시장에서 영국 공산품에 대한 수요가 빠르게 증가해 영국 제조업이 발전하는 데 큰 도움을 주었다. 명예혁명 이후 국채를 발행하고 소비세와 관세를 중심으로 조세 구조를 튼튼히 세우는 등 일련의 재정 정책 덕분에 자본 공급도 원활해졌다.

이런 여러 변화가 어우러진 결과, 산업혁명이 시작되기 전에 이미 영국은 네덜란드에 버금가는 부유한 나라가 되었다. 하지만 두 나라 사이에는 중요한 차이가 있었다. 당시 네덜란드는 사치품 무역이 쇠퇴해 내리막길을 걷고 있었지만, 영국은 제조업과 무역을 바탕으로 높은 성장 잠재력을 지닌 새로운 부국富國으로 주목받았다.

교과서는 영국에서 산업혁명이 일어난 원인을 어떻게 다루고 있을까? 어느 중학교 교과서를 한번 살펴보자. "일찍부터 모직물 공업이 발달했고, 강력한 보호 무역 정책과 식민지 팽창에 힘입어 해외 무역이 빠르게 성장했다. 덕분에 광대한 원료 공급지와 국외 시장을 바탕으로 많은 자본을 축적할 수 있었다. 또 토지를 잃고 도시로 이동한 사람들의 노동력을 쉽고 싸게 이용할 수 있었고, 공업 발전에 필요한 석탄과 철 같은 지하자원이 풍부했다." 이런 설명에는 딱히 틀렸다고 꼬집을 만한 대목이 없지만, 왜 영국이 먼저였느냐는 질문에 대한 답을 찾기는 어렵다. 영국과 비슷한 조건을 갖춘 나라들이 없지도 않았다. 이를테면 경제생활 가운데 여러 면모가 다르기는 했지만 네덜란드 또한 해외 무역으로 막대한 부를 축적했다. 석탄 같은 자원은 벨기에나 프로이센 같은 곳에도 풍부하게 매장되어 있었다.

따라서 영국의 패권을 뒷받침한 산업혁명을 제대로 이해하려면 이런 일반적인 설명보다 조금 더 깊이 들어가서 산업혁명 시대 일어난 기술 혁신과 투자를 추동한 '동력'을 찾아봐야 한다. 이 문제와 관련해 최근에 널리 주목받는 한 가지 가설은 영국의 독특한 생산요소*의 가격 구조가 영향을 주었다고 이야기한다. 이를테면 산업혁명 중심지였던 북부 잉글랜드와 프랑스의 스트라스부르, 오스트리아의 빈에서 노동과 자본의 상대 가격을 비교해보면 흥미로운 결과가 나온다. 1800년 무렵 빈과 스트라스부르에서는 자본 가격에 비해 노동 가격이 세 배 이하 수준이었는데, 북부 잉글랜드에서는 일곱 배나 되었다. 이런 비교는 프랑스나 오스트리아에 비해 영국에서 노동 가격이 자본 가격보다 훨씬 높았다는 사실을 말해 준다. 그러면 상대적으로 값비싼 노동보다 자본을 좀 더 풍부하게 이용하려 했을 터다.

　　노동만 따로 떼어놓고 봐도 영국은 확실히 '고임금高賃金 경제'였다. 건설 노동자가 받는 임금을 하루에 얻을 수 있는 은의 양으로 환산해 세계 주요 6개 도시의 임금 변화 추이를 살펴본 결과, 런던 노동자는 이미 17세기 후반에 세계에서 제일 높은 수준의 임금을 받고 있었다. 산업혁명 기간인 1775년 이후에는 런던 임금이 다른 나라 주요 도시보다 훨씬 빨리 올라서 암스테르담과 비교하면 두 배 수준이었고, 베

---

* 재화와 서비스를 생산하는 데 필요한 자원을 일컫는 경제학 개념. 흔히 노동이나 자본, 토지 등을 포함한다.

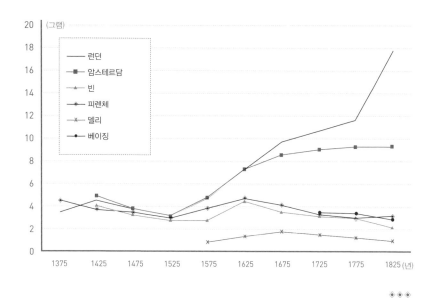

20 | (그램)
18
16
14
12
10
8
6
4
2
0

- 런던
- 암스테르담
- 빈
- 피렌체
- 델리
- 베이징

1375 1425 1475 1525 1575 1625 1675 1725 1775 1825 (년)

◈ ◈ ◈

하루에 받는 은의 양으로 환산한 세계 노동자 임금(출처: Robert C. Allen, British Industrial Revolution in Global Perspective, Cambridge University Press, 2009)

이징과 비교하면 여섯 배 수준에 달했다. 이렇게 임금이 높았으니 자본가가 이윤을 내려면 당연히 노동력 비용을 줄이는 방법을 생각하지 않을 수 없었다.

이런 가격 구조 아래에서 상대적으로 값이 비싼 노동력 투입은 줄이는 대신에 그에 비해 값이 싼 자본을 좀 더 투입하려는 경제적 유인이 작동했다. 그게 바로 이 시기 영국에서 앞다퉈 새로운 기술을 개발하고 자본을 투입하는 산업혁명이 일어난 원인이었을 것이다. 첫 번째 산업혁명이 면직물 같은 노동집약적인 산업에서 일어난 일도 이런 문맥에서 이해할 수 있다.*

﹡═ 혁신의 엔진은 문화에 있다 ═﹡

산업혁명의 본질을 기술 혁신에서 찾는다면 영국에서 처음으로 산업혁명이 일어난 이유는 실질적이고도 경제적인 욕구가 있었기 때문이라고 할 수 있다. 요즘처럼 매일같이 혁신이 일어나는 세상에 살다 보면 기술 혁신이 저절로 일어나는 것처럼 당연하게 여기기 쉽지만 실은 그렇지 않다. 기술 혁신은 인간이 끊임없이 도전하고 실천하는 가운데 일어나는 것이다. 따라서 영국인이 기술 혁신에 관심을 갖고 혁신을 성취하려고 노력했던 까닭을 자세하게 들여다볼 필요가 있다.

실제로 산업혁명 시기 영국에서는 기술 혁신이 여러 분야에서 광범위하게 일어났다. 제임스 와트의 증기기관 같은 새로운 동력원이 이때 개발되었다. 또 면직물 공업 부문에서는 원면에서 실을 뽑아내는 방적기, 직물을 짜는 직조기 같은 기계가 계속 개량되고 발명되었다. 제철

---

* 　왜 하필이면 면직물이었느냐는 질문은 별도로 설명해야 한다. 지금은 상상하기 어렵지만, 그 시절에는 생활비에서 의류비의 비중이 아주 높았으므로 수요가 많았다는 점, 그리고 더 나가서 모직물보다 면직물이 기계화하기에 더 편리했다는 점 등을 생각해볼 수 있다.

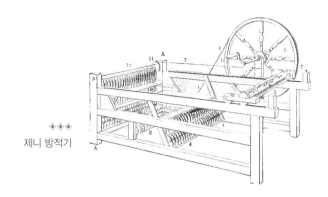

◈◈◈
제니 방적기

업에서는 땔감으로 코크스*를 이용하는 방법이나 교반법과 압연법 같은 새로운 공정이 개발되었다.

주목할 점은 이 시대 영국 사회에 혁신을 추구하는 움직임이 위로는 귀족에서부터 아래로는 노동자에 이르기까지 널리 퍼져 있었다는 것이다. 발명 활동이 대표적인 경우다. 18세기에 귀족이 자기 집에 실험실을 마련해놓고 여러 실험에서 재미를 찾는 경우는 드물지 않은 풍경이었다. 귀족이 누리던 부와 명예는 근본적으로 땅에서 나왔는데, 많은 귀족은 실제 토지 경영을 전문 차지농에게 맡기고 새로운 작물이나 참신한 농법 및 농기구를 도입해서 생산성을 높이는 데 관심을 기울였

---

* 석탄을 가공해서 만드는 연료. 불순물이 거의 포함되어 있지 않은 순도가 높은 연료인데, 주로 역청탄을 분해·증류해서 얻을 수 있다. 산업혁명이 본격적으로 시작되기 반세기 전, 정확하게 말하면 1709년에 에이브러햄 다비가 철을 만들 때 석탄을 코크스로 만들어 목탄 대신에 사용하면서 본격적으로 쓰이기 시작했다.

다. 이미 17세기 후반에 뚜렷하게 나타나는 이런 노력을 당시 영국인은 '개선improvement'*이라 했다.

'개선' 문화는 18세기에 귀족을 넘어 중간 부류와 노동자 사이에도 퍼져나갔다. 그만큼 당시 영국은 다른 어떤 나라보다도 지식에 접근하기 쉬운 나라였다. 영국에서는 1694년에 출판물 사전 검열이 사실상 폐지되어 온갖 주제에 관한 인쇄물이 출간되었고, 특히 다양한 정기간행물이 활발하게 유통되었다. 수많은 신문과 잡지가 전쟁이나 외교, 국내 정치 소식과 더불어 과학 기술과 관련된 기사를 내보냈다. 18세기 중반에 설립된 '기술과 제조업, 상업진흥협회'처럼 직접 잡지를 발행하는 단체도 많아졌다.

게다가 누구나 이런 인쇄물에 접근할 수 있었다. 팸플릿이나 신문, 잡지는 숙련 노동자라면 쉽게 살 수 있을 만큼 값이 쌌다. 직접 구입할 여력이 없으면 빌려 보면 되었다. 이 무렵 도서관이 런던뿐만 아니라 지방 도시에도 협회 형식으로 속속 생겼고, 도서관이 없는 곳에는 마차에 책을 싣고 다니던 순회도서관도 있었다. 무엇보다도 17세기 후반부터 셀 수 없이 많이 생긴 커피하우스에 가면 커피를 마시며 비치된 여러 출판물을 읽을 수 있었다. 다시 말해, 지식에 대한 접근 비용이 낮았다.

• 개선 문화는 거슬러 올라가면 16세기 초 영국의 정치가이자 과학자였던 프랜시스 베이컨이 널리 퍼트렸던 신조로, 인간은 자연을 변형하고 통제해서 인류에게 이로운 무엇을 만들어내기 위해 힘써야 한다는 믿음과 닿아 있다.

그 외에도 입장료를 조금 내면 과학 실험을 구경할 수 있는 순회강연이 자주 열렸고, 노동자에게 직접 새로운 기술을 교육하는 강습소 같은 곳이 등장했다. 중간 부류에게는 온갖 클럽이 혁신에 대한 관심을 나누는 공간이 되었다. 이렇듯 산업혁명 시대 영국에는 자본을 가진 기업가뿐만 아니라 사회 여러 집단에서 혁신의 중요한 전제 조건이라 할 수 있는 광범위한 지식 교류가 일상적으로 일어났다.

그런데 이런 시대 흐름과 문화 습속을 지나치게 강조하면, 영국인이 대륙의 유럽인에 비해 기업가 정신이 투철하다거나 특별히 똑똑하고 우월하다는 식으로 오해할 수 있다. 하지만 증기기관의 원형은 종교 박해를 피해 영국으로 건너온 프랑스인이 제작한 것이었다. 염소 표백법이나 소다 제조법, 가스등, 리넨 방적기 같은 중요한 기술이나 기계류도 프랑스 또는 다른 유럽 국가에서 개발되거나 발명되었다. 유럽 여러 나라 사람들이 개발한 기술이 결국 영국에서 꽃을 피워 실제 산업 현장에서 활용된 것이다.

그러므로 기술 혁신이 영국에서 꽃을 피울 수 있었던 제도와 환경에 좀 더 주목해야 한다. 특히 많은 이들이 무시한 국가의 역할이라는 문제에 주목할 것이다. 시장이 모든 것을 저절로 해결해준다고 생각하는 이들의 주장과 달리, 산업혁명은 혁신적인 기업가와 자유로운 시장만 있으면 저절로 일어나는 일이 아니었다.

✦═══ 산업혁명은 시장에서 저절로 일어난 일이 아니다 ═══✦

영국은 국가의 기능이 최소한으로 제한된 작은 국가로 알려져 있지만, 산업혁명이 일어나는 데는 영국 의회와 정부가 중요한 역할을 했다. 18세기 영국 의회가 제정한 수많은 경제 관련 입법에서 드러나듯, 국가는 상공업자의 이해관계를 적극적으로 보호했다. 특히 상공업자의 이익이 국가 이익과 일치할 때 국가는 좀 더 관심을 기울였다. 더 나가서 의회와 정부는 기술 혁신이 일어날 수 있는 제도와 환경을 마련해주고, 심지어 발명 활동도 지원했다.

이런 특징이 특히 잘 드러난 것이 18세기 영국이 정력적으로 추진한 보호주의였다. 이 시기 의회와 정부가 국내 교역과 해외 무역 문제를 풀면서 따랐던 기본 원칙은 국내 교역을 방해하는 오래된 규제를 서서히 폐지하는 한편 해외 무역에서는 적극적인 보호주의 정책을 추진하는 것이었다. 그래서 영국 제조업과 경쟁하는 수입 제조업 제품에 대해서는 아주 높은 관세를 매겨 소비를 줄이는 한편 국내 제조업에서 사용하는 외국산 원료에 대해서는 관세를 낮춰 제조업자에게 도움을 주었다. 동시에 영국산 제품을 수출할 때는 관세를 돌려주거나 수출 보조금을 지급했으며, 아예 관세를 폐지해 해외에서 가격 경쟁력을 갖출 수 있게 도왔다.

18세기 국가 정책이 기술 혁신에 도움이 되는 제도를 제공한 경우로는 특허 제도를 이야기할 수 있다. 특히 공업 분야에서 기술 혁신을 자극하는 기계류나 동력 장치와 관련된 발명이 특허 제도 아래에서 활발하게 일어났다. 1750년부터 한 세기 동안 전체 특허 건수 가운데 3분의 1 이상이 기계나 기계 부품과 관련된 것이었다. 동력 장치와 관련된 특허는 1750~1800년 전체 특허의 7퍼센트를 차지했는데, 그다음 반세기에는 14퍼센트로 두 배나 늘었다. 특히 직물업에서 사용된 다양한 기계와 관련된 특허가 많았다.

증기기관 관련 특허를 31년이나 행사했던 제임스 와트, 표백 공정에 관한 특허로 유명한 찰스 테넌트처럼 특허 덕분에 부와 명예를 얻은 사례는 수많은 아마추어 발명가에게 성공에 대한 희망을 자극했다. 이

A.D. 1769 . . . . . . N° 913.

Steam Engines, &c.

WATT'S SPECIFICATION.

TO ALL TO WHOM THESE PRESENTS SHALL COME, I, JAMES
WATT, of Glasgow, in Scotland, Merchant, send greeting.
WHEREAS His most Excellent Majesty King George the Third, by His
Letters Patent under the Great Seal of Great Britain, bearing date the Fifth
5 day of January, in the ninth year of His said Majesty's reign, did give and
grant unto me, the said James Watt, His special licence, full power, sole
privilege and authority, that I, the said James Watt, my eXors, adtiors,
and assigns, should and lawfully might, during the term of years therein
expressed, use, exercise, and vend, throughout that part of His Majesty's
10 Kingdom of Great Britain called England, the Dominion of Wales, and Town
of Berwick upon Tweed, and also in His Majesty's Colonies and Plantations
abroad, my "NEW INVENTED METHOD OF LESSENING THE CONSUMPTION OF STEAM AND
FUEL IN FIRE ENGINES;" in which said recited Letters Patent is contained a pro-
viso obliging me, the said James Watt, by writing under my hand and seal, to
15 cause a particular description of the nature of the said Invention to be inrolled
in His Majesties High Court of Chancery within four calendar months after
the date of the said recited Letters Patent, as in and by the said Letters
Patent, and the Statute in that behalf made, relation being thereunto respec-
tively had, may more at large appear.
20 NOW KNOW YE, that in compliance with the said proviso, and in pur-
suance of the said Statute, I, the said James Watt, do hereby declare that the

❖ ❖ ❖

1769년 제임스 와트가 취득한 증기기관 특허장. 그는 기존 증기기관의 단점을 대폭 개선한 '와트식 증기기관'을 개발했다.

런 희망은 기술 혁신을 향한 노력이 지속되는 원동력이 되었다. 물론 이 시대에 특허로 출원된 기술의 개수가 기술 혁신을 향한 노력 모두를 보여주는 것은 아니다. 특허를 출원하는 일 자체가 돈이 꽤 들었던 데다가 수많은 특허 분쟁 사례가 보여주듯 특허권을 행사하는 일이 쉽지만은 않았기 때문이다. 그렇지만 특허 제도가 기술 혁신에 대한 관심을 진작했다는 사실 자체를 부정하기는 어렵다.

이런 법과 제도 외에도 영국 정부는 기술 혁신을 직접 장려하기도 했다. 이를테면 특별히 중요하다고 판단한 기술에 상금을 걸고 발명가들의 노력을 독려했다. 경도계를 발명해 2만 파운드나 되는 상금을 받았던 존 해리슨이 대표적이다. 그 외에도 방적기를 발명한 새뮤얼 크롬턴, 역직기를 발명한 에드먼드 카트라이트, 제지 기계를 발명한 헨리와 실리 푸어드리니어 형제 같은 사람들이 나라에서 주는 보상금을 받았다.

의회와 정부는 앞선 영국 기술이 유출되는 일을 막는 데도 신경을 썼다. 1695년부터 한 세기 사이에 의회는 10건이 넘는 법을 제정해 숙련공의 이민과 기계류 유출을 막으려 애썼다. 장인의 이민을 부추기거나 돕는 일은 범죄로 간주되었고, 이민을 시도한 장인은 벌금이나 징역형, 시민권 박탈 같은 처벌을 받았다.

국내 제조업자들의 청원에 힘입어 기계류 수출을 금지하는 법도 18세기 말에 제정되었다. 상황이 이러다 보니 당시 영국에서 쏟아져 나오던 새로운 기계의 작동 원리 같은 것을 파악하려고 온갖 기발한 방법이 동원되었다. 유럽 여러 나라와 신생국 미국은 영국의 앞선 기술을 들여오기 위해서 산업 스파이를 대거 보내기도 했다. 19세기 초 미국 보스턴 인근에 직물 공장을 세우려던 한 사업가는 영국 정부의 규제를 피하기 위해 아예 기계 설계도를 통째로 암기해 왔다. 기계류 수출을 금지한 법은 기계 제작업자들이 크게 반발하면서 아주 엄격하게 시행되지는 못했지만, 이런 식으로 기술 유출을 막아 영국 제조업의 우위를 보호하려는 노력은 1843년까지 계속되었다.

이렇듯 산업혁명 시대 영국 의회와 정부는 여러 방식으로 국내 제조업 발전과 기술 혁신에 관심을 기울였다. "의회와 정부의 개입이 기술 혁신의 근본 동력이었다."라고까지 이야기하기는 어렵지만, 기술 혁신이 활발하게 일어나는 데 도움을 준 것은 부정하기 어렵다. 오히려 개선을 장려하는 사회 문화에 국가의 적극적인 개입이 더해져 다양하고도 광범위한 기술 혁신이 이루어졌다고 볼 수 있다. 이런 노력 덕분에 영국은 산업혁명을 거치면서 압도적인 경제력을 갖게 되었고, 그런 만큼 패권을 확실하게 거머쥘 수 있었다.

보호 무역에서 자유 무역으로

18세기 후반에 시작된 산업혁명은 런던에서 세계 최초로 만국박람회가 열렸던 1851년에 이르러 거의 마무리가 되었다. 당시 최첨단 기술이었던 철골 구조물에 온통 유리로 외벽을 마감한 수정궁을 중심으로 만국박람회는 세계 각국에서 출품된 수많은 물품을 보여주었다. 1만 4000개 기업이 10만 점에 이르는 물품을 전시하고, 무려 600만 명이 관람했다. 영국은 이 박람회에서 '세계의 작업장'으로서 자국 산업의 위용을 만방에 과시했다.

정말로 영국은 그렇게 불릴 만했다. 영국 면직물 공업은 1840년대에 매년 200~300만 톤의 원면을 써야 할 정도로 활기를 띠었고, 증기기관은 매년 129만 마력에 이르는 에너지를 공급했다. 석탄 생산량은 무려 4900만 톤에 육박했다. 이런 활발한 경제 활동 덕분에 1인당 국내총생산도 크게 늘어 1750년 1897파운드에서 1851년 3004파운드로 1.5배 이상 증가했다. 이런 위용은 적어도 1870년까지 어떤 도전도 받지 않고 유지되었다.

이런 압도적인 생산력에 바탕을 두고 국제 사회에서 영국의 위세도 거의 절정에 이르렀다. 영제국의 범위는 이런 우세를 잘 보여주는데, 가깝게는 아일랜드를 포함해서 오늘날의 인도와 파키스탄, 방글라데시, 스리랑카, 캐나다, 오스트레일리아, 뉴질랜드, 남아프리카, 자메이카, 트리니다드, 기아나 같은 곳이 모두 영제국에 속했다. 또 영국 정부는 세계 2, 3위 규모의 해군력을 합한 것보다 더 강한 해군을 보유한다는 원칙을 정해 두고 세계 최대 규모의 해군을 운용했다. 1840~1842년과 1856~1860년, 청나라와 영국 사이에서 벌어진 두 차례 아편전쟁에서 영국이 승리하는 데 이 해군이 결정적인 역할을 했

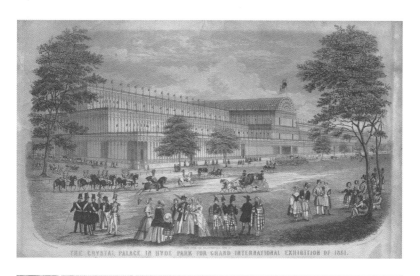

수정궁 외부(위)와 내부(아래) 모습

다. 그 덕분에 영국은 청나라에 개항을 강제해 막대한 상업 이익을 거둘 수 있었다.

경제력과 군사력에서 압도적인 우위를 갖추게 되자, 영국은 대외 경제 정책을 다시 수립했다. 산업혁명 초기만 해도 영국 상공업자들은 여전히 보호주의의 힘을 굳게 믿으면서 정부와 의회에 압력을 넣곤 했다. 그런데 산업혁명이 진전되어 자기 나라 제조업 경쟁력이 크게 강화되자 이제는 시장을 보호해야 할 특별한 이유가 없다는 결론에 이르렀다. 오히려 그들은 영국 시장을 활짝 열고, 그 대가로 다른 나라 시장도 개방해 영국 상품을 자유롭게 수출하는 것을 원했다. 영국 제조업이 무한 경쟁 가운데서도 충분히 우위를 차지할 수 있다는 확신이 선 것이다. 곧 자유 무역이 시대의 대세가 될 터였다.

자유 무역 이념과 제도 도입을 촉구하기 시작한 건 18세기로 거슬러 올라간다. 면직물 제조업자들은 원료나 식품 수입을 자유화하면서 동시에 영국산 면제품의 자유로운 수출을 요구했다. 이런 국제 분업 구조가 확립되면 면제품 생산 비용 가운데 큰 부분을 차지하는 원료비나 임금을 낮출 수 있어 더 큰 이윤을 누릴 수 있으리라 기대했기 때문이다. 하지만 이런 요구는 즉시 받아들여지지 못했다. 19세기 초에도 영국 의회는 여전히 넓은 땅을 가진 지주층이 장악하고 있었기 때문이다. 이들은 값싼 외국산 곡물이 자유롭게 들어오면 수입이 줄어들까 봐 두려워했다.

이런 반대가 있었기 때문에 19세기 초까지도 영국 정부와 의회는 호혜주의라는 조금 뜨뜻미지근한 태도를 취할 수밖에 없었다. 간단히 말해, 영국이 특정 상품에 대해 관세를 낮추면 상대 나라도 영국산 제조업 제품에 대해 관세를 인하하는 맞교환을 주장한 것이다. 그런데 이런 호혜주의에 바탕을 두고 무역 협정을 맺는 일은 참 어려웠다. 너무 당연하게도 많은 나라들은 관세를 낮추면 영국산 제품이 물밀듯이 국내 시장에 쏟아져 들어올 일을 두려워했다.

그런데 놀랍게도 1840년대가 되자 영국 정부와 의회는 이런 호혜주의를 버리고 일방적으로 관세를 낮추는 '도덕적 모범'을 보이기 시작했다. 가장 중요한 사례가 곡물법 폐지였다. 곡물법은 지주와 차지농의 이익을 보호하기 위해서 수입하는 곡물 양을 제한하는 것이었는데, 심지어 흉작 때도 수입량을 제한해서 빵 가격이 크게 오르곤 했다. 빵값에 민감할 수밖에 없는 가난한 노동자와 생계비를 임금에 반영해야 하는 제조업자는 이런 규제에 오랫동안 반대했다. 결국 이들이 곡물법 폐지를 거세게 요구하는 운동을 벌이자 당시 수상이었던 로버트 필은 1846년에 곡물법을 폐지했다. 그리고 1849년과 1854년에 각각 연안 외 무역에 대한 규제와 연안 무역에 대한 규제를 철폐함으로써(항해법 폐지) 자유 무역 시대를 활짝 열었다.

필 수상의 조치는 값싼 수입품이 영국의 번영에 반드시 필요하다는 생각에서 힘을 얻은 것이었다. 1840년대에 영국은 전 세계 수입 무역의 25퍼센트 이상을 차지할 정도로 수입에 의존하고 있었다. 그런 만큼 수입품을 값싸게 들여올 수 있다면 소비자에게 이익이 돌아갈 뿐만

❖❖❖
로버트 필

아니라 제조업 비용을 낮춰 영국 산업의 우위를 계속 지킬 수 있다고 생각한 것이다. 필 수상이 시작한 관세 인하 조치는 윌리엄 글래드스턴이 이어받아 시행했다. 그 결과, 1860년까지 400개 제품에 대한 수입 관세가 폐지되었다.

영국은 이렇게 먼저 시장을 활짝 열어놓음으로써 다른 나라도 자유 무역에 참여하도록 설득할 근거를 마련했다. 실제로 영국은 프랑스 같은 유럽 열강에게 자유 무역을 받아들이라고 끈질기게 설득했다. 굳이 이런 노력을 기울여야 할 까닭이 없는 약소국에는 무력을 동원해 시장을 개방하도록 압력을 넣었다. 중국과 치른 아편전쟁이 대표적인 경우라 할 수 있다. 전쟁까지 이르지는 않았지만 자유 무역을 받아들이도록 강요해 이집트와 페르시아가 시장을 개방하게 만든 일도 있었다.

자유 무역이 영국에서 정책으로 받아들여지기까지 오랜 시간이 걸렸다는 사실은, 제조업을 포함한 영국 경제가 자유 무역의 충격을 감당할 만큼 성숙할 때까지 그만한 시간이 필요했다는 것을 뜻한다. 자유 무역을 금과옥조로 여기는 경제학자들이 흔히 주장하는 것과 달리 영국이 자유 무역을 받아들인 일은 경제 성장의 원인이 아니라 차라리 결과였다. 일단 자유 무역을 기본 원칙으로 택하자 영국은 수많은 나라를 강압적으로 끌어들여 자유 무역 체제의 희생양으로 삼았다. 그 결과 값싼 영국산 제품이 물밀듯이 쏟아져 들어오면서 인도나 이란에서는 오랫동안 직물업에 종사했던 수많은 수공업자가 일거리를 잃었고, 이런 나라는 산업화가 아니라 탈산업화의 길을 걸어야 했다.

ꙹꙹꙹ 압도적인 생산력으로 세계를 제패하다 ꙹꙹꙹ

자유 무역의 원리를 받아들이면서 영국 정부와 의회는 제국을 확장하는 일과 제국을 다스리는 방법도 다시 생각하기 시작했다. 보호주의를 지향하면서 관세 환급이나 수출 보조금 같은 특혜를 본국 제조업자와 상인에게 베풀어 식민지 무역을 진작했던 관행은 자유 무역 시대에 낡은 방법처럼 보였다. 오히려 영국은 두 세기 동안 제국 경제를 지탱했던 항해법을 폐지하고, 더 나가서 식민지 시장을 모든 나라에 활짝 열었다. 이제 국적과 관계없이 모든 상인과 제조업자가 영제국에 속한 여러 식민지와 자유롭게 교역할 수 있었다. 반대로 본국 상인과 제조업자는 특별한 혜택 없이 다른 나라 사람과 마찬가지로 국제 시장 가격을 치르고 식민지에서 원료와 식량을 사야 했다. 당연히 식민지인도 영국산 공산품에 제값을 치러야 했다.

그렇다면 '식민지를 보유해야 할 까닭은 무엇인가?'라는 물음이 나올 수밖에 없다. 본국 주민을 이주시켜 새로운 식민지를 개척하거나 전쟁으로 식민지를 얻고, 더 나가서 식민지를 지키고 개발하려면 본국 정부는 상당한 재정 지출을 각오해야 한다. 그런 만큼 식민지에서 특별한 경제적 이익을 거둘 수 없다면 이런 재정 지출을 정당화할 방법이 마땅치 않았다. 분명히 영국은 전 세계에서 패권을 거머쥐고 행사하려 했지만, 그것은 근본적으로 영국 자본의 이익을 뒷받침하는 일이었지 지배 자체가 목표는 아니었다. 그러므로 자유 무역 원리를 받아들여 식민지를 다른 나라와 똑같이 대해야 한다면 식민지에 대한 정책도 바꿔야 했다.

비용은 치르지 않으면서도 세계 곳곳에서 영향력을 계속 유지하고 싶었던 영국이 선택한 방법은 기발했다. 비공식적인 지배, 그러니까 큰 비용을 치러야 하는 식민지 병합이나 공식적인 지배는 자제하고 다른 방식으로 영향력을 행사하는 길을 찾기로 한 것이다. 영국은 이제까지 자본주의가 제대로 자리 잡지 못해서 시장이 발전하지 못한 곳에 영국산 공산품을 자유롭게 수출하고 영국인이 마음껏 자본을 투자하는 데 필요한 제도와 틀을 갖추는 데만 집중하기로 했다. 19세기 중반 영국이 아시아와 아메리카 여러 지역에서 문호 개방에 특히 관심을 기울이면서 자유로운 무역 특권을 얻는 데 주력한 일은 바로 이런 생각에서 비롯되었다.

이 같은 침투 전략을 실천하면서 영국이 흔히 활용했던 방법은 자유 무역 조약을 맺는 것이었다. 자본주의가 아직 뿌리를 내리지 못한 아시아나 아메리카 여러 나라에서는 영국인이 시장에 진입하는 데 반드시 현지 권력의 보호가 필요했으므로 조약으로 이런 보호를 약속받고 자본주의를 떠받치는 제도를 서서히 이식했다. 실제로 영국은 여러 나라와 자유 무역 조약을 맺었다. 1836년과 1857년에 페르시아와 조약을 맺었고, 1838년에는 오스만제국과 조약을 체결했다. 1833년에는 중국과 자유 무역에 합의했고, 1858년에는 일본과 조약을 맺었다.

이런 조약에는 여러 가지 내용을 담기 마련이지만, 영국 정부가 반드시 확보하려 했던 조건 하나는 바로 최혜국 대우였다. 최혜국 대우란 조약을 체결한 두 나라가 합의한 조건을 이 두 나라와 최혜국 대우를 약속한 모든 나라에 동일하게 적용한다는 원칙이었다. 영국이 이 조항을 귀중하게 여겼던 까닭은 몇몇 나라와 자유 무역 조약을 맺기만 하면 최혜국 대우 조항을 바탕으로 자유 무역 원리를 널리 퍼트릴 수 있었기 때문이다. 영국 정부의 처지에서 보면 외교적인 노력을 최소한으로 줄이면서도 자유 무역 원리와 제도를 퍼트리는 아주 좋은 방법이었다.

이런 영국의 전략을 역사가들은 '자유 무역 제국주의free trade imperialism'라고 부른다. 핵심은 공식 지배보다는 비공식적인 영향력 확대를 선호하되, 특히 영국과 자유롭게 무역하면서 이익을 얻는 토착 엘리트를 자기편으로 끌어들여 영국 제품을 파는 시장을 만들고 영국 자본이 자유롭게 진출할 환경을 만드는 것이었다. 이 전략을 바탕으로 영국은 1840년대부터 몇십 년 동안 중국과 남아메리카, 오스만제국, 아프리카 일부 지역을 마치 식민지처럼 마음대로 통제할 수 있었다.

게다가 교통과 통신 기술의 발달은 영국의 바뀐 정책을 성공적으로 뒷받침했다. 그래서 19세기 말 저명한 역사가 존 실리는 증기기관이 제국이라는 "정치적 유기체"에 "새로운 혈액 순환망"을 공급했고, 전신은 "새로운 신경 시스템"이 되어주었다고 이야기했다. 이를테면 중국과의 아편전쟁에서 잘 드러났듯이, 증기선은 영국 상인이 하천을 따라

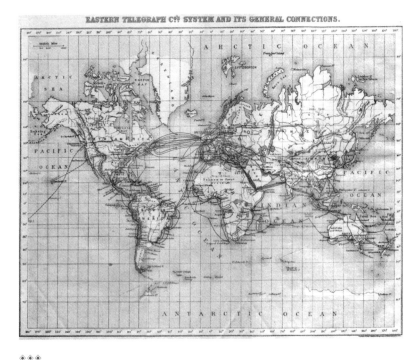

◈ ◈ ◈
영국 이스턴텔레그래프회사의 해저 케이블 지도(1901년)

172

내륙 깊숙한 곳까지 이동할 수 있게 해주었다. 인도나 남아메리카에 철도망을 놓은 일은 내륙의 도시와 읍내, 항구를 연결해 거대한 시장을 만들었다. 오고가는 수많은 열차의 일정을 정확하게 조절하는 수단으로 철도망과 함께 발전한 전신은 1850년대부터 해저 케이블을 통해 본국과 식민지 사이에 소식을 빠르게 전달했다. 예전에는 몇 달씩이나 걸려 도착하던 소식이 단 몇 시간 만에 전해지니 통치의 효율성이 좋아지는 것은 당연했다. 물론 이런 기술 진보 역시 산업혁명의 성과라는 점을 생각하면, 산업혁명이 제국을 경영하는 방법을 크게 바꿔놓았다고 말할 수 있다.

19세기 중반 영제국은 앞에서 살펴본 스페인제국이나 네덜란드 제국과는 확연하게 구별되는 면모를 보인다. 스페인제국은 기본적으로 영토 확장을 추구했고, 남아메리카대륙에서 수탈한 엄청난 양의 은은 이런 목적에서 비롯한 부산물이라 할 수 있다. 스페인제국이 영토에 집착한 까닭은 스페인 경제가 기본적으로 땅을 바탕으로 하는 봉건제에 머물고 있었던 탓이었다. 네덜란드 제국은 향료 같은 상품을 교역하는 상업에 집중했고 실제로 자본주의 경제 체제의 면모를 보이기도 했지만, 봉건제에 바탕을 둔 유럽 여러 나라의 제한된 수요를 충족하는 데 급급했을 뿐 영국처럼 깊고 넓은 국내 시장을 만들지 못했다. 더욱이 네덜란드는 아시아에서 상업 우위를 확보하기 위해서 폭력에 의존할 수밖에 없는 한계를 드러내기도 했다. 반면 영국은 넓고 깊은 국내 시장을 바탕으로 상업뿐만 아니라 제조업에서도 자본주의의 면모를 갖추었다. 그 덕분에 산업혁명이 일어나 영국 상업과 제조업이 막강한 경쟁력을 갖추게 되었다. 따라서 영제국은 폭력에 크게 의존하지 않고도 식민지를 넘어 전 세계로 영향력을 확대할 수 있었다. 물론 영국도 막강한 해군력을 갖추고 있었고, 때때로 이 힘을 활용하기도 했지만, 이를 바탕으로 영토를 넓히는 일이나 시장을 쟁취하는 일에는 몰두하지 않았다. 그것이 발전된 자본주의 체제를 갖춘 영제국이 독특한 면모를 보일 수 있었던 까닭이다.

⟫⟩⟩ 경제 불황과 후발 주자의 추격 ⟨⟨⟫

영원할 것 같았던 영국의 패권은 19세기 말부터 불안해지기 시작했다. 1873년 오스트리아 빈 증권 거래소에서 주가가 폭락한 것을 시작으로 세계 경제가 오랜 침체기에 빠져들었다. 이 일을 역사가들은 1930년대 대공황과 구별하기 위해 '대불황Great Depression'이라 부른다. 대불황에서 특징적으로 나타난 현상은 물가가 계속 떨어지는 디플레이션이었다. 그것은 근본적으로 주요 자본주의 국가에서 생산력이 크게 향상되어 공급이 늘어난 데 비해 수요가 충분치 않아서 일어난 일이었다. 게다가 대규모 자본 투자를 요구하는 중화학 공업 같은 새로운 산업이 발전하기 시작하면서 유동 자본보다 고정 자본의 비율이 높아지고 기업 이윤율이 떨어지는 현상이 나타났다.

1873년 5월 9일 금요일, 오스트리아 증권 거래소 앞에 모인 사람들

이런 상황에 기업이 대처하는 방식은 기업의 수를 줄여 지나친 경쟁을 막고 기업의 몸집을 키워 시장 점유율을 높여나가는 것이었다. 그래서 기업 간 수평·수직 통합이 활발하게 일어난다. 수평 통합은 같은 업종의 기업들을 합쳐 규모가 큰 기업을 만드는 일이고, 수직 통합은 원료 획득부터 상품 판매에 이르는 전 과정을 통합해 하나의 기업이 맡는 것이다. 특히 수직 통합으로 기업은 상품 생산의 각 단계를 거칠 때마다 발생하는 거래 비용을 줄여 '규모의 경제'를 누리고, 생산의 특정 단계에서 서로 연관된 다양한 제품을 생산하는 '범위의 경제'를 도

모할 수 있었다. 그 결과, 기업의 덩치가 점점 커져 오늘날과 같은 대기업이 나타났다.

자본주의 사회에서 일어난 이런 큰 변화는 산업혁명을 뒤늦게 시작한 미국과 독일이 주도했다. 19세기 중반부터 이들 국가에서 이미 대규모 설비 투자로 '규모와 범위의 경제'를 달성하는 새로운 산업화의 물결이 일어났다. 이런 산업화 과정을 역사학자들은 영국에서 일어난 산업혁명과 구별해 '2차 산업혁명'이라고 한다. 2차 산업혁명은 철강이나 전기·전자, 화학, 기계 같은 중화학 공업을 축으로 진행되었다. 소규모 자본으로도 충분히 사업에 나설 수 있었던 1차 산업혁명과 달리, 2차 산업혁명을 이끈 공업 분야는 대규모 설비 투자가 필요해 참여하는 기업의 규모가 컸다.

2차 산업혁명은 영국이라는 거인을 뛰어넘기 위한 후발 국가의 노력에서 비롯되었다. 이미 영국이 압도적인 우위를 차지하는 면직물 공업이나 제철 공업에서 후발 주자가 성공을 거둘 수 있는 가능성은 극히 낮았기 때문이다. 이런 상황을 타개하려면 새로운 산업과 기술 그리고 전략이 필요했다. 미국이나 독일은 우선 자국에 대규모 철도 네트워크를 건설한 뒤, 영국과 경쟁할 필요가 없는 새로운 산업 분야를 개척했다. 철강이나 화학, 전기·전자, 자동차 산업은 1차 산업혁명 시대와 전혀 다른 기술, 기업 조직, 경영 방식, 자본 투자를 요구하기 때문에 미국과 독일 기업은 영국 기업과의 경쟁에서도 살아남을 수 있었다.

대불황이 닥치자 2차 산업혁명을 이끌던 기업들은 기업 조직의 변화

독일 회사가 루트비히스하펜암라인에 세운 화학 공장(1881년)

와 경영 방식 혁신, 철도와 전신망을 이용한 새로운 마케팅 기법을 앞다투어 도입하면서 규모와 범위의 경제를 적극적으로 추구했다. 반면 영국에서는 상대적으로 변화가 늦었다. 그 결과, 영국은 대불황을 가장 혹독하게 겪었다. 가격 하락이 다른 나라보다 심해서 1871~1875년 도매물가를 100이라 할 때, 1891~1895년 물가가 68까지 떨어졌다. 기업이 생산비를 절감하는 속도보다 가격 하락 속도가 빠르다 보니 기업의 이윤율도 나빠졌다. 영국 경제 전체로 보면, 1인당 국내총생산 성장률이 1870년대에 연평균 2.4퍼센트에서 불황 이후 1913년에 1.4퍼센트까지 떨어졌다. 더욱 걱정스러운 일은 생산성이 아주 더디게 향상되었다는 것이다. 기술 진보가 산출량 변화에 미치는 영향으로 해석되는 총요소생산성total factor productivity, TFP*의 증가율을 살펴보면 1870년 연 0.75퍼센트에서 1913년 0.45퍼센트로 절반이나 떨어졌다.

상황은 대불황이 끝난 1890년대에도 별로 좋아지지 않았다. 국내 총생산 증가율은 1890~1900년 2.1퍼센트에 머물렀다. 반면 그 시기 미국은 평균적으로 매년 3.9퍼센트씩 성장했고, 독일도 3.5퍼센트 성장을 기록하고 있었다. 산업 자본주의 시대에 제일 중요한 공업 생산만 떼어놓고 보면 영국이 미국과 독일의 맹렬한 추격을 받고 있음을 더욱 확실하게 알 수 있다. 1870년대 각국의 공업 생산을 100으로 봤을 때, 1900년과 1913년에 영국의 공업 생산은 각각 199, 249에 그친 반면, 독일은 321, 526으로 늘었고, 미국은 401, 730으로 늘었다. 단적인 예로, 산업화의 척도이자 잠재적인 군사력의 척도로 흔히 쓰이는 철강 생산 능력에서 영국은 이미 1886년에 미국에 따라잡혔고, 1893년에는 독일에도 추월당하는 수모를 겪었다.

물론 영국 패권의 쇠퇴는 1, 2차 세계대전을 거치고, 소련과 미국이 세계를 양분해 영향력을 행사하기 시작하면서 뚜렷하게 나타난다. 하지만 앞서 언급한 자료들을 보면 영국이 누렸던 압도적인 생산력 우위

---

* 기술 혁신처럼 숫자로 표현하기 어려운 생산 증가 요인을 표현하려고 만든 개념으로, 단순하게 표현하자면 특정한 양의 생산 증가분에 노동이나 자본 같은 요소 투입량 증가분의 기여를 제외한 나머지를 뜻한다.

는 이미 1차 세계대전이 일어나기 전인 19세기 후반에 사라진 것 같다. 왜 영국은 2차 산업혁명에서 특별한 성과를 거두지 못했을까? 근대 자본주의에서 성장이 자본 투입에 의한 양적 성장과 기술 혁신에 따른 질적 성장이라는 두 축에 의존하고 있다는 점을 고려해 영국의 쇠퇴 원인을 이야기할 수 있다.

⟶═ 희미해지는 경제적 활력과 영국의 쇠퇴 ═⟵

19세기 말, 장기 불황이 찾아오고 제국주의 경쟁이 격화되는 가운데 영국은 유일한 패권국이라는 위상을 점점 잃어갔다. 물론 2차 세계대전이 끝났을 때도 영국은 전승국이자 세계 최대 제국으로 세계 무대에서 나름대로 목소리를 내곤 했으므로 쇠퇴는 절대적인 것이 아니라 상대적인 것이었다고 생각할 수도 있다. 그렇다고 해도 영국의 패권을 뒷받침했던 영국 자본의 힘, 더 구체적으로 말해서 영국 제조업의 위력과 세계 무역에서 영국이 차지했던 압도적인 우위가 희미해진 것은 부정할 수 없는 사실이다.

19세기 말 세계 제조업 수출 현황을 살펴보면, 영국은 직물과 철, 기계, 석탄을 수출하고, 미국과 독일은 석유와 가공식품, 전기·전자 제품, 강철을 수출했다. 미국과 독일 같은 새로운 경제 강국이 2차 산업혁명에서 비롯한 상품을 수출하는 사이 영국 산업계는 아직도 1차 산업혁명 시대에서 벗어나지 못하고 있었던 것이다. 실제로 1899년 영국 제조업 수출에서 새로운 공업 부문이 차지하는 비중은 18퍼센트에 그친 반면 전통 산업은 63퍼센트를 차지했다.

왜 영국 기업가들은 낡아버린 과거의 산업을 버리고 새로운 산업에 뛰어드는 모험을 감수하려 하지 않았을까? 어떤 이들은 자본이 부족했기 때문에 이런 일이 벌어졌다고 이야기한다. 지주층을 포함해서 부유한 영국인이 해외 투자에 열을 올리고 있는 사이 국내 투자에는 무관심했다는 것이다.

하지만 영국 자본이 국내 투자보다는 해외 투자에 몰렸던 것만으로 2차 산업혁명에서 영국 기업이 뒤쳐진 현상을 설명하지 못한다. 실제로 이 시기에 영국 기업이 투자 자본을 찾지 못해 혁신을 이루지 못했다는 기록은 찾아보기 어렵다. 그렇다면 인과관계는 자본 투자 문제를 지적하는 이들이 이야기하는 것과 반대일 가능성이 높다. 국내에 투자할 만한 곳이 부족해서 자본이 해외로 몰린 것이지 그 반대는 아니라는 말이다.

오히려 해명이 필요한 일은 19세기 말에 미국이나 독일에서 수직·수평 통합을 통해 규모와 범위의 경제가 가져다주는 이익을 누리는 대기업을 속속 만드는 동안 영국 기업가들은 무얼 했는가 하는 점이다. 영국에서는 새로운 대기업이 등장하는 대신 1차 산업혁명 시대에 나타난 가족 중심 기업이 예전에 번성했던 몇몇 분야에 머물면서 유보이익을 재투자하는 데 만족하고 있었다.

영국 기업의 이런 보수적인 성격은 과연 어떻게 설명할 수 있을까? 여기서 하버드대학교 경영학자 클레이튼 크리스텐슨Clayton M.Cristensen 이『혁신 기업의 딜레마The Innovator's Dilemma』에서 주장한 내용을 살펴볼 필요가 있다. 그는 특정 분야에서 시장을 선도하는 기업이 기존 고객의 요구에 부응해 신기술 개발을 수행하고 더 나은 수익을 추구하면서 오히려 우위를 잃어버린다고 이야기했다. 19세기 말, 1차 산업혁명과 연관된 분야에서 선도적인 위치에 있던 영국 기업도 크리스텐슨이 이야기하는 방식대로 움직였음을 쉽게 확인할 수 있다. 이들은 나름대로 기존 업종에서 안정된 수익을 거두려는 합리적인 움직임을 보였던 것이다. 이를테면 지리적으로나 인구 규모로 볼 때 영국 시장의 규모가 미국 시장보다 훨씬 작았기 때문에 영국 기업은 생산 조직과 경영 방식을 송두리째 바꿔야 할 이유가 딱히 없었다. 그 대안으로 독일처럼 해외에서 새로운 시장을 개척할 수도 있었겠지만, 영국 기업은 이미 방대한 제국 시장을 확보하고 있었다. 즉, 상품 경쟁력에 바탕을 두고 새로운 시장을 개척해야 하는 독일 기업에 비해, 영국 기업은 식민지라는 손쉬운 시장에서 익숙한 예전 상품을 팔아 충분한 수익을 낼 수 있었다.

상황이 이렇다 보니 영국 기업가들은 이미 기술 우위를 확보하고 있던 분야조차 그 잠재력을 실현하지 못하고 경쟁국 기업에게 선두 자리를 내주기까지 했다. 일례로 19세기 중반까지 영국의 제철 공업은 세계 제일이었지만, 제철 공업의 중심이 강철로 바뀌면서 영국 철강 산업은 미국과 독일에 추월당했다. 철강 산업이 자리 잡는 데 가장 중요한 기술 혁신으로 꼽히는 베서머Bessemer 공법은 영국에서 개발되었지만, 대규모 설비 투자로 그 잠재력을 극대화한 것은 미국의 카네기 강철 같은 기업이었다. 19세기 중반에 등장한 전신기도 영국과 미국에서 동시에 개발되었는데, 기술 완성도를 높여 대륙 간 전신망 부설 사업으로 가장 큰 이익을 거둔 것은 오히려 독일의 지멘스 같은 기업이었다.

하지만 이런 요인들을 지적하더라도 19세기 말에서 20세기 초

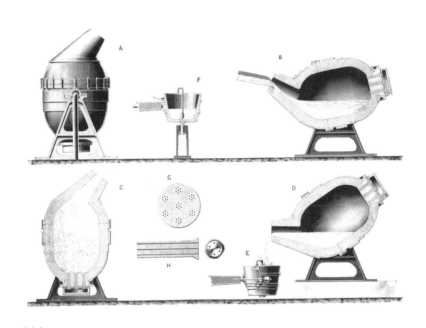

◈◈◈
영국 발명가 헨리 베서머는 달걀 모양 베서머 전로를 만들어 강철을 빠르고 대량으로 생산할 수 있게 했다.

에 두드러지게 나타나는 혁신의 부재를 온전하게 설명하기는 어렵다. 1909~1911년 영국의 총요소생산성 수준을 100이라 할 때, 같은 기간에 미국 제조업의 총요소생산성은 180이었으며 1911년 독일 제조업의 총요소생산성은 124였다. 즉, 영국은 기술 혁신에서 뒤처지고 있었다. 오스트리아 출신의 미국 경제학자 조지프 슘페터Joseph Schumpeter는 혁신을 '창조적 파괴'라 부르면서 자본주의 발전의 근본 동력으로 꼽았고, 그 혁신을 이끄는 사람을 '기업가'라 칭했다. 그렇다면 이제 설명해야 할 것은 '왜 영국에서 혁신을 추구하는 기업가가 부족했는가?'라는 문제일 것이다. 이 문제는 문화의 문제를 살펴봐야 답할 수 있다.

⇒══ 신사 자본주의는 어떻게 혁신을 방해했나 ══⇐

1차 산업혁명이 영국에서 일어난 원인 중 하나는 자본주의 문화가 뿌리내리면서 혁신에 대한 관심이 확산된 것이었다. 그렇다면 영국의 쇠퇴를 살펴볼 때도 같은 문제를 검토해볼 수 있지 않을까? 이 점에서 어떤 역사학자는 미국이나 독일에 비해 영국에서 과학 기술 교육이 충분히 이루어지지 않았다는 사실을 지적한다. 2차 산업혁명의 가장 중요한 특징은 서양에서 오랫동안 분리되어 있었던 과학과 기술을 결합한 데 있고, 대학이나 다른 연구기관에서 제대로 과학 기술 교육을 받은 엔지니어가 기업의 연구 개발에 중요한 역할을 담당했다는 것이다.

그렇다면 영국에서 과학 기술 교육이 제대로 이루어지지 않고, 기업이 최신 과학의 성과를 연구 개발에 십분 활용하지 않았던 까닭은 무엇일까? 영국이 1차 산업혁명에서 너무 큰 성공을 거둔 게 오히려 독이 된 것일지도 모른다. 1차 산업혁명은 대개 최신 과학의 성과와 무관하게 일어났다. 혁신을 이끈 이들은 정규교육을 받은 이들이 아니라 현장에서 기술 문제와 씨름했던 장인과 숙련공, 아마추어 발명가였다. 이런 전통이 너무 깊이 뿌리내리다 보니 영국 기업은 19세기 후반에도 체계적인 연구 개발 사업에 관심을 기울이지 않았다. 기술 인력도 부족했다. 당시 영국 대학에서는 미국이나 독일과 달리 공학 교육을 제대로 제공하지 않아 엔지니어는 현장 경험에 의존하는 경우가 많았다.

기업이 과학 기술 연구에 관심을 기울이지 않는다면 대신 정부나 의회가 적극적으로 움직여볼 수 있지 않았을까? 정부가 기술 혁신에 상당한 자원을 투입하고 적극적인 산업 정책으로 대기업을 육성해 2차 산업혁명을 일으킨 독일처럼 말이다. 하지만 영국의 정치 엘리트는 이런 일에 무관심했다. 한때 '개선' 문화를 이끌었던 영국 엘리트의 성격이 바뀐 것이다.

이유는 엘리트층의 힘을 뒷받침하는 경제적 배경과 이들의 정치적 성향에 있었다. 1차 산업혁명 시대까지 영국 사회를 지배한 사회 집단은 귀족을 비롯해 토지 재산을 보유한 지주층이었다. 그들은 귀족원은 물론 평민원에서도 절대다수였고, 내각 각료를 비롯해 행정부 주요 자리도 독차지했다. 하지만 19세기 중반 곡물법이 폐지되고 자유 무역이 확대되어 농업이 위축되자 귀족이나 지주층은 금융 쪽으로 자산을 옮겼다. 동시에 제조업과 상업에서 부를 축적한 중간계급도 채권이나 주식 투자에 관심을 보였다.

18세기에 빈번하게 일어난 전쟁을 통해서 발전한 런던 금융 시장은 나폴레옹전쟁 때까지 국가 부채가 증가하면서 규모가 더 커졌다. 이어 19세기 자유 무역 시대에 영국이 세계 무역의 중심이 되면서 런던 금융 시장이 제공하는 각종 서비스에 대한 수요가 급격히 늘었고, 해외 투자가 크게 증가했다. 19세기 후반 세계 최대의 자본 수출 국가였던 영국은 1차 세계대전 직전 매년 40억 파운드를 수출했다. 자본 수출이 활발해지자 영국의 국부國富 가운데 해외 자산이 차지하는 비중도 크게 늘어 1850년 대략 7퍼센트 수준에서 1913년 35퍼센트까지 올라갔다.

이렇게 경제 환경이 변하면서 소득 대부분을 금융 자산에서 얻는 사회 집단이 등장했다. 이들은 자본주의 시장 경제 한복판에서 자본 투자와 혁신으로 이윤을 얻고, 이윤을 재투자해 더 큰 자본을 축적하는 일에는 관심이 없었다. 오히려 생산 활동에 참여하지 않는 일, 그러니까 귀족의 핵심적인 특질을 받아들이면서 노동 세계를 멀리하고 여가를 중시했다. 이런 이중적인 특징에 주목해서 역사가들은 이들을 '신사 자본가gentleman capitalist'라고 부른다.

흔히 영국 신사라 하면 즉시 떠오르는 어떤 이미지가 있을 것이다. 프록코트를 차려입고 모자와 지팡이를 갖춘 말쑥한 중년 남자 같은 이

미지 말이다. 이런 복식이 한창 유행했던 때가 바로 19세기였다. 이렇게 차려입은 신사 자본가는 생산 활동에 관여해 수입을 얻는 일은 신사답지 못하다고 여기며 제조업에 관심을 두지 않았다. 그들이 주로 다녔던 이튼이나 해로 같은 명문 사립학교나 옥스퍼드와 케임브리지 대학교도 산업이나 기술 문제를 가르치지 않았다. 오히려 고색창연한 고전 교육을 주로 받고, 졸업 후에는 금융업에 진출하거나 금융 소득으로 살아가면서 의회와 중앙 정부, 교회, 지방 정부의 요직을 차지해 지배 엘리트의 지위를 군건하게 유지했다. 이렇게 지배층이 된 신사 자본가들의 가치관과 태도는 사회 곳곳으로 퍼져나갔고, 산업계 종사자들도 빨리 은퇴해서 그들처럼 살고 싶어 했다. 그사이 1차 산업혁명 시대에 영국 사회에서 두드러지게 나타났던 도전과 모험 정신은 쇠락했다.

신사 자본주의가 널리 확산되면서 영국 제조업의 상대적 쇠퇴를 만회할 만한 정책적인 노력은 기대하기 어려워졌다. 영국의 제조업자들이 미국이나 독일의 거센 도전에 직면해 자유 무역 체제를 재검토해 달라고 요청할 때에도 해외에 투자한 금융 소득이 주 수입원이었던 신사 자본가들은 자신들의 이익을 위해 자유 무역에 더욱 집착했다. 이를테면 대불황 시기 디플레이션에 대한 대책으로 금과 함께 은을 기축 통화로 정해 통화 공급을 조절하자는 제안이 산업계에서 나왔지만, 영국이 주도하는 금본위제 아래에서 이익을 거두고 있었던 신사 자본가들은 격렬하게 반대했다. 이처럼 금융업에 이해관계가 있는 신사 자

ETONA PROPE WINSOR.

◈ ◈ ◈
이튼스쿨

본가들이 정책 결정권을 쥐고 있는 상황에서 산업계의 입장을 개선할 수 있는 정책은 성공하기 어려웠다. 그사이 미국은 강력한 보호 정책을, 독일은 국가 주도의 산업 정책을 바탕으로 영국을 발 빠르게 따라잡았다.

✦═ 대분기: 왜 서양이 지배하는가 ═✦

지금까지 우리는 스페인에서 시작해 네덜란드를 거쳐 영국이 패권 국가로 등장하고 또 쇠락하는 과정을 살펴보았다. 스페인은 유럽 내에서 왕실 사이 결혼을 통해 영역을 크게 넓혔고, 해상 진출을 지원해 남아메리카에 거대한 제국을 세웠다. 스페인 정부가 후원한 모험가들이 유럽과 유럽 밖 세계를 이어 세계화를 앞당긴 덕분에 스페인은 최초의 세계 제국을 세울 수 있었다.

막강했던 스페인제국의 위세는 네덜란드가 스페인으로부터 독립을 선언하면서 흔들리기 시작했다. 네덜란드는 어업과 해운업, 상업에 바탕을 두고 효과적으로 전쟁 자금을 동원하며 군사 개혁을 일궈낸 덕분에 당대 최강 스페인제국을 물리치고 독립을 쟁취했다. 전쟁이 끝난 후 약 반세기 동안 네덜란드는 유럽의 창고가 되어 아시아를 비롯해 세계 곳곳에서 들어오는 사치품을 유럽 시장에 팔아 막대한 이윤을 남겼다. 하지만 네덜란드의 전성기는 오래가지 않았다. 기본적으로 봉건제에 바탕을 두고 있던 유럽 세계에서 기후 변화 때문에 농업 생산물이 줄고 사치품 수요도 크게 줄어들자 봉건 귀족의 구매력에 의존하는 네덜란드 상업도 함께 쇠락했다.

네덜란드의 빈 자리는 오랜 정치 분쟁을 해소하고 안정을 찾은 영국이 차지했다. 영국은 넓고 깊은 국내 시장과 식민지를 바탕으로 농업과 상업을 진작했을 뿐만 아니라 제조업에서 지속적인 기술 혁신과 자본 투자로 생산력을 크게 향상시켰다. 그 결과, '팍스 브리타니카'라 불리는 새로운 시대가 시작되었다.

스페인에서 네덜란드로, 네덜란드에서 다시 영국으로 이어지는 패권 이동 과정을 살펴보면 한 나라의 패권을 뒷받침하는 가장 중요한 힘, 그러니까 재정 자원과 군사력을 떠받치는 경제 체제의 속성이 시간이 흐르면서 바뀌었음을 알 수 있다. 스페인제국은 기본적으로 강제력을 갖고 있는 귀족 집단이 농민으로부터 경제 잉여를 수탈하는 경제 체제, 즉 봉건제에 바탕을 두고 있었다. 그런 만큼 스페인제국은 영토 확장에 집중하지 않을 수 없었다. 네덜란드에서는 농업뿐 아니라 상업에서 경제 잉여를 확보하는 자본주의의 모습이 어느 정도 보이기는 했지만, 새로운 상업 네트워크를 개척하는 과정에서 주로 폭력에 의존하는 한계를 드러냈다. 게다가 네덜란드가 가장 큰 이윤을 얻었던 원천은 봉건 세계에서 살아가는 유럽 지배층이었는데, 이들의 구매력이 무한정 확대될 수 없다는 점도 문제였다. 반면 영국에서는 자본주의가 꽃을 피웠다. 영국도 처음에는 스페인이나 네덜란드처럼 폭력에 의존해 식민지를 확대하고 교역 네트워크를 구성했지만, 자본주의가 성숙하면서 폭력보다는 자본의 힘에 더 의존했다. 특히 영국과 넓은 식민지 시장이 성숙하면서 끊임없는 기술 혁신으로 생산성을 높여 더 많은 상품을 만들어 팔고, 그 성과를 다시 생산과정에 자본으로 투입하는 축적이 활발하게 이루어졌다.

그사이 영국은 근대 국가로 차근차근 진화해나갔다. 권력을 한곳에 집중하고, 이런 권력을 국내는 물론 국외에도 투사하는 새로운 국가의 모습을 갖추게 된 것이다. 그러려면 무엇보다도 나라의 경제 자원을 효율적으로 동원하는 재정 체제가 필요했는데, 영국은 두 차례 혁명을 거친 이후 이런 재정 체제를 갖출 수 있었다. 명예혁명이 끝난 이후 시작된 재정혁명이 성공적으로 진행되면서 영국 의회와 정부는 당시 그 어떤 나라보다 많은 돈을 효율적으로 동원할 수 있었다. 이런 변화는 영국 자본주의 발전의 결과이면서 동시에 원동력이기도 했다. 나라가 동원할 수 있는 경제 자원이 늘어났다는 것은 17세기 후반부터 속도가 빨라진 자본주의 발전의 결과이지만, 국가가 자원을 동원해 상공업의 이익을 보호하고 증진하는 일에 앞장섰으므로 자본주의 발전을 도왔다고 볼 수 있기 때문이다. 이렇게 영국에서는 자본주의 발전과 국가 형성이 긴밀하게 맞물려 들어갔고, 그 결과 영국은 패권 국가가 갖춰야 할 경제력과 군사력을 모두 보유하게 되었다.

영국에서 자본주의가 성숙하면서 폭력에 의존해 시장을 개척하고, 싸게 사서 비싸게 되파는 오랜 관행은 더 이상 통하지 않았다. 대신 강력한 생산력과 생산성에 바탕을 두고 새로운 상품을 끝없이 만들어내는 혁신이 패권을 뒷받침하는 가장 중요한 힘이 되었다. 이런 사정을 분명히 보여주는 사건이 바로 18세기 후반에 영국에서 시작되어 19세기 중반에 마무리된 1차 산업혁명이었다. 산업혁명 덕분에 영국은 이전 역사에서 선례를 찾아볼 수 없는 막강한 생산력을 갖추었고, 풍부한 재정 자원을 동원해 유럽 내 패권 경쟁에서 승리할 수 있었다.

영국의 산업혁명은 서양과 동양 사이 힘의 관계도 완전히 바꾸었다. 아주 오랫동안 세계 경제의 핵심 지역으로 번성했던 아시아는 정체하기 시작한 반면, 산업혁명을 이끈 영국과 유럽의 후발 산업 국가들이 빠르게 성장했다. 그 결과, 서양과 동양 사이 경제적 격차가 크게 벌어지는 이른바 대분기Great Divergence가 뚜렷해졌다. 이런 격차는 19세기 후반 유럽의 몇몇 국가가 전 세계를 제 마음대로 나눠 가지는 신제국주의 시대를 낳은 원인이 되기도 했다. 이렇게 보면, 우리가 이제까지 살펴본 패권의 역사는 그 자체로도 흥미롭지만 오늘날 우리가 살아가는 세계의 기원을 이해하기 위해서라도 반드시 되돌아봐야 하는 주제인 것이다.

스벤 베커트, 『면화의 제국』, 김지혜 옮김, 휴머니스트.
이 책은 면화라는 상품을 중심으로 근대 초 이후 자본주의가 어떻게 세계 곳곳에 자리 잡게 되었는지 살펴본다. 이 이야기 가운데 핵심적인 자리를 차지하는 것이 영국이므로 우리 책과 함께 읽어봐도 좋을 듯하다.

이영석, 『다시 돌아본 자본의 시대』, 소나무.
조금 오래된 책이라 최근 연구 성과를 살펴보는 데는 별로 도움이 안 되지만, 영국 경제의 상대적 쇠퇴라는 문제, 특히 신사 자본주의의 문제점을 살펴보는 데는 여전히 쓸모가 있다.

5장

식민지 미국의
독립과 성장

20세기 초에 영국이 쇠락한 뒤부터 현재까지 세계의 경제와 군사, 정치를 좌우하는 패권 국가는 미국이다. 21세기 초 미국은 전 세계에서 가장 막강한 군사력을 지녔으며, 국내총생산에서도 가장 앞서 있다. 그만큼 미국이 세계에 미치는 영향력도 엄청나다. 이를테면 2008년 미국 금융 시장에서 시작되어 전 세계로 퍼져나간 금융 위기를 떠올려 보자. 우리나라만 봐도 미국발 금융 위기 때문에 주식 시장 코스피 지수가 40퍼센트나 떨어졌다. 이렇게 세계 거의 모든 나라가 미국과 촘촘하게 연결되어 있어서 미국에서 일어나는 경제와 정치, 문화 변화에 즉시 영향을 받게 된다. 게다가 미국이 의도하는 바에 따라 세계 정치의 위계질서가 달라질 수 있다는 점을 고려하면, 이제까지 역사에서 미국만큼 '글로벌한 제국'은 없었다고 말할 수 있다. 사실상 미국은 '바같이 없는 제국'이라는 것이다.

미국은 언제부터 지금 같은 패권을 행사할 수 있었을까? 그 원동력은 무엇일까? 오늘날 미국이 누리는 우월한 조건과 위상은 압도적인 경제력이 뒷받침하고 있다. 많은 사람이 미국이 이런 경제력을 갖게 된 것을 당연하게 여긴다. 미국은 땅이 넓고 자원이 풍부해 산업이 발전하기에 좋은 환경을 갖고 있으며, 인구가 많아서 아주 넓고 깊은 내수 시장이 형성되어 있다. 또한 대서양과 태평양이라는 자연적인 방벽이 미국을 감싸고 있어 외침에 대한 두려움 없이 안정적인 성장을 이룰 수 있다. 더욱이 유럽 귀족 같은 오래된 엘리트가 자리 잡지 못했던 '빈 땅'이라 개인의 자유와 사유재산 같은 근대를 떠받치는 이념과 제도가 쉽게 정착할 수 있었고, 황무지를 개척하면서 생긴 모험심과 진취성이 수많은 기업가를 낳은 원동력이 되기도 했다. 이런 여러 사정을 생각해보면, 미국이 세계 제일의 경제 대국이 된 일은 당연해 보인다는 것이다.

이런 시각에는 나름대로 설득력이 있지만, 그렇다고 미국인들이 흔히 이야기하듯, 미국이 위대한 나라가 될 '명백한 운명'을 타고났다고 여기는 것은 조금 성급해 보인다. 시야를 조금만 넓히면, 미국만큼 영토가 넓은 중국, 러시아, 인도 같은 나라나 석유 같은 자원이 풍부한 중동의 여러 나라가 있으니, 미국만 좋은 조건을 갖추고 있었다고 이야기하기 어렵다. 이런 나라들은 왜 20세기에 미국처럼 성장하지 못했을까? 게다가 미국의 성장 과정이 순탄하기만 했던 것도 아니다. 미국이

❖ ❖ ❖

미국 러시모어산에 새겨진 4명의 역대 대통령 얼굴 조각. 여기 새겨진 조지 워싱턴, 토머스 제퍼슨, 시어도어 루스벨트, 에이브러햄 링컨 대통령은 건국부터 1차 세계대전을 거쳐 20세기 전반 미국을 위대하게 만든 지도자로 평가받고 있다.

라는 나라는 당시 초강대국이었던 영국에 맞서 독립전쟁을 치른 끝에 탄생했고, 19세기 중반에는 내전까지 겪으면서 미국이 가야 할 길을 두고 깊이 갈등하기도 했다. 우리가 흔히 미국 정신의 뿌리라고 생각하는 개인의 자유에 대한 믿음, 그러니까 사람은 누구나 자신이 원하는 대로 살 권리가 있다는 생각도 처음부터 미국 사회에 자리 잡고 있었던 것이 아니었다. 오히려 개인이 적극적으로 정치에 참여해 공동체의 안녕과 질서를 유지하는 데 헌신하는 공화주의 전통이 깊이 뿌리내리고 있었다. 이는 고대 로마에서 르네상스 시대 이탈리아를 거쳐 영국까지 면면히 이어지는 오랜 전통이었다. 다시 말해, 미국이 원래부터 독특하고 예외적인 사회인 것은 아니었다.

이렇게 보면 우리 과제는 미국의 특수성을 그저 받아들이는 게 아니라 차라리 미국이 패권을 거머쥐는 과정이 스페인이나 네덜란드, 영국 같은 나라와 어떤 면에서 비슷하고, 또 어떤 점에서 달랐는지 따져보는 일이 되어야 할 터다. 특히 미국이 그 뿌리라 할 수 있는 유럽에서 받은 영향을 잘 생각해봐야 한다. 영국이 열어젖힌 산업 자본주의 시대에 가장 중요한 패권의 요소인 생산력에 있어서 미국이 영국을 따라잡는 과정은 더 세밀하게 들여다봐야 한다. 그러려면 식민지였던 미국이 어떻게 본국인 영국으로부터 독립할 수 있었는지, 그 역사적 배경을 살펴보는 데서 출발해야 한다. 미국의 기원, 그러니까 1607년 북아메리카대륙에 처음으로 식민지 정착촌이 세워진 때로 거슬러 올라가보자.

⸻ 영국은 미국의 인큐베이터 ⸻

잘 알려져 있듯이 미국의 시초는 북아메리카대륙에 세운 영국 식민지들이다. 1776년 독립을 선언하기 전까지 이 식민지들은 영제국의 경제권 안에서 제각기 영국에 도움이 되는 기능을 했다. 시작은 1607년 세워진 제임스타운이었다. 이곳은 스페인 식민지처럼 귀금속이 풍부한 땅을 기대한 런던 상인들이 버지니아회사를 만들어 사람들을 보내 세운 정착지였다. 일확천금을 버는 꿈은 실현되지 못했지만, 사람들은 낯선 기후와 갖가지 질병, 원주민 저항 같은 어려움을 이겨내고 서서히 정착했다. 특히 담배라는 새로운 작물을 발견하면서 버지니아 식민지는 본격적으로 성장하기 시작했다. 제임스타운 정착이 어느 정도 성공 단계에 접어들자 종교적 박해를 피하거나 새로운 경제적 기회를 찾아 떠난 영국인이 북아메리카대륙 곳곳에 자리 잡았다. 그렇게 18세기 초까지 대서양 연안에는 모두 13개 식민지가 들어섰다. 처음에 105명으로 시작된 식민지 정착민은 독립 직전에 235만 명까지 빠르게 늘었다. 그야말로 엄청난 변화였다.

대서양 연안에 들어선 13개 식민지는 경제 속성에 따라 크게 세 지역으로 나눌 수 있다. 첫 번째는 남부 식민지로, 여기 사람들은 영국에 수출할 담배나 쌀, 인디고 같은 환금 작물과 해군에 필요한 물자 등을 플랜테이션 농장에서 노예 노동을 이용해 경작했다. 두 번째는 중부 식민지인데, 넓고 비옥한 평원이라서 밀 같은 곡물을 대규모로 재배해서 주로 유럽 남부 같은 곳으로 수출했다. 세 번째는 북부 식민지로, 춥고 땅이 척박해 생계를 위한 농사 정도만 가능해서 정착민은 풍부한 목재를 이용해 조선업을 발전시키고, 서인도제도에 있던 영국 식민지에 어류를 수출하고 당밀을 수입해 럼 같은 술을 만들어 팔았다.

북아메리카 13개 식민지는 소박하게 출발했지만, 18세기에 큰 번영을 누렸다. 그 결과, 독립 직전 북아메리카 식민지인은 본국민보다도 오히려 더 부유할 정도였다. 이를테면 1774년을 기준으로 영국인의 1인당 연소득은 대략 11파운드 정도였던 데 비해, 노예를 제외한 자유 식민지인의 소득은 13파운드에 이르렀다. 1700년과 1775년 사이에 식민지 인구가 25만 명에서 열 배 정도 늘어 235만 명이나 되었는데도, 1인당 소득이 이렇게 높았다는 것은 그만큼 식민지 경제 규모가 커졌다는 것을 뜻한다. 실제로 정착 초기라 할 수 있는 1650년부터 100년간 국민총생산 규모는 무려 90배나 성장했다.

독립 직전까지 북아메리카 식민지의 경제 성장과 발전은 그 속도나 규모로 볼 때 쉽게 선례를 찾아볼 수 없을 정도로 빨랐다. 그렇다면 북아메리카 식민지가 이렇게 번영을 누릴 수 있었던 까닭은 무엇일까? 토지가 넓고 인구는 부족했던 식민지는 대개 농업을 중심으로 성장했고 각종 생필품을 비롯해 대부분 공산품은 본국인 영국에서 수입했다. 이처럼 영국과의 교역이 식민지 경제의 큰 부분을 차지한 만큼, 식민지 번영의 원동력 역시 영국과 식민지 사이 경제 관계에서 찾아볼 수 있다.

식민지 시대 대부분, 더 정확하게 말해 7년전쟁이 끝나는 1763년 이전까지 북아메리카 식민지에 대한 영국 정부의 기본 정책은 '유익한 방치salutary neglect'라는 말로 요약할 수 있다. 영국인은 식민지가 기본적으로 본국이 필요로 하는 원료와 농산물 공급처 역할, 그리고 영국산 제조업 제품 시장 역할을 하면서 본국의 재정 지원 없이 자생하는 게 가장 좋다고 생각했다. 다시 말해, 식민지가 영국의 경제 발전에는 기여하되 영국인에게 재정 부담을 지워서는 곤란하다고 생각했던 것이다. 식민지가 이런 역할만 충실하게 한다면, 영국 정부는 식민지 내에서 벌어지는 일에 시시콜콜 개입할 까닭이 없었다. 따라서 대부분 문제에서 식민지는 사실상 자치권을 누리고 있었다.

내부에서는 자치를 유지하면서도, 북아메리카 식민지인은 영제국의 테두리 안에서 영국 정부가 제공하는 군사 보호와 번성하는 제국 시장에 대한 자유로운 접근 권한을 누릴 수 있었다. 물론 영국 정부는 본국 제조업자와 식민지인이 서로 경쟁해서는 곤란하다는 원칙 아래 몇몇 식민지 제조업을 규제하기도 했다. 하지만 식민지인 대부분은 무엇보다 지주가 되기를 원했던 데다가, 원료와 농산물을 영제국 아래에 있는 아프리카와 서인도제도, 영국 본국에 수출하면서 큰 이익을 거뒀기 때문에 이런 규제에 대해 크게 불평하지 않았다. 다시 말해, 항해법과 같은 식민지 규제에 대해서 그렇게 불만을 품을 까닭이 없었다.

북아메리카 식민지는 주로 원료와 농산물을 수출하고 공산품을 수입했기 때문에 본국과의 무역에서 꽤 큰 적자를 감수해야 했다. 하지만 식민지는 운송업에서 상당한 이익을 거두고 있었고 본국에서 여러 형태로 부를 이전받았다. 예컨대 1768~1772년 경상수지를 살펴보면 상품 무역 부문에서 식민지는 영국에 대해 매년 150만 파운드 정도 적자를 기록했지만 서비스 부문에서 운송 및 각종 서비스로 72만 파운드 흑자를 봤다. 본국에 납부한 세금은 4만 파운드에 지나지 않았고 오히려 본국으로부터 군사비 40만 파운드를 지원받았으며 공직자 봉급 4만 파운드 정도를 이전받고 있었다. 이런 여러 항목을 다 합치면 본국에 대한 북아메리카 식민지의 경상수지는 거의 균형을 이루고 있었다. 결론적으로 말해 산업 국가로 변신 중인 영국과 농업이 기반인 북아메리카 식민지 사이는 일종의 보완 관계 또는 동반자 관계였고, 식민지는 그 덕분에 충실하게 성장을 이어갈 수 있었다.

⇒⇒ 북아메리카독립전쟁의 시작 ⇒⇐

그렇다면 충분히 잘 먹고살았던 식민지인이 영국이 제공하는 여러 혜택을 버리고 독립을 선택한 까닭은 무엇일까? 북아메리카독립전쟁은 1775년 봄 매사추세츠 콩코드와 렉싱턴에서 식민지인과 영국 정규군 사이에 전투가 시작된 때부터 거의 8년이나 지속되었다. 본국과 식민지 관계가 이렇게 극단으로 치닫게 된 중요한 이유는 7년전쟁이 끝난 후에 영국 정부가 '유익한 방치'에서 벗어나 식민지에 대한 통제를 강화하려 했기 때문이었다.

1756년부터 1763년까지 진행된 7년전쟁은 어느 역사가의 표현을 빌리면 최초의 세계대전이라 할 수 있는 대규모 전쟁이었다. 동시에 그것은 영국과 프랑스 사이에 진행되던 패권 경쟁에 종지부를 찍는 대결이기도 했다. 이 전쟁을 세계대전이라 부를 수 있는 까닭은 전쟁이 여러 대륙에서 동시에 진행되었기 때문이다. 전쟁은 처음에 북아메리카에서 영국령 북아메리카 식민지인과 프랑스 세력, 인디언 부족 사이에 충돌이 일어나면서 시작되었는데, 곧 유럽 대륙과 인도, 서인도제도로 확산되었다. 프랑스에 맞섰던 영국은 전통적으로 유럽 대륙에서 강력한 지상군을 보유한 프로이센과 동맹을 맺어 유럽에서 우위를 차지했고, 강력한 해군을 무기로 서인도제도에서 여러 프랑스 식민지를 차지했다. 인도에서도 프랑스 세력을 몰아내는 성과를 거두었다. 영국 정규군과 식민지 민병대는 북아메리카대륙에서 프랑스 세력과 맞서 싸워 캐나다를 정복하는 전과를 올리기도 했다.

전쟁의 결과로 영국은 프랑스를 물리치고 패권을 장악하게 되었지만, 나라 재정에서는 그만큼 큰 대가를 치러야 했다. 영국의 국가 채무

❖❖❖
키브롱만해전은 7년전쟁 중인 1759년 11월 20일에 프랑스 키브롱만에서 영국과 프랑스가 전투를 벌여 영국이 승리한 전쟁이다.

가 전쟁 이전 7500만 파운드에서 전쟁 후 1억 2300만 파운드까지 거의 배로 늘었던 것이다. 영국 내에서는 나라가 파산할지도 모른다는 위기감이 널리 퍼졌다.

위기감이 널리 퍼졌던 본국과 달리 식민지인들은 전쟁 후 새로운 희망에 부풀었다. 미국 정치인 벤저민 프랭클린이 어느 팸플릿에서 인구가 한 세대마다 두 배씩 늘어나고 있다고 지적할 정도로 식민지 인구가 빠르게 증가하다 보니 대서양 연안 토지가 부족해지는 현상이 일어났다. 식민지인은 전쟁 이전에도 식민지 서쪽을 둘러싼 애팔래치아산맥을 넘어 새로운 영토를 확장하려고 했지만, 이 지역에 머물던 인디언 부족의 저항과 이들과 결탁한 프랑스 세력 때문에 뜻을 이루지 못했다. 그런데 이제 프랑스 세력이 전쟁으로 축출되고, 북부 캐나다 식민지와 미시시피강이 흐르는 광대한 평야 지대가 영국 차지가 되었으니, 오랫동안 염원했던 서부 진출을 이룰 수 있다는 희망을 품었던 것이다.

그런데 영국 정부는 이런 기대를 저버리고 1763년 국왕 포고령을 선포해 애팔래치아산맥 서쪽으로 식민지인이 이주하는 일을 막았다. 이 포고령은 두 가지 이유에서 실행되었다. 하나는 7년전쟁이 원래 인디언 부족과 결탁한 프랑스 세력과 식민지인 사이의 충돌에서 비롯한 데 있었다. 영국 정부는 식민지인이 서쪽으로 뻗어나가면 다시 한번 인디언 부족과 충돌해 영국 정규군이 출동할 수밖에 없는 상황이 벌어질 것이라 우려했다. 이런 전쟁이 일어나면 국가 채무는 더 늘어날 수밖에 없으므로 영국 정부는 변경에서 전쟁이 일어날 가능성을 아예 차

단해버리려 했던 것이다. 다른 이유는 식민지인이 서쪽으로 계속 진출하면 이들을 통제하기 더욱 어려워질 것이라고 걱정했기 때문이다.

결론적으로 말해 영국 입장에서는 식민지인을 대서양 연안에 묶어두는 게 통제하기도 쉽고, 경제적으로도 훨씬 이로웠던 것이다. 이런 우려와 기대에서 선포한 국왕 포고령으로 식민지인의 서부 진출은 일단 좌절되었다. 그런데 문제는 여기서 끝나지 않았다. 영국 정부가 이 포고령을 시행하기 위해 식민지에 정규군을 남겨 두기로 결정하면서 영국 정부와 식민지 사이 갈등이 본격적으로 시작된 것이다.

정규군을 식민지에 남기기로 한 영국 정부의 결정은 엄청난 후폭풍을 몰고 왔다. 일각에서는 오래전부터 식민지가 제국 경영에 들어가는 재정 부담을 충분히 감당하고 있지 않다는 불만을 제기한 바 있었다. 그런데 7년전쟁으로 본국 국민의 세금 부담은 크게 늘었는데, 식민지인은 전쟁 비용을 부담하기는커녕 얼마 안 되던 분담금도 되돌려 받았다는 사실이 알려지면서 불만이 커졌다. 게다가 식민지인은 전쟁 기간에 영국 군대뿐만 아니라 심지어 적국 군대에도 물자를 공급해 큰 이익을 거두었고, 적국 식민지와의 밀무역도 서슴지 않았다. 이런 상황을 심각하게 생각한 일부 영국 정치인과 관리들은 식민지에서 세금을 거둬, 적어도 식민지에 주둔하는 영국군을 유지하는 비용에 충당해야 한다고 주장했다.

이에 영국 정부는 식민지에서 관세를 좀 더 철저하게 거두고, 몇몇 교역 상품에 대해서는 세금을 부과하기로 결정했다. 영국 의회가 1764년에 제정한 설탕법Sugar Act은 식민지인의 밀수를 근절하려는 취지에서 비롯했고, 1767년에 제정한 톤젠드법Townshend Act이나 1773년에 제정한 차법Tea Act은 식민지가 수입하는 몇몇 상품에 부과한 세금을 좀 더 효과적으로 거두려는 의도에서 나왔다. 당연히 식민지인은 거세게 반발해 영국에서 상품 수입을 금지하거나 아예 영국 상품 소비를 중단하는 운동을 식민지 전역에서 펼쳤다. 식민지 무역을 이렇게 규제한다면 이제까지 영국에서 수입한 공산품을 아예 식민지에서 직접 만들어 쓰겠다고 위협하기도 했다. 식민지에서 직접 제조업을 육성하겠다고 나선 것이다.

뿐만 아니라 영국 의회는 식민지 재정과 경제 정책에도 깊숙하게 개입하기 시작했다. 1764년에 제정한 통화법Currency Act은 식민지에서 지폐 발행을 금지하고 세금을 내거나 영국 상인에 대한 채무를 갚는 데 지폐를 이용하지 못하게 했다. 무역 적자 때문에 영국 돈이 항상 부족했던 식민지인에게는 타격이 컸다. 1765년에 제정한 인지법Stamp Act은 신문이나 팸플릿, 달력 같은 인쇄물과 모든 공문서에 인지印紙를 사서 붙이도록 했다. 식민지인은 인지법이 무역을 규제하는 게 아니라 식민지인만을 대상으로 직접 과세하는 일이라고 격렬하게 반발했다. 명예혁명 때 정한 원칙에 따르면, 국민에게 세금을 매기는 일은 국민의 대표가 동의할 때만 가능하다고 했는데, 식민지인은 영국 의회에 대표를 보내지 않으므로 의회가 식민지인에게 과세하는 일은 불법이라고 주장한 것이다. 이런 주장에서 저 유명한 '대표 없이 과세 없다No taxation without representation'라는 구호가 나왔다. 격렬한 저항에 맞닥뜨린 영국 정부는 이듬해 인지세를 철회하지만 식민지인의 삶에 대해 영국 의회가 규제할 권한이 있는가라는 헌정 질서의 문제를 두고 의회와 식민지인 사이에 갈등의 골이 점점 깊어졌다.

식민지인의 저항에 대해 영국 의회는 의회 주권을 지키려는 강경한 태도를 취했다. 저항하는 식민지에 군대를 파견하고 심지어 식민지 의회도 해산했다. 식민지인도 가만히 있지 않았다. 거의 150년간이나 누린 자치권을 한순간에 박탈당하자 급진적인 식민지인은 민병대를 조직해 영국 국왕이 임명한 관리를 내쫓기도 했다. 이런 대립은 1773년

◈◈◈
1846년 석판화로 묘사한 보스턴 차 사건

보스턴 차 사건으로 절정에 이르렀다. 이 사건은 존 행콕을 필두로 일부 보스턴 사람들이 인디언으로 변장하고 영국동인도회사의 차를 바다로 던져버린 일이다. 이 사건은 영국 정부와 의회, 더 나가서 많은 영국인에게 큰 충격을 주었다. 영국인이 다른 어떤 권리보다도 신성하게 여긴 재산권을 침해한 사건이었기 때문이다. 영국 의회는 식민지인이 '참을 수 없는 법Intolerable Acts'이라고 부른 일련의 법으로 보스턴 항구를 폐쇄하는 등 강경한 보복 조치를 취했다. 결국 매사추세츠 민병대와 영국군 사이에 군사적 충돌이 일어나면서 북아메리카 식민지와 영국 간 전쟁이 시작되었다.

지금까지의 전개는, 앞서 홀란트를 비롯한 저지대 지역 몇몇 나라가 연합해 스페인제국에 맞서 독립을 선언하는 과정을 떠올리게도 한다. 이들 나라가 스페인제국이 제공하는 군사적 보호 아래에서 향료 같은 사치품을 수입해 유럽 전역에 팔아 막대한 부를 쌓아올렸다고 이야기했던 것을 기억할 것이다. 정치적 견해를 밝히는 데 무척 신중했던 네덜란드 상인조차도 저항에 가담하기 시작한 일은 스페인제국이 무리하게 거두려는 세금이 저지대 지역의 경제 발전을 가로막는 심각한 장애물이라고 인식했기 때문이었다. 마찬가지로 북아메리카 식민지인 역시 영제국이 제공하는 이익보다 감수해야 하는 비용이 더 커졌기 때문에 제국의 틀에서 벗어나야만 계속 번영을 누릴 수 있다는 새로운 생각을 품기 시작했다. 물론 그 판단이 옳았는지 알기까지는 더 많은 시간이 흘러야 했다. 그보다 당장 식민지인에게 시급한 문제는

'당대 최강 국가였던 영국에 맞서 독립을 쟁취할 수 있는가?'였다.

⟶✦⟵ 미국의 탄생 ⟶✦⟵

 1775년 봄, 북아메리카독립전쟁이 시작되었을 때 영국인은 물론 대부분 유럽 사람들은 당대 최강 해군력과 엄청난 재정 자원을 보유한 영제국이 손쉽게 식민지의 '반란'을 제압할 수 있을 것이라고 예상했다. 하지만 전쟁은 1783년 미국의 독립을 승인하는 파리조약을 맺을 때까지 거의 8년을 끌었고, 영제국은 북아메리카 13개 식민지의 독립을 인정하는 굴욕을 감수해야 했다.

 모두의 예상을 뒤엎고 전쟁이 이렇게 진행된 이유는 여러 가지이다. 먼저 영국 정부는 본토에서 수천 마일이나 떨어진 북아메리카 전쟁터에 물자와 인력을 보급하는 데 어려움을 겪었다. 낯선 지형과 기후에서 영국군이 전투력을 온전히 발휘하기 어려웠던 일도 또 하나의 원인이었다. 식민지 군대를 이끈 사령관 조지 워싱턴은 빼어난 리더십과 전략적인 판단을 발휘해 영국군이 맞닥트린 이런 어려움을 교묘하게 활용했다. 워싱턴은 그 옛날 로마 장군 파비우스 막시무스가 그랬듯 강력한 적과의 정면 승부를 피하는 대신 게릴라 전술로 영국군을 괴롭혔다.

 하지만 다른 무엇보다 영국군을 힘들게 했던 것은 따로 있었다. 전쟁이 장기화되는 데도 영국은 외교적으로 고립되어 동맹군을 찾을 수 없었던 것이다. 18세기 여러 전쟁에서 영국은 주로 프랑스와 대결하면서 프로이센 같은 군사 강국을 동맹으로 삼아 승리를 거두었다. 그런데 이번 전쟁에서는 프랑스, 스페인, 네덜란드 같은 열강이 모두 식민지를 지원하는 바람에 영국은 혼자서 힘겹게 전쟁을 치러야 했다. 여러 열강이 전쟁에 뛰어들자 영국은 북아메리카 식민지를 제압하는 일보다 서인도제도의 식민지나 인도처럼 당장의 경제적 가치가 높거나 전략적으로 중요한 곳부터 지켜야 했다. 결국 영국은 식민지의 독립을 인정하지 않을 수 없었다.

◈◈◈
존 트럼블이 그린 〈미국독립선언서〉

하지만 당초 기대했던 것과 달리 정치적 독립이 즉시 식민지인의 경제 상황을 개선하지는 못했다. 전쟁 때문에 어려워진 재정과 경제 상황은 독립 이후 나아지기는커녕 더 혼란스러워졌다. 전쟁 직전과 비교할 때 1804년에 식민지인의 부가 100퍼센트 이상 줄어들었다는 추정치가 있을 정도였다. 이런 문제는 새롭게 독립한 13개주가 강력한 중앙 정부 아래에서 효과적인 재정 체제를 만들어내 경제 위기를 극복할 힘을 갖추지 못했던 데서 비롯한다. 독립을 선언한 13개 식민지는 1781년에 연합헌장Articles of Confederation*을 선포해 단결을 과시했지만, 사실 연합헌장으로 탄생한 정부는 13개의 독립된 나라가 느슨하게 결합한 모임일 뿐이었다.

이런 느슨한 연합으로는 전쟁이 남긴 여러 경제 문제를 해결할 수 없었다. 가장 시급한 일은 전쟁 기간에 엄청나게 쌓인 나라 빚을 해결하는 일이었는데, 연합헌장으로 탄생한 의회에는 과세권이 없었다. 그래서 각 주는 전쟁 기간에 각출해서 낸 분담금 때문에 생긴 빚을 각자 알아서 해결하려 했다. 주로 인두세나 재산세 같은 여러 세금을 금화나 현물로 거둬들여 전쟁 기간 중 남발한 지폐와 채권을 회수했다. 그

• 1781년에 13개주 대표가 모여 개최한 대륙회의에서 연합헌장을 선포하고 함께 전쟁 수행을 약속했다. 하지만 이 의회는 각 주의 권위로부터 독립된 권한을 갖지 못했고, 연합헌장 아래서 미국은 독립된 행정부 수반이나 사법 체제를 갖추지 못했다. 연합헌장은 1787년에 헌법이 제정되고, 1789년에 워싱턴 행정부가 집권할 때까지 유지되었다.

런데 이 조치로 시장에서 유통되는 통화량이 확 줄어들면서 물가는 떨어지고 경기가 더욱더 침체되었다. 농민이나 소상공인 같은 일반 채무자의 삶은 견디기 힘들 정도로 곤궁해졌다.

게다가 식민지인은 전쟁이 끝나면 예전처럼 영국 본국은 물론 영국령 서인도제도와 무역을 재개해 이윤을 거둘 수 있을 것이라 기대했는데, 전쟁이 끝나던 해 영국 정부는 미국과 영국령 서인도제도 사이의 무역을 금지했다. 농업과 무역에 바탕을 두고 성장한 미국 경제에서 서인도제도 시장을 잃는 일은 엄청난 손실이었다. 미국인은 프랑스와 네덜란드 같은 유럽 여러 나라와 그 식민지에 시장을 개방하고, 더 나아가 중국을 포함한 아시아에서 새로운 시장을 찾으려 했지만, 단기간에 손실을 만회하기에는 역부족이었다. 더욱이 미국 정부가 재정 자원을 동원하거나 미국 전체의 상업을 규제할 권한이나 역량을 갖추지 못했다는 사실 그 자체가 미국이 여러 나라와 통상 조약을 맺어 무역을 진작하는 데 방해가 되었다. 실제로 버지니아 같은 주는 중앙 정부의 힘을 빌리지 않고 스페인과 통상 조약을 맺으려 했다.

이렇게 재정과 경제 위기가 심각해지는데도 중앙 정부가 무력한 모습을 보이고, 각 주가 중구난방으로 제각각 대응하는 상황이 계속되다 보니 더 이상 이런 상태를 지속하기 어렵다는 생각이 퍼지기 시작했다. 이런 믿음이 새로운 정부 수립을 위한 실천으로 이어지는 데 결정적으로 기여했던 일은 서부 매사추세츠와 우스터에서 일어난 셰이스의 반란이었다. 이 반란은 가난한 농민이 빚을 갚지 못해 채무자 감옥에 투옥되는 일이 빈번하게 일어나도 주 정부가 세금 납부를 계속 압박하자 농민들의 불만이 폭발해 일어난 일이었는데, 정부가 이런 반란에 제대로 대응하지 못하다 보니 강력한 중앙 정부가 필요하다는 생각이 힘을 얻었다. 그 결과, 1787년 봄에 각 주 대표가 필라델피아에 모여 연합헌장을 개정하는 일을 의논하기 시작했고, 같은 해 9월에 연방 헌법 초안을 만들었다. 이 초안은 각 주의 비준을 거쳐 공식적인 헌법이 되었고, 이에 따라 1789년 조지 워싱턴을 초대 대통령으로 한 연방 정부가 들어섰다. 이제 연방 정부는 세금을 부과할 권리, 각 주 사이 교역을 방해하는 관세 장벽 같은 것을 철폐할 권리, 새로운 정착지에 기존 주와 같은 지위를 부여해 연방에 편입할 권리를 갖게 되었다. 더욱이 헌법을 비준하는 과정에서 제정된 수정헌법 1조에서 10조, 그러니까 미국의 권리장전으로 재산권의 신성함을 확인하기도 했다.

연방 헌법과 권리장전은 모든 미국인에게 재산권의 불가침성과 계약의 자유를 분명하게 보장한다고 규정함으로써 자본주의가 미국에 자리 잡는 데 결정적인 역할을 했다. 헌법 제정 이후 미국 사회에서 활발하게 기업 활동이 일어날 수 있었던 것도 이런 제도적인 밑바탕이 마련되었기 때문이라고 볼 수 있다. 더 나가서 연방 정부는 헌법을 근거로 이제까지 서로 분리되어 있던 13개주를 상품과 노동력이 자유롭게 이동할 수 있는 하나의 시장으로 통합할 수 있었다. 또한 각 주 정부는 연방 헌법의 견제와 균형 원리 아래에서 교역과 이민을 장려하거나 규제할 권한을 갖고 개별적으로 경제 발전을 꾀했다. 그 결과, 여러 주 사이에 서로 경제 활동을 진작하려는 경쟁이 활발하게 일어나 지역 간 분업과 전문화를 자극해 미국 경제가 발전할 수 있었다. 이런 과정을 거쳐 미국이라는 새로운 세력이 세계 경제 무대에 등장했다.

⟫══ 농업 사회에서 산업 사회로 ══⟪

오늘날 미국은 전통적인 제조업 국가라기보다는 애플이나 구글 같은 기술 기업이 경제를 이끄는 첨단 산업 국가처럼 보인다. 최근 몇 차례 미국 대통령 선거전에서 후보들이 '러스트 벨트Rust Belt', 그러니까 미시간주나 펜실베이니아주처럼 쇠락한 제조업 지대를 되살리겠다는 공약을 앞다퉈 내놓은 것에서 볼 수 있듯이 전통적인 제조업의 쇠락은 심각한 사회 문제를 일으키고 있다. 하지만 불과 한 세기 전만 해도 미국은 세계에서 제일가는 제조업 국가였다. 포드자동차나 듀폰, IBM처럼 우리에게 익숙한 수많은 대기업이 미국 경제를 이끌었다. 그때만 하더라도 미국은 타고난 산업 대국처럼 여겨졌다.

하지만 앞에서 이야기했듯, 미국은 원래 제조업을 중심으로 발전한 나라가 아니었다. 다시 한번 상기하면, 토지가 풍부하고 인구는 비교적 적은 환경에서 식민지인은 대개 자기 땅을 일구는 자영농이 되기를 원했고, 그런 만큼 농업과 무역이 미국 경제의 주축이 될 수밖에 없었다.

그랬기 때문에 식민지 시대에 영국 정부가 식민지에서 제조업을 금지했어도 식민지인은 그렇게 큰 불만을 품지 않았다.

1760년대에 식민지와 영국 정부 사이에 갈등이 깊어지고 특히 독립 전쟁 시기에 식민지에서 영국 제품 불매 운동이 일어나거나 아예 영국에서 공산품을 수입하는 길이 막히면서, 식민지 내에서 제조업을 일으켜보려는 생각이 힘을 얻기 시작했다. 물론 전쟁이 끝난 후 영국산 제품이 물밀듯이 들어오면서 이런 생각은 곧바로 힘을 잃었지만, 새로운 연방 정부를 이끌었던 이들 가운데 일부는 장차 미국이 영국처럼 강한 나라가 되려면 제조업을 반드시 육성해야 한다고 믿었다. 이를테면 초대 재무장관을 지낸 알렉산더 해밀턴은 「제조업에 관한 보고서」를 내놓고 제조업 육성을 역설하기도 했다. 하지만 해밀턴의 구상은 1800년 제퍼슨 행정부가 들어서면서 좌절되고 말았다. 토머스 제퍼슨은 미국이 소규모 자영농이 중심이 되는 사회가 되어야 한다고 굳게 믿었고 제조업 육성에는 무관심했다.

그래도 미국 일부 지역, 특히 뉴잉글랜드를 비롯한 북부 지역에서 제조업이 자생적으로 나타나 서서히 활기를 띠기 시작했다. 식민지 정착 시절부터 뉴잉글랜드는 추운 기후에 땅도 척박한 편이라 중부나 남부 지역처럼 영국이나 유럽에 수출할 만한 작물을 재배할 수 없었다. 그래서 뉴잉글랜드 사람들은 지역에서 풍부하게 나오는 목재로 배를 건조해서 운송업에 매진하거나 어업에 뛰어들어 영국령 서인도제도에 값싼 생선을 수출해 수입을 올리곤 했다. 그런데 독립전쟁이 끝난 이후에 영국으로 배를 수출하는 일도 쉽지 않았고, 영국령 서인도제도와 교역도 어려워지자 일부 부유한 상인이 제조업에 관심을 돌리기 시작했다. 그러면서 당시 산업혁명이 빠르게 진행되고 있던 영국처럼 미국에서도 면직물 공업을 시작해보려는 움직임이 일었다. 마침내 미국에서도 산업혁명이 시작된 것이다.

이런 상황에서 1807년 통상 금지령이 선포된 때부터 1812년 영국과 전쟁을 벌이는 시기까지가 새로운 전환점이 되었다. 그 무렵 유럽에서는 나폴레옹전쟁이 한창이었다. 나폴레옹이 이끌던 프랑스는 영국과 러시아를 비롯해 거의 모든 유럽 열강과 전쟁을 치르고 있었고, 전쟁에 참여한 나라들은 엄청난 규모의 재정 자원을 전쟁에 쏟아부었다. 이때 미국은 중립을 표방하면서 유럽 여러 나라에 다양한 상품을 수출해 상당한 이윤을 거두었는데, 영국은 미국의 이런 행태를 못마땅하게 여겨 교역을 방해하곤 했다. 그러자 미국 정부는 통상 금지령을 내려 미국의 자유로운 교역을 방해하는 유럽 열강을 압박했다. 미국의 항구를 걸어 닫고 선박의 자유로운 수출입 활동을 금지하는 극단적인 조치를 취한 것이다. 이때부터 미국과 영국 사이에 갈등이 심각해지더니, 급기야 1812년 미국이 전쟁을 선포하기에 이르렀다.

전쟁 결과는 참담했다. 그때까지 미국은 제대로 된 상비군을 갖추지 못했을 뿐만 아니라 해군력도 형편없던 상황이라 오랜 전쟁으로 단련된 영국군에게 상대가 될 수 없었다. 통상 금지령이 발효한 이후부터 전쟁 기간까지 영국과의 교역이 중단되면서 경제적 피해는 더욱 컸다.

❖❖❖
미영전쟁 때 있었던 뉴올리언스전투는 영국과 미국이 1814년 12월에 겐트조약을 맺고 전쟁을
끝내기로 한 소식을 듣지 못한 채 1815년 1월에 전개되었고, 미국군이 승리했다.

수출은 반토막 났고, 수입은 10분의 1 수준으로 줄어들었다. 수입품에
대한 관세에 의존해 왔던 연방 정부의 재정 수입 역시 절반 이하로 뚝
떨어졌다.

　하지만 전쟁이 미국에 피해만 입힌 것은 아니었다. 긴 안목에서 보
면, 이 전쟁은 앞으로 미국 경제가 밟아 나갈 경로를 바꾸는 계기가 되
었다. 영국산 공산품이 시장에 들어오지 못하자 아예 미국 내에서 공
산품을 직접 생산하려는 움직임이 일어난 것이다. 교역을 중개했던 상

인의 자본이 투자할 곳을 잃으면서 그 돈이 제조업으로 흘러든 것도 이런 움직임에 보탬이 되었다.

무엇보다 통상 금지령과 미영전쟁의 실패를 계기로 미국의 제조업을 보호해야 한다는 인식이 퍼지기 시작했다. 1800년 선거에서 집권한 공화파는 제조업과 상업의 발전이 소수에게 부를 집중시켜 공화정을 타락시킬 거라고 우려했다. 하지만 이제 공화파 내에서도 유럽 열강의 영향력에서 벗어나려면 농업과 무역에만 의존해서는 안 되고, 연방 정부가 적극적으로 제조업을 육성해야 한다고 주장하는 세력이 등장했다. 흔히 '연방공화파'라 불리는 이들은 1814년 미영전쟁이 끝난 후 밀려드는 영국산 면직물에 보호 관세를 부과해 미국 제조업을 보호하자고 주장하는 데까지 이르게 된다.

국가의 보호 아래 미국, 특히 북부 면직물 공업은 19세기 초반 반세기에 빠르게 성장한다. 이미 1790년대에 북부 제조업자들은 영국에서 역직기power loom를 만드는 법을 몰래 들여와 산업혁명의 발판을 마련한 바 있다. 예컨대 모지스 브라운은 영국 출신 이민자인 새뮤얼 슬레이터가 들여온 기술을 이용해 로드아일랜드에 면직물 공장을 세웠다. 1814년 전쟁이 끝난 이후 면직물 공업의 발전 속도는 더욱 빨라졌다. 보스턴의 거상인 프랜시스 캐벗 로웰은 영국에 머물면서 면직물 산업 현장을 면밀하게 관찰한 후 모든 제조 공정을 통합하고 여기에 동력 장비를 설치해 면직물을 대량으로 생산하는 공장을 구상했다. 그는 보스턴 상인들과 함께 보스턴매뉴팩처링컴퍼니라는 합자회사를 만들었는데, 이 회사는 1830년대에 주식회사로 전환해 60만 달러가 넘는 자본을 확보했다. 보스턴매뉴팩처링은 당시 로드아일랜드 지역 면직물 공장의 평균 자본의 열 배가 넘는 엄청난 자본으로 무장하고 월섬에 폭 12미터, 길이 27미터에 이르는 대규모 공장을 지어 대량 생산 체제에 들어갔다.

물론 모든 제조업이 면직물 공업처럼 빠르게 발전하지는 않았다. 북부 여러 주에서 산업혁명을 이루려는 열망과 이를 위해 국가의 보호를 요청하는 목소리가 점점 커졌지만, 미국에서 영국처럼 산업혁명 이전에 한 세기 이상 누렸던 강력한 보호주의를 기대하기는 어려웠기 때문이다. 무엇보다 영국 산업혁명 덕분에 면화 수요가 엄청나게 늘어나 큰 호황을 누렸던 남부 플랜테이션 지주들이 자유 무역을 지지하면서 북부에서 요구하는 보호주의 움직임에 제동을 걸었다. 남부의 자유 무역 지지자들은 기본적으로 북부 제조업자들이 요구하는 높은 관세가 자신들을 희생시켜 제조업자들의 배만 불리는 불공평한 처사라고 여겼다. 이렇게 이해관계가 갈리다 보니 연방 정부는 일관된 산업 정책과 경제 발전 전략을 집행하기 어려웠다. 게다가 이런 갈등은 향후 미국 경제의 앞날을 결정지을 중대한 사건을 야기하게 된다.

⟡══ 내전은 정말 노예제 때문에 일어났을까 ══⟡

흔히 미국 내전이라고 하면 많은 사람들이 에이브러햄 링컨 대통령과 노예해방선언을 떠올릴 것이다. 어릴 때 읽었던 위인전을 돌이켜보면 링컨이 어린 시절 남부 노예의 비참한 처지를 목격한 게 오랫동안 기억에 남아 훗날 대통령이 되어 인도주의 차원에서 노예를 해방시키려 했고, 결국 승리했다는 식의 서술이 나오곤 한다. 아주 틀린 이야기는 아니지만, 내전이 일어난 원인을 이렇게 단순하게 서술하면 곤란하다. 노예제 폐지 운동은 일찍이 독립전쟁 이전부터 시작되었고, 폐지 운동의 바탕이 되는 이론도 종교적인 이유부터 경제적인 이유까지 다양했다. 그렇지만 노예제 폐지 운동 자체가 전쟁을 낳은 직접적인 원인이 되었다고 보기는 어렵다. 이 문제가 내전으로까지 이어지는 정치 의제가 된 데는 그만큼 양측의 경제적 이해관계가 첨예하게 대립했기 때문이라고 보는 편이 옳을 듯하다.

앞에서 북부와 남부가 관세를 중심으로 각각 보호주의와 자유 무역을 내세우면서 대립했다고 이야기했다. 이런 차이는 1850년대까지 두 지역이 서로 다른 방향으로 꾸준하게 발전하면서 더욱 뚜렷해졌다. 북부에서는 1812년부터 1814년까지 일어난 미영전쟁 이후 본격적으로 진행되기 시작한 산업혁명이 1840년대에 더욱 속도를 내서 분업과 전문화가 빠르게 진행되었다. 특히 토지와 자원이 풍부한 반면 숙련된 노동력이 부족했던 북부 제조업자들은 기계를 받아들여 노동력을 대체하는 데 적극적이었다.

게다가 미국 사회는 영국이나 유럽의 다른 어떤 나라보다도 경제적 불평등이 적었다. 따라서 제조업자들은 농촌과 도시의 소비자들에게 좋은 상품을 대량으로 저렴하게 공급할 때 가장 큰 이익을 얻을 수 있었다. 그래서 제품 디자인을 단순하게 만들고 부품을 표준화해 쉽게 교체할 수 있는 생산 체제가 고안되었고 덕분에 생산성이 아주 빠르게 향상되었다. 또한 유료 도로에서 시작해 운하와 철도로 넘어가는 교통망 발전이 빠르게 진행되어 북부 공업 지대와 서부 농촌 지역을 아우르는 거대한 시장이 열렸다. 그 덕분에 북부는 남부처럼 해외 시장에 크게 의존하지 않고도 성장을 이어갈 수 있었다.

남부 역시 엄청나게 빠른 성장을 이어갔다. 남부 내에서도 산업화가 필요하다는 주장이 나왔고, 실제로 산업화가 상당히 진척되기는 했지만, 남부 경제의 핵심은 농업이었다. 물론 그 가운데서도 면화 생산이 가장 중요했다. 영국을 비롯해 유럽의 산업화가 빠르게 진행되면서 면화 수요가 급증하자 남부 면화 생산량은 기하급수로 늘었다. 한 예로, 1790년부터 1860년까지 면화 생산량은 거의 1000배 증가했다. 또한 1820년대 이후 면화는 미국 수출의 절반 이상을 차지했고, 그 가치는 1860년에 이르면 1920억 달러로 연방 정부 재정 수입의 네 배에 이를 정도였다. "면화가 왕"이라는 말이 나올 만큼 남부 면화는 미국 경제, 더 나아가 세계 경제에서 중요한 자리를 차지하고 있었고, 그만큼 남부 플랜테이션 지주의 자부심도 대단했다.

플렌테이션 농업(면화)

　이렇게 북부와 남부가 바탕을 둔 산업이 극명하게 갈라졌던 데다가, 심지어 두 지역 모두 활력을 유지하고 있었기 때문에 연방 정부가 추진해야 할 경제 정책, 더 나아가 미국 경제의 미래에 관한 전망을 두고 통일된 의견을 끌어내기가 굉장히 어려웠다. 바로 이런 상황에서 두 지역이 정면으로 충돌하게 된 문제가 바로 노예제였다.

　남부는 노예제의 유지 및 확산을 원했다. 그만큼 영국과 유럽 여러 나라에서 남부 면화를 원했기 때문이다. 게다가 면화 플랜테이션은 땅의 힘을 금방 소진시키기 때문에 남부 지주는 새로운 땅을 계속 찾아야 했다. 그러므로 새로운 땅에 노예제를 이식하는 일은 이들에게 절대적으로 중요한 과제였다. 반면 북부 제조업자들은 영국에서처럼 산업혁명을 미국에서 완성하려는 열망을 품고 있었다. 물론 영국과 미국은 조건이 달랐지만, 미국에서 산업혁명을 완수하려면 풍부하고 값싼 자본과 원료, 노동력이 필요했다. 미국에는 해외, 특히 영국에서 들어오는 값싼 자본이 있었고 자원도 풍부했지만, 노동력이 상대적으로 부족했다. 따라서 북부 제조업자는 수십만 명에 이르는 노예를 해방시켜 자유로운 노동자로 만드는 일에 관심을 가질 수밖에 없었다. 이런 생각은 북부 제조업자를 노예제 폐지, 적어도 노예제 확산 금지를 지지하는 쪽으로 이끌었다.

노예제에 대한 상반된 입장은 미국이 멕시코전쟁*으로 거의 서유럽 크기와 비슷한 넓은 영토를 획득하면서 분명하게 드러났다. 이 지역은 훗날 캘리포니아와 유타, 뉴멕시코, 네바다, 애리조나가 되었는데, 이 지역에 노예제를 도입할 수 있는가를 두고 북부와 남부가 극명하게 엇갈리는 반응을 보였다. 북부는 노예제가 확대되는 것을 막으려 했고,

---

• 멕시코-미국전쟁이라고도 하는 이 전쟁은 1846년부터 1848년까지 멕시코와 미국 사이에서 일어났다. 1845년 미국이 텍사스를 병합했는데, 멕시코는 이곳을 자국 영토로 여기고 있었다. 그 이전에 텍사스는 사실상 독립된 공화국과 같은 처지였는데, 미국은 이곳을 편입하고자 했고, 멕시코는 이에 반대했다. 당시 미국 대통령이었던 민주당 출신의 제임스 포크는 텍사스에 군대를 보내는 동시에 멕시코에 외교 사절을 보내 영토 매각을 논의했는데, 포크의 예상대로 멕시코는 매각을 거부하고 미군을 공격했다. 이에 미국이 멕시코에 선전 포고를 하면서 전쟁이 시작되었다.

남부는 이 지역을 노예주로 만들고자 했다. 갈등이 계속되자 북부는 제조업자들이 오랫동안 요구했던 높은 관세나 교통망 개선 사업이 남부의 반대로 번번이 좌절된 경험을 새삼 떠올리면서 노예주 문제를 해결하지 않고서는 더 이상 경제 발전을 도모하기 어렵다고 판단했다. 반면 남부는 남부대로 노예제에 대한 북부의 공격으로부터 남부의 경제적 이해관계와 고유한 생활방식을 반드시 지킬 것이며, 필요하다면 연방 탈퇴나 전쟁도 불사하겠다고 각오를 다졌다.

이렇게 두 세력 사이에 긴장이 점점 고조되는 가운데 1860년 대통령 선거에서 북부의 이해관계와 이념을 대변하는 공화당의 링컨이 당선되자, 남부 11개주가 연방을 떠나 남부 연합을 결성하고 독립을 선언했다. 곧 내전이 시작되었고, 1865년까지 계속된 전쟁으로 남부와 북부 모두 엄청난 인적, 물적 손실을 입었다. 15세에서 39세 남성 인구의 9퍼센트에 이르는 60만 명이 사망했고, 양측이 사용한 전쟁 비용만 해도 당시 국민소득의 두 배에 이르는 67억 달러나 되었다. 전쟁이 남긴 경제적 희생이 얼마나 컸던지 1859년부터 10년 동안 경제 성장 속도는 그 이전에 비해 3분의 1 수준으로 떨어졌다.

이 피비린내 나는 싸움에서 승자는 북부였다. 북부가 남부보다 재정 자원을 훨씬 더 효과적으로 동원했고, 전쟁 물자도 더 풍부하게 생산할 수 있었기 때문이다. 게다가 전쟁 초기에 해안을 봉쇄해 남부 지역과 영국 사이 교역을 차단한 일도 북부가 승리하는 데 큰 도움이 되었다.

북부의 승리로 연방은 다시 하나가 되었고 남부 흑인 노예들이 자유

◈◈◈
미국 사진작가 티머시 오설리번이 촬영한 게티즈버그 전장(1863년).
게티즈버그전투는 수많은 사상자를 낸 가장 치열했던 전투 중 하나였다.

를 얻었다. 하지만 이보다 더 주목할 점은 내전 이후 미국에서 산업혁
명이 본격적으로 확산되기 시작했다는 것이다. 전쟁으로 남부 농업 지
역까지 북부와 통합되어 하나의 시장을 이루면서 미국의 내수 시장이
크게 넓어졌기 때문이다. 그 결과, 북부와 중북부 지역을 중심으로 2차
산업혁명이라 불리는 철강 산업과 전기·전자, 화학, 자동차 같은 대규
모 공업 발전이 빠르게 진행되었다.

✦═══ 마침내 영국을 앞지르다 ═══✦

내전이 남긴 중요한 유산 가운데 하나는 '연방'이 살아남았다는 사실이다. 내전이 끝날 무렵 영국의 경제적 패권은 절정을 이루며 막강한 생산력을 자랑하고 있었다. 이런 상황에서 미국 제조업이 성장과 발전을 도모하고, 더 나아가 세계 시장에서 경쟁력을 갖추려면 정부의 적극적인 보호주의 정책과 교통·통신 같은 사회 간접 시설의 뒷받침이 반드시 필요했다. 다시 말해, 당분간 영국 제조업과 직접적으로 경쟁하지 않으면서 내수 시장을 바탕으로 성장을 도모하는 일이 전략적으로 좋은 선택이었다. 다행히 거대한 영토와 많은 인구 그리고 높은 구매력을 가진 미국은 방대한 국내 시장을 형성할 수 있는 훌륭한 조건을 이미 갖고 있었다. 하지만 이 모든 일은 결국 강력한 연방 정부 아래 통합된 나라를 유지할 수 있을 때 가능한 것이었다. 따라서 연방의 유지는 미국 경제 발전의 핵심 토대를 이루었다고 말할 수 있다.

과연, 북부가 승리한 이후 미국의 산업화는 급속도로 이루어졌다. 내전이 끝날 때까지만 하더라도 대부분 미국인은 여전히 생계 위주 농업에 종사하고 있었다. 하지만 내전 이후부터 1차 세계대전이 시작될 무렵까지 약 반세기 동안 미국 제조업은 영국을 추월할 정도로 엄청나게 성장했다. 1870년과 1910년 사이 미국 제조업이 세계 제조업 생산에서 차지하는 비중은 23.3퍼센트에서 35.3퍼센트로 늘어난 반면, 영국이 차지하는 몫은 31.8퍼센트에서 14.7퍼센트로 줄어들었다. 1차 세계대전 직전에 미국인은 코카콜라를 마시고, 포드자동차를 몰거나 지하철을 이용하며, 질레트 1회용 면도기로 면도를 하고, 전기로 집안을 밝히고 난방을 하는 등의 풍요로운 삶을 누렸다.

이렇게 빠른 제조업 성장을 이끈 중요한 요인 가운데 하나는 철도망 확장이었다. 그 덕분에 시장이 더욱 통합되었고, 운송료가 크게 내렸으며, 철도와 연관된 여러 공업 부문이 성장할 수 있었다. 미국 철도는 1870년부터 매일 13마일(약 20킬로미터)씩 늘어나 1917년에 이르면 세계 철도 총연장 가운데 35퍼센트를 차지할 정도로 규모가 커졌다. 운송료도 크게 낮아져서 1890년대에 이르면 톤-마일당 요금이 0.875달러까지 떨어졌다. 전통적인 운송 수단인 마차 요금이 24.5달러였다는 사실에 비춰 보면, 철도가 얼마나 획기적으로 운송비를 절감했는지 쉽게 짐작할 수 있다. 더욱이 대서양 연안에서 태평양 연안까지 연결하는 최초의 대륙횡단철도가 1869년에 완공되면서 북아메리카대륙을 건너는 데 걸리는 시간이 6개월에서 단 6일로 줄어들었다. 그만큼 물자 이동이 빨라져 공급 체계의 효율성도 크게 개선될 수 있었다.

철도망이 확산되는 데 비례해 여러 공업 부문에서 기술 혁신 또한 빠르게 일어났다. 강철이라는 새로운 재료가 본격적으로 생산되기 시작했고, 석유라는 새로운 연료가 널리 쓰였으며, 자동차와 전화라는 새로운 이동 수단과 통신 수단이 출현했다. 혁신은 그야말로 이 시대를 특징짓는 키워드라 할 수 있었다. 1860년부터 1890년까지 미국에서 발급된 특허는 무려 50만 건에 이를 정도였다. 이를테면 철강 산업 분

1869년 5월 10일 유타주 프로몬트리에서 첫 번째 대륙횡단철도의 완성을 축하하는 모습

야에서는 베서머 공법과 지멘스·마르탱로 공정을 본격적으로 도입해 생산비용을 19세기 중반보다 90퍼센트나 낮출 수 있었다. 그 덕택에 미국 철강 생산량은 1870년 연 30만 톤에서 1913년 2800만 톤으로 증가했다.

　이처럼 2차 산업혁명이라 불리는 일련의 발전, 그러니까 기술 혁신에 바탕을 두고 철강 산업과 전기·전자, 화학, 자동차 같은 대규모 공업 부문이 내전 이후 북부와 중북부 지역을 중심으로 활발하게 진전된 일은 19세기 말 미국의 고속 성장을 주도했다. 이런 경제 발전으로 미국인은 20세기 초 세계에서 가장 부유한 국민이 되었다. 1차 세계대전 직전에 미국인의 1인당 소득은 346달러로, 영국인의 244달러나 독일인의 184달러를 크게 앞질렀다.

✦══ 농업과 상업, 산업 역량을 모두 갖춘 멀티플레이어 ══✦

이 시기 미국 경제가 보여준 독특한 면모는 제조업의 혁명적인 발전과 더불어 농업도 빠르게 발전했다는 것이다. 미국 영토 가운데 농업에 사용된 땅이 차지하는 비중은 1850년 16퍼센트에서 1910년 39퍼센트로 크게 늘었는데, 오늘날에도 이 정도 면적이 농업에 이용된다. 농지 면적이 이렇게 늘어난 까닭은 예전에 쓰지 않았던 땅을 농지로 전환했을 뿐만 아니라 서부 개척이 활발하게 일어났기 때문이다.

밀 생산을 보면, 1839년 8500만 부셀*에서 1915년 5억 부셀을 생산할 정도로 생산력이 크게 늘었다. 이는 생계 위주 농업에서 기술 혁신과 그에 따른 생산성 향상에 바탕을 둔 상업 농업으로 전환한 덕분이다. 콤바인 같은 새로운 농기계를 본격적으로 사용했고, 생산성이 훨씬 높은 새로운 종자를 들여오거나 종자 개량을 했으며, 인공 비료를

• 부셸은 부피 단위로 미국에서는 대략 35리터 정도에 해당한다.

써 생산량은 기하급수로 늘었고, 생산성도 빠르게 향상되었다. 이를테면 1840년과 1880년 사이에 100부셸의 밀을 생산하는 데 필요한 노동시간은 233시간에서 151시간으로 줄어들었다.

곡물 농업뿐만 아니라 축산업과 육류 가공업도 크게 발전했다. 우생학과 수의학이 발전하면서 가축을 더 잘 기를 수 있었다. 우유 수확량의 경우 19세기 말에 40퍼센트 이상 늘었다. 육류 도축 분야에도 1830년대에 일어난 혁신이 널리 확산되었다. 이를테면 조립 라인을 설치해 돼지를 거꾸로 매달아 조립 라인의 움직임에 따라 차례로 해체했다. 19세기 후반에는 시카고 같은 곳에서 비슷한 방법으로 소를 대량으로 도축했다. 게다가 1877년에 냉장 열차가 도입되면서 육류 공급 체계가 완전히 바뀌었다.

상업적 농업이 곳곳에서 발전하고 농업 종사자가 줄어들었는데도 생산량이 늘어난 것은 미국 산업혁명에 큰 도움이 되었다. 농업 종사자의 구매력이 증가하면서 공업 부문을 떠받치는 수요를 제공했을 뿐만 아니라 값싼 농산품을 대량으로 도시에 공급하면서 도시 노동자의 생계비를 낮추는 데도 기여했기 때문이다. 게다가 농업 부문에서 진행된 기계화는 그 자체로 기계 공업의 발전을 이끌었다.

이처럼 내전 후 반세기에 걸쳐 일어난 미국 경제의 발전은 영국 편에서 살펴본 것처럼 자본주의 발전과 함께 공업 부문이 빠르게 성장했던 데 힘입었을 뿐만 아니라 농업 부문의 발전도 동반했다. 여기서 미국 경제의 독특한 면모가 드러나는데, 미국은 상업 사회에서 산업 사회로 바뀌면서 패권을 장악한 영국과 달리 제조업과 상업뿐만 아니라 농업도 갖춘, 다시 말해 농업·상업·산업 제국의 잠재력을 모두 갖추었다고 볼 수 있다.

바로 이런 특성 때문에 미국은 19세기 말에서 20세기 초에 제국 팽창에 열을 올리던 유럽 열강과는 조금 다른 길을 걸어갈 수 있었는지도 모른다. 제국을 둘러싼 다툼이 유럽 열강 사이에 점점 더 치열해지자 19세기 말 미국도 필리핀을 점령해 식민지 경영을 실험하기는 했지만, 식민지에 대한 미국의 열망은 전 세계 영토를 두고 경쟁했던 유럽 제국과는 비교할 수 없이 미미한 수준이었다. 사실 그 이전까지 미국은 북아메리카대륙에서 서부로 계속 영토를 넓혀나갔기 때문에 제국이 필요 없었다고 이야기할 수도 있다. 유명한 역사가 프레더릭 터너Frederick J. Turner가 '변경의 종말'을 선언하자 미국이 스페인과 전쟁을 치르고 필리핀을 획득한 일은 우연이 아니었을 테니 말이다. 그런 만큼 미국은 방대한 내수 시장을 바탕으로 생산력을 빠르게 향상시키면서 유럽 열강 사이의 다툼에는 끼어들려고 하지 않았다. 이런 미국이 왜 세계대전에 참전하고, 어떻게 패권 국가로 우뚝 올라서는지는 다음 장에서 살펴볼 것이다.

앨런 브링클리, 『있는 그대로의 미국사 1』, 황혜성 외 옮김, 휴머니스트.
미국 현대사의 거장 앨런 브링클리가 쓴 미국사 개설서 가운데 식민지 시대부터 내전까지를 다루는 책이다.

론 처노, 『알렉산더 해밀턴』, 서종민, 김지연 옮김, 21세기북스.
건국의 아버지들 사이에서 해밀턴이 차지하는 위치는 아주 독특하다. 해밀턴은 미국이 영국처럼 강력한 재정 체제를 갖춘 경제 대국이 될 수 있다고 확신했다. 이 책은 해밀턴의 파란만장한 삶을 흥미진진하게 그렸다.

앨런 그린스펀, 에이드리언 울드리지, 『미국 자본주의의 역사』, 김태훈 옮김, 세종서적.
미국 연방준비위원회 의장을 지낸 그린스펀이 역사가 울드리지와 함께 미국 자본주의의 역사를 되짚어본 책이다. 기본적으로 신고전주의 경제학의 시각을 택하고 있지만, 재미있는 정보가 많이 담겼다.

6장

팍스 아메리카나를 향한
도전

미국에서 내전이 끝나고 산업화가 본격적으로 시작된 19세기 후반, 세계 경제의 중심은 여전히 영국이었다. 이를테면 1870년 영국은 세계 무역의 24퍼센트를 차지할 정도로 압도적인 경제력을 자랑했다. 영국의 이런 위세를 뒷받침한 중요한 힘 가운데 하나는 물론 인도와 파키스탄, 방글라데시, 스리랑카, 캐나다, 오스트레일리아, 뉴질랜드, 남아프리카 등을 포함하는 넓은 제국 시장이었다. 하지만 영국이 이렇게 국제 무대에서 세력을 과시하던 때, 미국과 독일 같은 후발 주자가 맹렬하게 산업화를 진행하면서 영국의 패권에 도전하고 있었다. 그러면서 산업 자본주의가 영국은 물론 미국과 유럽 여러 나라에서 빠르게 발전했다.

그런데 이 시기에 산업 자본주의가 확산되는 과정에 중요한 영향을 미친 두 가지 연관된 사건이 일어났다. 하나는 강철과 석유라는 새로운 원자재, 자동차와 전기라는 새로운 기술로 특징지어지는 2차 산업 혁명이다. 1750년대부터 한 세기 정도 진행된 1차 산업혁명이 면직물과 제철 같은 분야에서 인간 노동력을 기계 동력으로 대체한 사건이라면, 2차 산업혁명은 철강, 전기·전자, 화학, 기계 같은 분야에서 빠르고 광범위한 기술 혁신이 진행되어 경제 성장이 더욱 빠르게 진행된 일이다. 새롭게 떠오른 이런 공업 분야는 다른 산업의 생산 활동에 직접적으로 영향을 미치는 자본재를 생산해 파급 효과가 대단히 크다는 특징을 갖고 있다. 예컨대 19세기 중반부터 본격적으로 생산되기 시작한 값싼 강철은 기차의 철로나 교량 같은 기간 시설과 고층 건물의 강철 프레임 같은 데 널리 쓰이면서 산업과 일상의 풍경을 완전히 바꿔놓았다.

19세기 후반 경제생활에 큰 영향을 미친 두 번째 사건은 1873년에 시작되어 1896년까지 주요 자본주의 국가에서 일어난 대불황이었다. 대불황은 생산력의 비약적인 증가에도 불구하고 국민의 구매력은 그만큼 향상되지 않아서 일어난 현상이었다. 공급이 기하급수로 늘어나지만 수요가 따라가지 못하니 물가와 기업 이윤이 장기간에 걸쳐 정체하거나 떨어지는 일이 벌어진 것이다. 그 결과, 기업과 기업, 나라와 나라 사이의 경쟁이 더욱 치열해졌다. 그러면서 19세기 중엽부터 영국이 널리 확산시키려 했던 자유 무역은 쇠퇴하고 대신 보호 무역이 퍼졌으며, 원료 공급원과 수출 시장 역할을 하게 될 식민지를 둘러싼 경쟁이 더 거세졌다. 독일과 프랑스가 아프리카분할 같은 식민지 쟁탈전을 벌인 것도 그 하나이다.

이런 상황에서 영국이 누리던 패권은 점점 흔들리기 시작했다. 앞서 살펴봤듯, 첫 번째 산업혁명을 이끈 기술 혁신은 1870년대에 이르면 잠재력이 고갈되기 시작하지만 영국 경제를 주도한 제조업자들은 현 상태에 안주하는 듯했다. 제국 시장이 영국 제조업자들에게 확실한 판매처가 되었기 때문이다. 게다가 영국 사회 전체에 신사 자본주의가 널리 퍼져나가면서 혁신의 기운이 퇴색했다. 투자가로 변신한 귀족이나 지주 같은 지배계급뿐만 아니라 제조업자조차도 근면한 노동과 끊임없는 혁신보다는 금융 자산에서 이윤을 얻어 상류층의 우아한 삶을 누리려 했다.

반면 미국은 영국보다 늦게 산업화에 뛰어들었지만, 연방과 주 정부의 적극적인 지원 아래 자원집약적이고 자본집약적인 기술 혁신을 이뤄내면서 새로운 강자로 떠올랐다. 미국은 오랫동안 강세를 보였던 농업과 상업뿐만 아니라 이제 제조업 역량까지 갖추면서 과거 세계 패권을 장악했던 농업과 상업, 산업 제국의 장점을 모두 갖게 된 것처럼 보였다. 특히 다른 어떤 나라보다도 깊고 넓은 국내 시장을 갖춘 점과 연방과 주 정부가 재정 자원을 효율적으로 동원한 일이 도움이 되었다. 국내 시장이 넓으니 대외 팽창보다는 내부 역량을 강화하는 데 관심을 가질 수 있었고, 덕분에 대불황을 성공적으로 극복해낼 수 있었던 것이다.

1932년 뉴욕 전경. 102층에 달하는 엠파이어스테이트빌딩이 그 위용을 뽐내고 있다.

그 무렵에 등장한 미국의 효율적인 대량 생산 체제와 연구 개발에 대한 기업 투자의 확대, 전문경영인의 부상과 과학적 관리 같은 변화는 시간이 흐르면서 더욱 위력을 발휘해 결국 미국이 세계 패권을 장악하는 밑바탕이 되었다. 이렇게 시작된 '미국의 세기'는 지금 정보통신 기술을 중심으로 빠르게 진행되고 있는 4차 산업혁명 시대에도 여전히 계속되고 있다. 물론 최근에 중국이 '세계의 공장'으로 떠오르며 미국을 바짝 추격하고 있지만, 지난 100여 년간 여러 차례 질적 도약을 이루어내며 성장한 미국 경제의 힘을 압도하기에는 아직 역부족인 듯하다.

따라서 오늘날 미국이 누리고 있는 패권을 이해하려면 적어도 19세기 후반 이후 미국의 행보를 눈여겨볼 필요가 있다. 그 무렵 세계 경제를 뒤흔든 대불황이나 20세기 초반에 다시 한번 세계 경제를 위기에 빠트렸던 대공황을 미국이 어떻게 극복했는지 살펴봐야 한다는 것이다. 이 시기를 거치면서 미국에서 등장한 패권의 여러 요소가 '미국의 세기'를 열어젖히는 힘이 되었기 때문이다. 이런 역사적 배경을 이해한다면 지금 미국이 행사하는 패권을 떠받치는 요소들이 여전히 잘 작동하고 있는지 아니면 수명을 다한 것은 아닌지 생각해볼 힘도 생길 것이다.

⟡══ 발명가의 시대에서 기업가의 시대로 ══⟡

미국 경제는 내전이 끝난 이후 2차 산업혁명이라는 새로운 변화를 이끌며 빠른 속도로 성장했다. 요즘 우리가 흔히 산업화의 척도로 생각하는 강철 생산만 보더라도 미국은 이미 1900년대 초에 영국을 넘어 세계 제1의 철강 국가로 부상했다. 1870년 38만 톤에 불과하던 미국의 강철 생산량은 1913년 2840만 톤으로 70배 이상 늘어났다.

미국 경제가 이렇게 엄청난 성과를 거둔 데는 여러 가지 요인이 있다. 먼저 생각해볼 수 있는 요인은 방대한 영토에서 미국인이 누릴 수 있었던 풍부한 자원이었다. 이를테면 애팔래치아산맥에는 석탄이 가득했고, 미네소타에는 철광석이 넘쳐났다. 텍사스를 비롯한 여러 주에는 먼 훗날까지도 미국인이 충분히 쓸 수 있는 엄청난 규모의 유전이 발견되었다.

미국에서 빠른 속도로 철도망이 확장된 일도 빼놓을 수 없다. 1869년 최초의 대륙횡단철도가 건설된 이래 수많은 간선과 지선이 거미줄처럼 뻗어나가 도시와 도시, 도시와 농촌을 이으며 거대한 영토를 하나의 교통망으로 통합했다. 그 결과, 기계화된 대량 생산 체제를 충분히 품을 수 있을 정도로 안정된 국내 시장이 형성되었다. 게다가 철도는 철강이나 석탄 같은 연관 산업의 발전을 촉진했고, 철도망 건설에 필요한 대규모 자금을 조달하는 과정에서 금융업이 자연스럽게 발전했다.

여기에 더해 기술 혁신을 장려하는 문화와 제도가 자리 잡기 시작했다. 지식 재산을 보호하는 특허 제도는 토머스 제퍼슨 같은 이들이 강력하게 주장해 아예 헌법 제1조 8항에 명시할 정도였다. 게다가 지식 재산권 보호는 단지 미국인뿐만 아니라 미국에 쏟아져 들어온 유럽인을 비롯해 다른 대륙 사람에게도 허용되었다. 그러면서도 특허 신청 비용이 영국의 5퍼센트 수준에 불과했다. 미국 정부는 특허로 발명가가 수익을 누릴 권리를 보호하면서도 특허 세부 내용을 널리 공개하도록 규정해 혁신의 이익을 사회 전체가 누릴 수 있도록 했다.

노동력 공급도 풍부했다. 내전이 끝나고 미국 사회가 안정을 되찾으면서 인구가 빠르게 늘어나는 한편, 이민 숫자가 크게 증가했다. 1880년대에 미국에 들어온 이민자는 무려 530만 명에 달했다. 그들은 대

◈◈◈
19세기 미국 입국 허가를 받기 위해 건강 검진을 받는 이민자들(미국 국립 알레르기·전염병 연구소 제공)

개 부양가족이 거의 없는 젊은이들로, 이들 덕분에 성공에 대한 열망이 사회 전반에 가득했다. 영화로도 친숙한 타이태닉호 침몰(1912년)로 희생된 사람 대부분이 영국과 스칸디나비아반도 같은 곳에서 새로운 기회를 찾아 미국으로 향한 이민자들이었다. 성공을 열망하며 기꺼이 위험을 감수한 이런 모험가들이 저렴한 일손을 제공함으로써 미국의 산업화가 빠르게 진행되었다.

　이렇듯 내전이 끝난 이후부터 1차 세계대전 전까지 미국의 경제발전은 풍부한 자원과 통합된 방대한 국내 시장, 기술 혁신, 인구 증가와 이주민 유입 같은 여러 요인에 기대고 있었다. 하지만 미국이 다른 쟁쟁한 경쟁자들을 물리치고 노쇠한 영국을 대신해 세계 최고의 경제 대국에 올라설 정도로 생산성을 향상시킬 수 있었던 데는 이런 요인들보다 더 근본적인 무엇이 있었다.

미국 경제학자 조지프 슘페터는 자본주의 경제 성장이 '창조적 파괴', 즉 혁신으로 기존 산업 생태계를 뒤흔들어 새로운 산업을 창출하고, 거기서 생산성 향상을 이루어내는 데 달렸다고 역설한 바 있다. 영국의 경우, 이런 혁신은 제임스 와트, 리처드 아크라이트 같은 발명가가 주도했고, 그 밑바탕에는 개선을 지향하는 혁신 문화가 있었다. 하지만 미국의 경우는 조금 달랐다. 미국에서 2차 산업혁명을 주도하면서 새로운 혁신을 연이어 내놓은 이들은 영국처럼 전통적인 개인 발명가가 아니라 대기업과 이를 이끄는 '기업가'였다.

⟫⟩⟨⟪ 불황 속 대기업이 탄생하다 ⟫⟩⟨⟪

실제로 19세기 후반 미국에는 수많은 기업이 등장했고, 크게 성공한 기업가들이 전국적으로 유명세를 얻었다. 그 유산은 지금까지도 남아 있는데, 2000년에 미국 경제지 《포천Fortune》이 선정한 500대 기업 가운데 53개는 1880년대에, 39개는 1890년대에, 52개는 1900년대에 설립되었다. 이 시대를 풍미한 기업가들 가운데는 '강철왕' 카네기, '석유왕' 록펠러, '철도왕' 밴더빌트 같은 이들이 유명하다. 이들은 발명가나 엔지니어가 아니었지만 무일푼으로 출발해 오직 시장의 흐름을 읽는 탁월한 능력과 과감한 투자로 엄청난 재산을 일궈냈다. 예컨대 카네기는 강철이 문명을 지배하게 될 것이므로 최고의 강철을 가장 값싸게 공급할 수 있는 능력이야말로 자기 시대의 진정한 '황금 손'이 될 것이라 생각했다. 그래서 전 재산을 피츠버그에 대규모 첨단 제철소를 세우는 데 투자했다.

❖❖❖
카네기(왼쪽)와 록펠러(오른쪽)

미국에서 이렇게 과감한 모험 정신을 발휘한 기업가가 19세기 후반에 대거 등장한 것은 미국의 독특한 경제 문화와 시대적 문맥이 결합한 결과로 이해해야 한다. 영국의 경우는 자본주의가 발전하는 가운데서도 전통적으로 토지 재산에 뿌리를 둔 귀족 같은 지배계급이 견고하게 버티고 있었던 반면 미국에는 그런 과거의 유산이 없었다. 건국 이후 자본주의가 본격적으로 발전하기 시작하자, 미국에서는 경제적 성공이 곧 자신의 가치를 입증하는 일이라는 생각이 널리 퍼졌고, 누구도 사업에 뛰어드는 일을 부끄러워하지 않았다. 그런데다가 19세기 중반 이후 자본이 부족했던 미국에 해외 자본, 특히 영국 금융 자본이 대규모로 쏟아져 들어왔다. 내전 이후 철도망 건설 같은 대규모 사업 기회가 속속 등장했기 때문이다. 미국은 다른 어떤 나라보다도 새로운 사업을 시작할 기회가 풍부한 나라가 되었다.

기회만 찾아오면 서슴없이 뛰어들었던 19세기 후반 미국 기업가들은 역사에서 전례를 찾아볼 수 없는 새로운 유형의 기업을 발전시켰다. 바로 근대 대기업이 등장한 것인데, 이는 1873년 유럽에서 주식 가격이 폭락하면서 시작되어 대략 1896년까지 이어진 대불황과 깊이 연관된 일이었다. 대불황은 근본적으로 공급이 수요를 초과해 가격이 정체되거나 떨어지는 것으로, 기업의 이윤도 줄어들었다. 이렇게 되자 기업 사이에 제한된 수요를 두고 경쟁이 한층 치열해졌다. 처음에 기업들은 가격을 낮추는 것으로 대응하려 했지만, 가격을 무한정 낮추는 일은 불가능했기 때문에 새로운 해법이 필요했다. 미국 기업가가 내놓은 답은 특정 상품을 생산하는 기업들의 경쟁을 줄이고 생산비를 절감하는 일이었다.

생산비를 낮추는 방법 가운데 하나로 널리 받아들여진 것은 수직 통합이었다. 간단히 말하면 원료 획득부터 완제품 유통에 이르는 모든 과정을 하나의 기업이 통제하는 체제를 갖추는 것이다. 이를테면 철강 기업이 석탄 공장과 철광석 광산을 사들이고, 원료와 제품 수송을 위해 해운사와 철도 회사를 인수하는 것이다. 이렇게 하면 업자들을 물색해 계약을 체결하고 감독하는 모든 과정에서 발생하는 비용, 즉 거래 비용이 크게 줄어들기 때문에 기업은 생산비를 절감할 수 있고, 그만큼 해당 산업 부문에서 경쟁력을 키울 수 있다.

비용을 절감하고 경쟁을 줄이기 위해 널리 쓰인 또 다른 방법은 수평 통합이었다. 같은 업종에서 비슷한 제품을 생산하면서 서로 경쟁하는 기업을 주로 인수합병을 통해서 하나의 기업으로 합치는 일이다. 한 예로, 19세기 후반 유전 개발 바람이 불면서 이른바 석유 채굴업자들이 닥치는 대로 유정을 파는 바람에 석유 생산량이 급증했고, 그 결과 석유가 남아돌아 과잉 생산된 석유를 폐기해야 하는 사태까지 벌어지곤 했다. 록펠러는 이런 중소 채굴업자들에게 자기 회사에 합류하라고 제안하거나 매각을 종용하며 경쟁자를 차례로 제거했다. 그 결과, 록펠러의 스탠더드오일은 1890년대 미국 석유 시장을 거의 석권할 정도로 막강한 지배력을 갖게 되었다. 이런 인수합병은 생산 과잉이 크게 문제가 되었던 1895년부터 1904년까지 특히 활발해서 1800개에 이르는 회사가 합병될 정도였다.

이런 통합 과정에서 트러스트trust라는 새로운 방법이 널리 사용되었다. 트러스트는 원래 여러 기업의 자산을 한곳에 맡겨 자산 소유자의 이해관계를 돌보는 것인데, 이 시기에는 기업가가 여러 기업에 대한 통제권을 손에 넣는 장치로 활용했다. 그 결과 하나의 기업 본부(지주회사)가 여러 사업체를 갖되 하나의 소유 구조와 단일한 경영 전략을 갖춘 대기업이 탄생했다. 대기업은 철강이나 석유, 화학 같은 대규모 중화학 공업에서 주로 등장했지만, 담배나 설탕 같은 소비재 분야도 대기업의 지배를 피해갈 수 없었다. 1904년 즈음 미국 산업계는 대략 300개가 조금 넘는 대기업이 지배하게 되었다.

그렇다고 미국 경제가 독점 자본이 지배하는 국면에 접어들었다고 말하기는 어렵다. 이미 1890년에 연방 의회가 '셔먼반트러스트법 Sherman Antitrust Act (셔먼독점금지법)'*을 제정해 하나의 독점 기업이 시장을 지배하지 못하도록 견제하는 제도를 마련한 데다 미국 시장이 특정 기업의 독점을 오랫동안 허락하기에는 너무 개방적이고 규모가 컸기 때문이다. 그래서 몇 개 대기업이 특정 산업에서 시장 점유율을 두고 치열하게 다투는 광경이 훨씬 흔했다. 이런 과점 경쟁에서 뒤처지지 않

• 　스탠더드오일을 강제로 분할하는 근거가 되었던 이 법은 사실 시장을 지배하는 대기업 출현을 막는 데는 큰 효과를 발휘하지 못했다. 혁신에 바탕을 둔 자연 독점과 인위적인 독점을 구별하는 게 아주 어려웠기 때문이다.

◈◈◈
스탠더드오일 정유소(1889년)

으려면 대기업이라도 조직과 기술을 계속 혁신하기 위해 투자를 아끼지 않아야 했고, 그만큼 미국 경제는 활력을 유지할 수 있었다.

관리의 문제와 대량 생산 체제

슘페터가 이야기하는 '창조적 파괴'의 핵심은 혁신이다. 혁신을 이끌어가는 여러 힘 가운데 흔히 찾아볼 수 있는 사례는 기술 변화, 특히 좀 더 새롭고 강력한 기계를 만드는 일이다. 앞서 이야기한 대로, 2차 산업혁명 시대 미국에서 이런 혁신은 특히 기업 단위에서 일어났다. 예전에 개별 발명가가 하던 활동을 이제 기업이 자체 연구소를 설립하고 연구와 개발에 대규모 자본을 투입하면서 수행하게 된 것이다. 이를테면 평생 1000건이 넘는 발명품을 만들어 '발명왕'으로 알려진 토머스 에디슨은 개별 발명가에서 기업 단위의 발명 활동으로 넘어가는 단계에 걸쳐 있는 인물이었다. 처음에 에디슨은 자기 집에 작은 실험실을 차려 놓고 발명에 매진하다가 지금도 남아 있는 제너럴일렉트릭이라는 회사를 세우고, 거기에 연구소를 설립해 체계적인 발명 활동을 이끌었다. 에디슨은 당시 가장 앞선 과학 및 공학 교육을 받은 독일 출신 박사와 숙련 장인을 고용했다. 그러고는 "10일마다 소소한 발명품을, 대략 6개월마다 중대한 발명품을" 개발하도록 했고, 그런 발명품이 상업적 가치를 가질 것을 요구했다. 1차 산업혁명 시대 영국에서 '개선' 문화가 개별 발명가의 색다른 취미 생활에 뿌리를 두고 있었다면, 2차 산업혁명 시대 기업의 연구 개발은 처음부터 이윤 추구를 염두에 둔 목적지향적인 활동이 된 것이다. 이는 지속적인 혁신 없이는 더 이상 기업이 경쟁에서 살아남을 수 없는 새로운 자본주의의 요구를 반영한 것이라고도 볼 수 있다. 이렇게 시작된 기업은 연구 개발은 나중에 정부 연구소나 대학과 연결되어 미국의 기술 우위를 뒷받침하는 원동력이 되었다.

 하지만 기술 혁신만으로 기업 경쟁력을 무한정 끌어올리기는 어려웠다. 궁극적으로 기업은 기술 혁신의 성과를 실제 상품에 녹여내서 대량으로 판매해 이윤을 거두어야 한다. 그러니까 생산과 분배로 이어지는 모든 과정을 재편해 기업 조직의 효율성을 제고하는 일이 필요했다는 것이다. 미국 기업가는 이 점을 다른 어떤 나라의 기업가보다도 먼저 깨우쳤다고 할 수 있다. 이를테면 19세기 후반 미국에 속속 등장한 철도 회사가 이런 근대 기업이라 할 수 있다. 물론 영국에도 울리치 조선소처럼 수천 명의 노동자를 고용한 대규모 기업이 일찌감치 등장했지만, 미국의 철도 회사처럼 큰 규모의 자본과 인력으로 전국적 규모의 철도망을 원활하게 유지하는 것 같은 어려운 과업을 수행하지는 않았다. 이를 위해 미국 철도 회사는 과업별로 전문화된 여러 부서에 전문 관리인을 배치해 대규모 노동력을 서열화해서 관리하고, 각 부서를 유기적으로 연결하는 경영 조직을 만들어야 했다.

특히 노동자에 대한 관리와 통제가 아주 중요한 문제로 떠올랐다. 본래 미국은 자원에 비해 노동력이 부족한 나라인데, 19세기 중반 이후 숙련공을 중심으로 노동 운동이 활발하게 일어나면서 노동자의 작업, 그러니까 경제학자가 '노동 과정'이라 부르는 것에 대한 통제권을 둘러싸고 경영진과 노동자 사이에 갈등이 심각해졌다. 그런데 19세기 말에 찾아온 불황으로 생산비를 절감해야 할 이유가 분명해지면서 경영자 사이에서 어떻게든 이 문제를 해결해야 한다는 생각이 널리 퍼졌다. 여기서 핵심은 숙련공이 노동 과정에 행사하던 통제권을 경영진이 찾아오는 일이었다. 손기술에 바탕을 두고 조직된 노동 과정을 경영진이 임명하는 관리자가 엄격한 위계질서 아래에서 세밀하게 통제하는 관리management의 문제가 등장한 것이다.

이런 상황에서 1840년대 북부에서 새로운 생산 방식이 등장했다. 기계로 표준화된 부품을 만들고 이 부품을 사용해 일정한 규격과 품질을 갖춘 상품을 대량으로 생산하는 '미국식 제조업 체제American system of manufacturing'를 생산 과정 전반에 도입하려는 움직임이 일어난 것이다. 이는 노동 과정을 여러 단계로 잘게 쪼갠 후 각 과업에 정확하게 들어맞는 동력 기계와 도구, 노동력을 투입하고, 이렇게 나눈 여러 과업을 하나의 연속 공정으로 연결해서 생산 효율을 크게 높이려는 시도였다. 노동자가 과업을 성실하게 수행하는지를 감독하는 일은 이제 작업조장인 숙련공이 아니라 관리자가 담당해야 한다는 생각도 함께 등장했다. 이 '일관 생산 방식'이 20세기 초 미국의 생산 경제를 지배한 대량 생산 체제의 밑거름이 되었다.

대량 생산 체제가 갖는 장점을 가장 뚜렷하게 보여준 부문은 바로 자동차 공업이었다. 헨리 포드는 1903년에 포드자동차를 설립하고 '가볍고, 가격이 저렴하며, 대량 생산이 가능한 모델'을 출시하는 일을

◆◆◆
포드자동차의 조립 라인(1913년)

목표로 삼았다. 이런 목표에 따라, 그는 컨베이어벨트를 이용한 움직이는 조립 라인moving assembly line을 갖춘 대규모 공장을 하일랜드파크에 세웠다. 이전에 노동자들은 하루 9시간 가운데 4시간을 작업장을 옮겨다니는 데 썼는데, 이제 전기로 움직이는 컨베이어벨트를 타고 노동자가 해야 할 일이 작업자에게 전달되면서 생산성이 크게 향상되었다. 그 결과, 포드자동차가 내놓은 대표 차종인 '모델T'의 조립 시간은 예전의 6분의 1로 단축되었고, 생산량은 1910년 1만 9000대에서 1914년 27만 대로 늘어났다.

물론 이 과정에서 포드자동차의 노동자는 강도 높게 진행되는 단순하고 반복적인 작업에 지쳐갔다. 그러다 보니 노동자는 불만을 터뜨리기 일쑤였고, 수많은 노동자가 회사를 떠나 이직률이 크게 올라갔다. 숙련 노동자의 이탈은 포드자동차의 생산성을 떨어트리는 중요한 원인이 될 수 있었다. 헨리 포드는 이 문제를 해결하기 위해 '일당 5달러'와 '8시간 노동'이라는 혁신적인 대안을 내놓았다. 이 정도 일당은 당시 자동차업계 평균 임금의 두 배에 이를 만큼 파격적인 금액이었다.

뿐만 아니라 포드자동차의 임금 인상 조치는 노동자에 대한 통제를 강화하는 동시에 노동자의 구매력을 끌어올리려는 시도이기도 했다. 일당 5달러를 받으려면 노동자는 회사가 요구하는 금주 같은 여러 규율을 엄격하게 지켜야 했고, 회사는 노동자가 규율을 잘 지키는지 세심하게 관리했기 때문에 그만큼 유순한 노동력이 만들어졌다. 동시에 높은 일당을 받는 노동자는 포드자동차를 구매하는 소비자가 되었다.

이렇게 대량 생산과 대량 소비를 결합하는 포드의 생각을 '포드주의 Fordism'라고 한다.

자동차 공업 부문에서 굳건하게 자리 잡은 대량 생산 체제는 전기와 전자, 화학 같은 생산재나 여러 소비재 공업 부문으로 확산되었다. 그러면서 미국의 생산력은 세계 시장에서 가장 막강한 자리를 차지하게 되었다. 예컨대 철강 부문을 살펴보면, 1900년 세계 강철 생산은 2830만 톤인데, 그 가운데 미국 철강업계가 생산하는 강철이 무려 60퍼센트를 차지할 정도였다. 자동차 공업에서 미국이 차지하는 비중 또한 그야말로 압도적이었다. 대공황이 시작되기 직전인 1926년 수치를 살펴보면, 포드자동차와 제너럴모터스를 필두로 미국 자동차 회사는 무려 440만 대가 넘는 자동차를 생산했는데, 세계 2위 자동차 생산국이었던 프랑스에서 생산된 자동차는 불과 20만 대 정도였다.

대량 생산 체제는 영국과 유럽 등에도 알려졌다. 하지만 미국만큼 효과적으로 정착하지는 못한 듯하다. 한때 세계 경제의 패권을 누렸던 영국은 대량 생산 체제가 자리 잡기 어려운 처지였다. 1차 산업혁명 시대를 지배했던 면직물 공업이나 제철업에 이미 많은 자본을 투자한 터라 대규모 공장을 새로 짓고, 기계를 도입하고, 노동 과정을 다시 조직하는 일이 쉽지 않았던 것이다. 뒤늦게 산업화를 시작하고 1871년에 통일을 이룬 독일제국은 영국보다는 사정이 나아서 화학이나 전기·전자 같은 부문에서 대기업이 나오기도 했다. 하지만 내수 시장이 미국에 비해서 훨씬 더 작아서 미국 기업과 같은 대규모 생산 체제를 도입하기 쉽지 않았다. 그 외 유럽 여러 나라에서는 전통적인 장인 문화가 여전했고 전투적인 노동 운동이 발전했기 때문에 숙련공 중심의 노동 과정을 바꾸는 일은 요원해 보였다. 유럽에서 대량 생산 체제가 본격 적으로 받아들여지려면 미국보다 반세기 이상 시간이 흘러야 했다.

서로 다른 처지에서 산업화를 추구하며 미국과 유럽 여러 나라가 각축을 벌이는 상황에서 미국은 19세기에서 20세기로 넘어갈 무렵 가장 강력한 산업 국가로 떠올랐다. 그러다가 세계 경제의 중심이 유럽에서 미국으로 옮겨가는 결정적인 사건이 일어났으니, 바로 유럽 열강이 참전한 전대미문의 대규모 전쟁인 1차 세계대전이 그것이다.

⟶═ 1차 세계대전과 대공황이 남긴 교훈 ═⟵

1차 세계대전은 최초의 총력전, 그러니까 한 나라가 갖고 있는 모든 물적·인적 자원을 쏟아부은 전쟁이었다. 처음 독일이 전쟁을 시작할 때 예상했던 것과 달리 전쟁은 참혹한 참호전으로 지루하게 계속되었고, 전장이 확대되면서 참전국은 막대한 손실을 감내해야 했다. 인명 손실도 엄청나서 프랑스는 130만 명, 영국과 영제국은 90만 명, 독일은 200만 명, 오스트리아는 110만 명, 러시아는 180만 명을 잃었다. 이 비참한 전쟁이 끝난 후에는 독일제국과 오스트리아제국이 해체되고, 러시아에서 사회주의 혁명이 일어나 새로운 공화국이 들어서는 등 세계 각국의 정치와 사회 혼란이 엄청났다. 승전국이라 할 수 있는 영국과 프랑스도 사정이 나쁘기는 마찬가지였다. 전쟁에 너무나 많은 경제 자원을 투입한 데다가, 전쟁이 끝나자 극심한 불황과 노동 갈등이 일어났던 탓이다.

반면 미국의 사정은 훨씬 좋아졌다. 19세기 중반에 영국이 '세계의 작업장'이라고 불릴 만큼 엄청난 생산력을 자랑했던 것처럼, 1차 세계대전을 거치면서 미국이 바로 이런 위치에 올랐다. 전쟁 초기 미국은 중립을 선언하고 유럽 여러 나라가 필요로 하는 전쟁 물자를 대량으로 생산해 이익을 거두었다. 독일의 도발로 1917년 뒤늦게 전쟁에 뛰어든 이후에는 물자 생산을 더욱 끌어올려 연합국의 승리를 이끌었다. 미국이 그럴 수 있었던 것은 예전에 영국이 그랬듯 대량으로 전시 공채를 발행하는 등 정부가 재정 자원을 효과적으로 동원한 덕분이었다. 그 결과, 미국은 경쟁자였던 영국과 독일을 크게 앞서나갈 수 있었다. 이를테면 세계 제조업 생산에서 미국이 차지하는 비중은 1914년 36퍼센트에서 1920년 42퍼센트로 상승했고, 미국의 명목 국내총생산은 1914년 460억 달러에서 1920년 872억 달러로 두 배 가까이 성장했다.

미국과 유럽의 엇갈린 상황은 1차 세계대전이 끝난 후 1920년대에 더욱 뚜렷해졌다. 이 시기 미국인은 다른 어떤 나라 국민보다 부유했다. 자동차나 전기·전자제품이 미국인의 일상생활 깊숙이 파고들었다. 라디오와 영화가 중요한 오락거리가 되었고 항공기가 새로운 교통수단에 편입되었다. 미국 정부의 재정 상황도 아주 좋아졌다. 미국 역사상 처음으로 소득세를 거두기 시작하면서 재정이 흑자가 되었고, 그 덕분에 전시 채무를 갚을 수 있었다. 무역 흑자가 쌓이는 만큼 금과 외환 보유고가 늘어나 미국은 1920년대 세계 최대 채권 보유국으로 변신할 수 있었다. 생산과 소비, 정부 재정 모두 상황이 좋다 보니 기업 활동도 자연히 활기를 띠게 되었다. 주식 시장은 전례 없는 호황을 누려 주가가 계속 크게 올랐다.

그런데 영원할 것만 같던 미국의 호황이 1929년 10월, 갑자기 멈추었다. 10월 21일 월요일부터 주식 시장이 요동치기 시작하더니, 29일

❖❖❖
대공황 초기 은행 앞에 모인 군중

에 주가가 37퍼센트나 폭락한 것이다. 그 후 3년간 주가는 계속 곤두박질쳤고, 수천 개 은행이 파산해버렸다. 바야흐로 '대공황'의 시작이었다.

금융 부문에서 시작된 위기는 곧 실물 경제로 퍼져나갔다. 1932년에 이르면 공업 생산은 절반 수준으로 감소했는데, 자동차 공업 같은 경우 1929~1933년에 생산량이 3분의 2나 떨어졌다. 투자 심리가 급속도로 얼어붙으면서 기업 투자는 1929년 130억 달러에서 1933년 40억 달러 이하로 떨어졌다. 일자리도 빠르게 사라져 노동자의 4분의 1이 일자리를 잃었다. 오하이오주 클리블랜드 같은 공업 중심지에서는 실업률이 무려 50퍼센트에 이르렀다. 1933년에 취임한 프랭클린 루스벨트 대통령은 정부가 유효 수요를 만들어 경기를 진작하는 '뉴딜 New Deal' 정책을 내세우면서 미국을 대공황에서 구하려 했지만 쏟아부은 재정 자원이 무색하게도 1937~1938년에 다시 공황이 찾아왔다. 1930년대 후반까지도 미국은 대공황의 충격에서 벗어나지 못했다.

미국이 대공황에서 벗어나는 데 이토록 어려움을 겪었던 까닭은 무엇일까? 근본적인 요인은 수요와 공급이 균형을 이루지 못한 데 있었다. 간단히 말해 다른 모든 나라를 압도하는 생산력으로 엄청나게 많은 양의 상품을 생산할 수 있었지만 국내 수요가 그 수준에 미치지 못한 것이다. 물론 해외 수요가 충분했다면 상황은 달라졌을지도 모른다. 하지만 유럽이나 일본도 공황을 겪은 데다, 공황이 시작되면서 미국을 필두로 모든 주요 자본주의 국가가 보호 무역으로 돌아서버렸다.

미국의 처지에서 가장 뼈아픈 대목은 국내 시장의 대안이 될 수 있었던 유럽 시장의 구매력이 아주 더디게 회복된 데 있었다. 1차 세계대전이 끝날 무렵 우드로 윌슨 대통령은 미국의 도움 없이 유럽 재건은 불가능하다고 역설했지만, 이런 주장은 전통적으로 강력한 세력을 구축하고 있던 고립주의자의 반발에 부딪쳐 묻혀버렸다.* 많은 미국인은 자신의 나라가 낡고 부패한 구세계에서 벌어지는 일에 개입해 희생을 치를 까닭이 없다고 생각했다. 독일의 도발 때문에 세계대전에 개입하기는 했지만, 전쟁이 끝나자마자 미국인 대다수는 다시 유럽에서 손을 떼고 싶어 했고, 복잡한 배상금 문제나 전시 부채 문제에서 미국의 이익을 챙기는 데만 집중했다. 그래서 미국은 패전국 독일이 부담해야 할 배상금은 물론, 영국을 비롯한 승전국이 미국에 갚아야 할 엄청난 액수의 부채를 탕감하는 일을 거부했다. 특히 막대한 규모로 책정된 전후 배상금은 독일 경제를 거의 황폐화시켰는데, 미국은 독일에 시장 개방 같은 도움을 주지 않았다.

경기 위축을 부채질한 또 하나의 요인은 전쟁 직후 영국을 비롯한 주

---

* 미국에서 고립주의란 불간섭주의라고도 부르는 미국 외교의 중요한 정책 기조이다. 근원을 따지고 올라가면 초대 대통령 조지 워싱턴이 프랑스혁명으로 프랑스와 영국이 전쟁에 돌입했을 때 이 전쟁에 끼어들지 않겠다고 선언한 데서 출발한다. 19세기 초 제임스 먼로 대통령이 유럽 열강 사이에 전쟁이 일어날 경우 미국의 이익과 권리가 침해받지 않는 한 개입하지 않는다는 원칙을 표명하면서 알려졌다. '먼로 독트린Monroe Doctrine'이라고도 하는 이런 태도는 2차 세계대전까지 미국 외교 정책의 근간을 이루게 된다.

요 자본주의 국가가 전쟁으로 크게 달라진 경제력을 무시하고 예전 환율 체제로 되돌아간 것이다. 잘 알려진 것처럼 19세기 초부터 1930년대 초까지 세계 경제를 떠받치던 환율 체제는 영국 파운드를 기축 통화로 삼은 금본위제였다. 이는 영국이 견실한 재정 체제를 유지하고 영국 경제가 잘 돌아갈 때는 문제가 없었다. 하지만 세계대전 후 상황은 완전히 달라졌다. 영국은 전쟁 이전 환율 그대로 금본위제를 복구하려 했지만, 전쟁으로 크게 위축된 영국 경제는 고평가된 파운드화를 유지하기 어려웠다. 이때 만약 미국이 나서서 달러를 새로운 기축 통화로 정하고, 막대한 금 보유고를 바탕으로 국제 통화 체제를 뒷받침했다면 상황은 달라졌을 것이다. 하지만 미국은 그러지 않았고 결국 대공황이 일어나자 여러 나라가 극심한 금융 위기를 겪게 되었다. 최종 대부자 역할을 하는 패권 국가가 없는 상태에서 세계 경제는 극심한 혼란에 빠졌다.

이런 상황에서 미국을 필두로 전 세계가 보호주의로 돌아선 것은 불난 곳에 기름을 끼얹는 꼴이었다. 대공황이 결국 수요 부족에서 비롯한 일이라면, 대공황이 시작되었을 때 가장 부유한 미국이 세계 여러 나라에 시장을 활짝 열어 교역을 활성화하고, 이를 통해 구매력을 회복하면 미국산 제품에 대한 수요를 다시 만들어내는 방법을 취해야 마땅했다. 그런데 미국은 정확히 반대 방향으로 움직였다. 1930년 관세법을 제정해 900개 제조업 제품과 575개 농산물에 대한 평균 관세를 18퍼센트나 인상한 것이다. 이렇게 되자 영국과 프랑스 같은 나머지

주요 자본주의 국가도 보호주의로 돌아설 수밖에 없었다. 그로 인해 세계 경제는 이른바 '블록 경제'로 재편되었고 국제 교역은 크게 위축되었다. 1929년 360억 달러 수준이었던 국제 거래 규모는 1932년 약 120억 달러로 줄어들고 말았다.

결국 1920년대 말 시작되어 거의 10년 동안 미국 경제를 괴롭혔던 대공황에 대한 책임 가운데 상당 부분은 미국에 있었다고 봐야 할 듯하다. 1차 세계대전으로 세계 제1의 경제 대국으로 떠오른 미국은 영국의 뒤를 이어 패권 국가로서 세계 경제의 안정과 발전을 뒷받침할 만한 행보를 보여야 했다. 하지만 미국은 당시 극도로 혼란스러운 경제 상황을 악화시키는 최악의 선택을 거듭했다. 자유 무역을 더욱 진작해야 할 상황에서 예전처럼 강력한 보호주의를 택했고, 금본위제에서 빨리 이탈해야 할 때도 머뭇거리기만 했다. 이런 미국이 대공황을 극복하고 세계 경제를 이끄는 명실상부한 패권 국가가 되기까지는 또 한번의 세계대전을 겪어야 했다.

❖══ 2차 세계대전이 미국을 구하다 ══❖

대공황이라는 구렁텅이에서 미국을 구한 것은 2차 세계대전이었다. 1939년 9월 독일이 폴란드를 침공하면서 시작된 2차 세계대전에 미국은 처음부터 참여하지는 않았다. 영국을 이끌던 처칠 수상이 루스벨

트 대통령에게 참전을 계속 호소했지만, 미국 고립주의자들의 반대가
여전히 대단했던 것이다. 하지만 1941년 12월, 일본이 하와이 진주만
을 기습 공격하면서 상황은 완전히 달라졌다. 미국의 이익이 직접적으
로 타격을 입었으므로 이제 전쟁을 반대할 명분이 사라졌기 때문이다.
미국은 또다시 세계대전의 소용돌이에 뛰어들었다.

미국은 물리적 피해를 피할 수 있는 지리적 이점을 활용해 연합군의
병기창 역할을 맡아 그야말로 생산력을 총동원했다. 여기서 미국 정부
의 재정 자원이 큰 역할을 했다. 한 예로, 참전을 결정한 직후 1942년
상반기에만 미국 연방 정부는 1000억 달러가 넘는 군사 계약을 체결

◆◆◆
진주만 공습

했다. 이는 1940년 미국 국내총생산을 넘는 엄청난 금액이었다. 이렇게 정부 수요가 갑자기 엄청나게 늘자 생산을 담당해야 하는 기업은 설비가 부족한 상황에 부딪치기도 했다. 연방 정부는 새로운 공장과 기계를 갖추는 데 자금을 지원하며 기업의 부담을 덜어주었다.

내전 이후 꾸준히 성장한 대기업과 대량 생산 체제는 막대한 전쟁 물자 수요를 충족하는 데 엄청난 위력을 발휘했다. 거의 기적이라고 볼 만한 놀라운 생산성 향상을 달성하면서 그 엄청난 잠재력을 증명했던 것이다. 이를테면 전쟁 기간 동안에 미국 여러 대기업은 탱크 8만 6000대, 전함과 상선 1만 2000척, 소규모 함정 6만 5000정, 비행기 30만 대, 지프 60만 대, 군용 트럭 200만 대, 각종 포 19만 3000문, 소총 1700만 정, 탄환 410억 발을 생산했다. 미국의 1인당 노동생산성은 독일의 두 배, 일본의 다섯 배에 이를 정도로 높았다.

20년 만에 다시 일어난 총력전은 대공황으로 비틀거렸던 미국 경제를 일으켜 세웠다. 정부의 대규모 군비 지출에 힘입어 1939~1944년 실질 국내총생산은 거의 두 배 늘어났고 실업은 빠른 속도로 줄어들어 사실상 완전 고용 상태를 달성했다. 미국 경제가 얼마나 빠르게 회복되었는지는 총력전이 벌어지는 중에도 민간 부문 소비가 성장했다는 점에서 확인할 수 있다. 1940~1944년 실질 소비자 지출은 10퍼센트 가량 늘어났고, 신규 사업체 50만 개가 만들어졌으며, 슈퍼마켓 1만 1000개가 들어섰다.

2차 세계대전은 새로운 기술 개발을 촉진하며 미국의 장기적인 경제 발전에도 기여했다. 예를 들면 미국이 2차 세계대전 중에 주도한 맨해튼 계획Manhattan Project이라는 핵무기 개발 프로그램에는 인력 13만 명과 예산 2억 달러(2011년 화폐가치로 환산하면 약 24억 4000만 달러)가 동원되었다. 이렇게 미국 정부는 평상시에는 감히 상상도 할 수 없을 만한 인력과 자본을 연구 개발에 투입했다. 연방 정부의 연구 개발 지출은 1940년 약 8300만 달러에서 1945년 13억 달러로 증가했다. 또한 1941년 과학연구 개발국을 설립해 수많은 연구 프로젝트를 민간 기업과 대학에 배분하고 개발비를 지원했다. 과거 기업이 주도했던 연구 개발에 정부가 가세하면서 미국의 혁신 잠재력은 더욱 강화되었다. 파시스트 세력의 억압을 피해 미국으로 건너온 수많은 독일 출신 과학자는 미국의 연구 개발 역량을 키우는 데 한몫했다.

전시 연구 개발 투자는 군사 기술을 혁신하려는 취지였지만, 그 성과는 2차 세계대전이 끝난 이후 오랫동안 미국 기업이 새로운 상품을 연이어 내놓을 수 있는 원동력이 되었다. 전쟁 중에 개발한 진공관이나 텔레비전 생산 기술은 전후에 곧바로 상업화되었다. 그 밖에 컴퓨터나 합성고무, 원유 크랭킹 공정, 레이더, 헬리콥터, 제트엔진, 로켓 같은 여러 기술이 전쟁 이후 미국 제조업 발전에 보탬이 되었다.

이렇게 전쟁 기간에 생산력을 크게 확장하고 연구 개발에 매진하면서 미국은 19세기 중반 영국의 전성기를 능가하는 경제 역량을 갖추게 되었다. 이 점은 전쟁이 끝난 이후 몇 가지 지표만 봐도 분명하게 드러난다. 전쟁 직후, 세계 인구의 7퍼센트를 차지하는 데 그쳤던 미국은 세계 공산품의 42퍼센트를 생산했다. 전기 같은 경우 세계 발전량 가운데 43퍼센트를 미국이 차지했다. 한 나라의 산업 생산력을 보여주는 지표인 강철 생산에서는 57퍼센트, 원유 생산에서는 62퍼센트를 차지했다. 자동차 부문에서는 무려 80퍼센트를 차지했다.

하지만 대공황의 경험에 비춰 볼 때 미국과 다른 나라 간의 막대한 생산력 격차는 또다시 경제 위기를 불러올 수 있었다. 모든 나라가 이용할 수 있는 생산 설비와 인력을 모두 동원해 물자를 생산하며 전쟁을 치르다가 전쟁이 끝나면 이런 수요는 하루아침에 사라져버린다. 정부의 주문은 멈추고, 노동 시장에는 전쟁터에서 돌아오는 수많은 제대 군인이 진입해 노동력이 넘쳐난다. 1차 세계대전 이후 거의 모든 나라가 불황을 맞이하게 된 까닭이 바로 이런 문제를 해결하지 못한 탓이었다. 미국은 이런 상황을 어떻게 해결해 장기적인 경제 발전을 도모할 수 있을까? 혹 1차 세계대전 직후처럼 고립주의로 되돌아가 세계 경제를 불안하게 만들지는 않을까? 아니면 오랜 전통을 깨고 새로운 자유 무역 시대를 열게 될까? 2차 세계대전이 끝날 무렵은 바로 이런 중요한 선택의 순간이었다.

⟫⟩⟩ 미국 패권의 부상 ⟨⟨⟪

2차 세계대전이 끝났을 때 미국은 국내 시장 수요만으로는 모두 충족할 수 없는 생산력을 갖추게 되었다. 이를 바탕으로 미국은 전쟁이 끝난 후 세계 경제에서 패권을 장악하게 되지만, 이런 패권에서 이익을 거두려면 전 세계를 무대로 미국 상품을 판매할 수 있는 시장이 반드시 필요했다. 다시 말해, 1차 세계대전 이후와는 전혀 다른 세계 경제 질서를 만드는 문제가 미국의 지속적인 번영에 중요했다.

게다가 2차 세계대전이 끝난 직후부터 소련이 도모하던 공산주의 세력 확대에 맞서 냉전Cold War이라는 새로운 갈등에 돌입한 점도 미국의 전후 구상에 중요한 역할을 했다. 미국은 자본주의 진영을 이끌어가는 나라로서, 소련의 영향력을 차단하기 위해 유럽과 아시아의 전후 재건과 경제 부흥을 도와야 했다. 이것은 물론 전 세계에 걸쳐 미국의 시장을 넓혀나가는 일과도 긴밀하게 얽혀 있었다.

이런 여러 사정을 염두에 두고 미국인들은 전쟁으로 황폐해진 유럽 내부의 무역을 활성화하고 동시에 세계 주요 국가들의 상호의존성을 높여 전쟁 재발 가능성을 최소한으로 줄일 수 있는 전후 질서를 구상하기 시작했다. 적어도 1942년부터 시작된 일련의 연구와 숱한 논의를 바탕으로 미국 엘리트, 그러니까 정책 결정자와 학계 인사, 기업가들은 미국이 1차 세계대전 직후처럼 고립주의로 되돌아가는 일은 불가능하다는 것을 거듭 확인했다. 오히려 '개방적인 다자간 무역 체제 복구'가 전후 외교 정책에 가장 중요한 과업으로 등장했다. 이런 목표를 달성하려면, 무엇보다도 금융과 교역 부문에서 세계 자본주의 질서를 재편할 필요가 있었다.

먼저 미국은 기축 통화였던 파운드화가 쇠퇴하고 세계 각국이 금본
위제에서 이탈하는 상황에서 새로운 국제 통화 체제를 세워야 했다.
미국과 영국 대표가 활발하게 논의한 끝에 달러와 금 사이 태환을 전
제로 각국 통화의 환율을 금에 고정하되, 정책적 필요에 따라 제한된
범위 내에서 환율을 조정하는 재량권을 각국에 부여하기로 결정했다.
이로써 달러가 새로운 기축 통화로 자리하고 미국은 영국 대신 세계의
최종 대부자 역할을 담당하게 되었다. 나아가 단기적인 유동성 위기에
빠진 나라에 긴급 자금을 지원해주는 국제통화기금International Monetary
Fund, IMF 설립이 제안되었다. 그 재원으로 가장 많은 자금을 내놓은 미
국이 최대 표결권을 확보해 IMF 정책을 좌우할 수 있게 되었다.

자유로운 돈의 흐름, 즉 국제 투자에 대한 구상도 마련해야 했다. 특히 전후 복구에 필요한 자금을 조달하는 방법을 궁리해야 했다. 각국 정상은 전쟁으로 파괴된 철도나 항구 같은 사회 간접 시설에 대한 대규모 투자가 필수라고 생각하고 국제부흥개발은행International Bank for Reconstruction and Development, IBRD*을 설립하는 데 동의했다. 국제부흥개발은행은 세계 주요 국가의 정치적 지원 아래 민간 자본 시장에서 낮은 금리로 자본을 조달해 특히 비유럽 국가의 경제 개발 사업을 지원함으로써 자본주의를 널리 퍼트리고 국제 투자를 활성화하는 역할을 맡았다. 이런 국제 통화 체제와 국제 투자에 관한 합의는 1944년 7월 브레턴우즈협정 체결을 통해 '브레턴우즈 체제'라는 이름으로 완성되었다.

미국이 고민한 또 다른 문제는 상품 교환, 즉 '국제 무역을 어떻게 활발하게 만들 수 있을까?'였다. 처음에 미국은 새로운 자유 무역 시대를 이끌어갈 국제무역기구International Trade Organization, ITO의 설립을 주장했으나, 이는 미국 내 일부 보호주의자 등이 격렬하게 반대해 의회 승인을 받지 못하고 좌절되었다. 대신 관세와 무역에 관한 일반 협정 General Agreement on Tariffs and Trade, GATT이 제안되었고, 미국이 몇몇 품

---

* 다른 말로 '세계은행World Bank'이라 불린다. 1944년에 브레턴우즈협정을 기초로 1946년에 탄생했다. 회의에서 가장 중요한 역할을 했던 미국 대표 해리 덱스터 화이트와 영국 대표 존 메이너드 케인스는 국제통화기금을 만들어 국제 금융 질서를 바로 세우고, 세계은행을 세워 전후 경제 복구와 경제 개발을 돕기로 결정했다.

목에 대해서 관세율을 50퍼센트 이상 낮추고 영국이 특혜 관세가 적용되는 제국 내 무역 규모를 5퍼센트 줄이기로 약속하면서 미국의 구상이 어느 정도 제 모습을 갖추게 되었다. 결국 1947년 20여 개 나라가 협정에 서명하면서, GATT는 전후 무역 체제를 형성하는 기본 틀이 되었다. 관세 인하와 무역 제한 조치 철폐, 상호주의, 최혜국 조항 같은 여러 조항으로 이루어진 GATT는 비록 공식적인 국제 기구는 아니었지만 향후 다자간 무역 협상이 진행될 수 있는 밑바탕을 제공했다.

브레턴우즈협약과 GATT를 통해 미국은 돈과 상품이 자유롭게 이동할 수 있는 통합된 세계 시장의 기틀을 닦았다. 하지만 아무리 좋은 시스템이라도 참여하는 나라들이 제 역할을 하지 못하면 유명무실해지는 법이다. 마찬가지로 브레턴우즈 체제가 제대로 작동하려면 참여국이 전쟁의 상흔에서 빨리 벗어나는 것이 무엇보다 중요했다. 특히 미국에게 가장 중요한 해외 시장이면서 동시에 전략적 이해관계의 요충지였던 서유럽의 전후 재건이 시급했다. 미국의 어느 정치인이 이야기했던 대로, "세계 시장에서 우리와 경쟁할 수 있고, 경쟁할 유럽, 그리고 바로 그러한 이유로 상당한 양의 우리 상품을 구매할 수 있는 유럽"이 필요했던 것이다. 그래서 미국은 '마셜 플랜Marshall Plan'을 통해 약 120억 달러에 이르는 긴급 구호 자금을 유럽에 투입했다. 그 덕분에 1947~1951년 서유럽의 국민총생산은 30퍼센트 이상 증가하고, 산업 생산은 1938년에 비해 41퍼센트 늘어났다.

뿐만 아니라 미국은 독일과 일본 같은 전범 국가에 대한 지원도 아

1949년 서독 베를린의 한 공사장.
건물 벽면에 '마셜 플랜과 함께하는
긴급 프로그램'이라 쓰여 있다.

끼지 않았다. 사실 미국은 독일이나 일본처럼 전쟁을 일으킨 책임이 있는 나라를 아예 농업 국가 수준으로 후퇴시켜 다시는 전쟁을 일으키지 못하게 만들려고 했다. 그럼에도 미국이 이들의 재건을 도운 것은 이해관계를 냉철하게 계산했을 때 증오와 복수심을 잠시 접어두는 편이 훨씬 이익이라고 생각했기 때문이다. 독일과 일본은 서유럽과 동아시아에서 핵심적인 경제 중심지였으므로 이들 나라가 재건에 성공해야만 미국 상품을 수출할 시장이 더욱 커질 터였다. 더욱이 전쟁 이후 동유럽과 동아시아에 소련의 영향력이 빠르게 퍼져나가는 것을 보면서, 공산주의 체제의 확산을 막기 위해서라도 독일과 일본을 살려놓아야 했다.

독일과 일본의 재건을 돕는 것이 기본적으로 미국의 이해관계와 잘 맞아떨어졌던 것처럼 미국이 관세를 낮춰 미국 시장을 개방하는 일도 마찬가지 논리로 이해할 수 있다. 미국은 1930년대 평균 60퍼센트에 이르렀던 높은 관세율을 20퍼센트 이하로 낮춰 미국 시장을 세계 여러 나라에 개방하는 모범을 보였다. 미국 역사에서 처음으로 미국 시장에 국적을 불문하고 세계 각국 상품이 자유롭게 들어오는 길이 열린 것이다. 그러면서도 미국은 다른 나라에 시장을 활짝 열라고 조급하게 강요하지 않고, 오히려 유럽이나 한국, 대만 같은 저개발 국가들이 경제 발전 계획이나 보호 무역 같은 정책 수단을 활용하는 일을 눈감아 주면서 전후 재건을 마무리할 수 있는 시간을 주었다.

얼핏 보면 전후 미국이 자유로운 세계 경제 질서를 세워나간 과정은 19세기 중반 영국이 확산하려고 했던 자유 무역 체제를 연상시킨다. 두 체제 모두 생산력이 극도로 발전한 자본주의 패권 국가가 자유롭게 진입할 수 있는 시장을 얻으려는 목표 아래 만들어진 것이니 말이다. 하지만 주로 '도덕적 모범'과 양자 간 무역 협정에 바탕을 두고 영국이 건설했던 자유 무역 체제와 국제 분업은 미국이나 독일 같은 주요 경쟁 국가의 동의를 완전히 얻지도 못했고, 그런 만큼 성공적이지도 않았다. 반면 미국이 다자간 무역 협정에 바탕을 두고 서서히 만들어나 갔던 전후 자유 무역 질서는 지금까지도 위력을 발휘하고 있다. 다른 무엇보다 미국식 자유민주주의 정치 체제와 자본주의 경제 체제는 이를 받아들인 나라에게 번영과 안정을 약속하는 듯했다. 무엇이 이런 차이를 만들었을까?

❖═══ 미국과 영국의 세계 질서는 무엇이 다른가 ═══❖

19세기 중반에 세계 제1의 경제 패권 국가로 우뚝 선 영국과 20세기 중반에 패권 국가의 반열에 오른 미국은 모두 다른 나라를 압도하는 산업 생산력을 바탕으로 자유 무역의 기치를 높이 올렸다. 오랫동안 자기 나라 제조업자를 보호했던 영국은 첫 번째 산업혁명을 가장 먼저 이끌었고, 그 덕분에 면직물 공업이나 제철업 같은 새로운 산업 분야에서 엄청난 성공을 거둘 수 있었다. 이런 성공에 자신감을 얻은 영국의 제조업자들은 노동력을 값싸게 유지하는 동시에 더 넓은 시장에서 영국산 공산품을 판매하기 위해 자유 무역을 지지하기 시작했다. 자유 무역의 정당성은 이미 18세기 후반부터 지식인 사회에서 널리 지지를 얻었지만, 이런 제조업자들의 요구가 없었다면 영국 정부와 의회는 자유 무역을 확대하기 위한 정책들을 시행하지 못했을 것이다. 19세기 중반 영국 정부는 곡물법이나 항해법 같은 오랜 규제를 철폐하고 관세를 낮추었다. 그러면서 프랑스 같은 주요 무역 상대국과 자유 무역 협정을 추진하고, 중국이나 이집트 같은 비유럽 국가에 대해서는 무력을 동원해서라도 문호를 개방하려 했다.

영국 정부와 지식인이 다른 무엇보다도 공정하다고 소리 높여 찬양했던 새로운 자유 무역 질서는 실상 산업혁명에 성공한 제조업 국가와 농산품이나 원료를 생산하는 나라 사이에 새로운 국제 분업 구조를 만들어냈다. 그 결과, 흔히 첫 번째 세계화 시대라 불리는 19세기 후반에 전 세계적으로 무역이 크게 늘어났지만, 영국 정부가 주장했던 것과는 달리, 이렇게 진전된 자유 무역이 모든 나라에서 환영받았던 것은 아니었다. 독일이나 미국처럼 산업화의 길을 걷고자 했던 나라는 값싼 영국산 공산품이 자국 시장에 쇄도하면 결코 산업화에 성공할 수 없다고 생각했다. 그래서 이들 나라는 보호주의를 버리지 않았다. 영국에 농산품이나 원료를 수출하고, 대신 영국산 공산품을 수입했던 나라들 역시 무역에서 적자를 면하기 어려웠다. 게다가 시장에 쏟아져 들어오는 영국산 공산품은 당연히 전통적인 수공업의 밑바탕을 송두리째 무너뜨렸다. 실제로 오랫동안 직물업을 이끌었던 인도나 이란 같은 나라는 자유 무역을 받아들이면서 수많은 수공업자가 일자리를 잃었고, 심지어 탈산업화의 길을 걷게 되었다.

영국이 주도하는 자유 무역 질서를 거부하면서 독자적으로 산업화에 매진했던 독일 같은 전통적인 강대국은 새로운 기술을 개발하고 받아들이면서 산업 자본주의를 꽃피웠다. 그 결과, 19세기 후반에 자본주의 세계를 주도하던 나라들 사이 경쟁은 아주 치열해질 수밖에 없었다. 경쟁이 가열되다 보니 영국을 추격하던 여러 나라들은 좀 더 값싼 원료와 새로운 시장을 찾는 데 혈안이 되었고, 이런 노력은 잘 알려진 것처럼 19세기 말에 아프리카쟁탈전 같은 식민지 획득 경쟁을 낳았다. 영국은 자유 무역이 지배하는 세계에서는 평화로운 교역과 상호 교류, 번영이 가득할 것이라고 주장했지만, 실상은 제국과 식민지 사이의 지배와 종속, 더 나가서 착취가 만연했다. 제국 간 경쟁이 점점 더 치열해지면서 국제 질서는 불안정해졌고 결국 세계대전이라는 전대미문의 비극이 발생했다.

반면 2차 세계대전 이후 미국이 세운 자유 무역 체제는 제조업에 전문화한 나라들 사이의 수직적 분업에 바탕을 두고 있었다. 이 분업 구조는 생산력이 가장 앞선 미국이 제일 윗자리를 차지하고, 유럽 여러 나라와 일본이 그다음 자리, 값싼 노동력을 바탕으로 다양한 소비재를 생산하는 개발도상국이 맨 아랫자리에 들어서는 방식으로 구성되었다. 이런 위계질서 안에서 각국은 생산력과 기술 수준에 따라 서로 다른 상품에 특화하면서 경쟁보다는 오히려 협력 관계를 형성했다. 그러므로 위계의 각 단계에 자리 잡은 나라들은 그 나름대로 이익을 거둘 수 있었다. 물론 어떤 나라가 산업 구조를 고도화해 위계의 윗단계로 진입하더라도 그 위에 있는 나라가 더 높은 단계로 진입할 수 있어 위계질서 안에서 서열을 끌어올리기는 쉽지 않았다.

미국이 주도한 새로운 수직적 국제 분업 구조는 아주 효과적으로 작동해 전후 자본주의 세계에 대호황을 가져다주었다. 대략 1950년 무렵부터 1970년대 초까지 세계 경제는 19세기 말과는 비교가 안 될 정도로 빠른 성장을 경험했다. 유럽은 1960년대 초반 6.2퍼센트, 1970년대 초반 5.5퍼센트의 경제 성장을 기록했다. 일본 또한 같은 시기 약 9퍼센트의 성장을 기록했다. 1960년대 경제 개발 계획을 시행하면서 이 분업 구조에 진입한 한국 같은 개발도상국은 수출지향적인 산업화를 빠른 속도로 추진했다. 그 덕분에 노동집약적인 공산품에 특화해 주로 미국이나 유럽 시장에 판매함으로써 발전된 자본주의 국가보다도 더 빠른 경제 성장을 이루어냈다. 1960년대부터 거의 한 세대 사이에 한국은 연평균 10퍼센트에 가까운 놀라운 성장을 했다.

대략 한국전쟁 때부터 1970년대까지 지속된 자본주의 세계의 호황, 그러니까 흔히 장기 호황long boom이라 부르는 시기에 국제 교역은 점점 더 자유 무역에 가까운 형태를 갖추기 시작했다. 공산품 무역은 1951~1953년부터 1969~1971년까지 349퍼센트나 성장했는데, 특히 미국과 유럽·일본 간 거래가 480퍼센트나 늘었다. 이 시기에 유럽에서는 유럽경제공동체European Economic Community, EEC가 등장해 관세 장벽을 없애고, 여기에 대응한 유럽자유무역연합European Free Trade Association, EFTA이 결성되어 무역 자유를 더욱 확산시켰다. 미국을 비롯한 주요 자본주의 국가들은 전 세계적으로 관세를 인하하려는 움직임을 보이기도 했다. 특히 미국 케네디 대통령의 제안으로 시작된 제6차 관세 교섭인 '케네디 라운드Kennedy Round'에는 54개국이 참여해 공산품에 대한 평균 관세를 35퍼센트 낮추기로 합의했다.

자국 시장을 활짝 열어 자유 무역 시대를 앞당긴 미국은 자신이 건설한 세계 경제 질서에서 의도한 대로 큰 이익을 거두었다. 부가가치가 높은 기술집약적인 상품을 주로 수출했기 때문이다. 게다가 유럽과 일본, 개발도상국이 비교적 값싼 임금으로 생산한 중간재와 소비재를 값싸게 수입함으로써 미국 제조업의 높은 비용 구조라는 문제를 어느 정도 완화하고, 기업 경쟁력을 높은 수준으로 유지할 수 있었다. 또한 값싼 수입 소비재는 물가 안정에 기여하고 소비자 편익을 증진시켰다.

그 결과 미국 경제는 눈부신 황금기를 구가하게 되었다. 무역은 지속적으로 흑자를 기록했는데, 특히 1947~1960년의 성과는 대단했다. 1960년 미국 국민총생산은 1947년에 비해 150퍼센트가량 늘어났고, 같은 기간에 1인당 소비 지출은 22퍼센트 증가했다. 내전 이후 미국의 경제 성장을 이끌었던 제조업도 빠른 속도로 성장했다. 1947년 제조업 생산지수를 100이라고 한다면, 1960년 이 지수는 163으로 상승했다.

이렇게 보면 2차 세계대전 이후 미국이 건설한 세계 경제 질서는 자본주의 진영에 속한 거의 모든 국가에 한동안 혜택을 주었다고 볼 수 있다. 그런 점에서 영국이 주도했던 세계 경제 질서와는 조금 다른 양상을 보였다고 할 수 있다. 그 덕분에 미국은 경제뿐만 아니라 군사와 정치, 사회, 문화, 거의 모든 측면에서 자본주의 세계에 막강한 영향력을 행사할 수 있었다. 그런 의미에서 19세기 중반 '팍스 브리타니카'에 비해 20세기 중반 미국이 가져온 평화, 즉 '팍스 아메리카나Pax Americana'가 더 깊고 넓은 영향력을 행사했다고 해도 무방하지 않을까 싶다.

⇒⇒ 미국의 패권은 언제까지 지속될까 ⇐⇐

지금까지 우리는 18세기 후반에 새롭게 탄생한 미국이라는 나라가 불과 한 세기 만에 패권 국가에 도전할 만한 경제력을 갖추게 된 원동력이 무엇이었는지 살펴봤다. 미국은 19세기 중반 내전이 끝난 이후 본격적으로 산업화를 추진해 1차 세계대전 때 사실상 패권 국가 영국의 자리를 대체하는 데까지 이르렀고, 그 후 또 한 번의 세계대전을 치른 후 지금까지 패권 국가의 자리를 유지하고 있다. 그야말로 '미국의 세기'라 할 만한 20세기를 거쳐 21세기에 들어선 지금, 미국이 과연 언제까지 패권을 유지할 수 있을까, 라는 물음은 그 자체로 흥미로울 뿐 아니라 미국과의 긴밀한 관계 아래 살아가는 우리의 미래와도 깊이 연관된 문제이기도 하다.

사실 미국이 쇠퇴의 길에 접어든 것이 아닌가 하는 물음은 오래전부터 제기되었다. 이미 1970년대 초 심각한 불황이 찾아왔고, 자본주의 세계가 한 세대 동안 누리던 장기 호황이 끝났을 때부터 많은 이들이 이런 물음을 던졌으니 말이다. 당시 미국은 브레턴우즈 체제를 떠받치던 고정 환율을 포기해야 할 정도로 심각한 재정난과 경제 위기에 시달렸다. 거기에다가 중동에서 시작된 오일 쇼크Oil Shock*가 겹치면서 스태그플레이션, 그러니까 인플레이션과 경기 침체가 함께 찾아오는 전례 없는 상황을 맞이했다. 1980년대에는 독일과 일본에서 혁신이 계

---

* 석유파동이라고도 한다. 1970년대 1, 2차 오일 쇼크는 중동의 정치적 불안정에서 비롯된 것으로 석유 수출국들이 석유 수출 금지 조치를 내리자 국제 유가가 급등해 전 세계가 경제적 타격을 입었다.

속되는 가운데 미국 제조업 분야의 생산성은 더디게 향상되면서 경쟁력이 더욱 위축되었다.

특히 미국에서 생산성 향상이 부진했던 이유는 미국 패권의 부침을 이해하는 데 아주 중요한 요소다. 여러 원인을 이야기할 수 있지만, 우리가 주목할 대목은 산업 자본주의가 등장한 후 패권을 형성하는 데 핵심적인 요인이었던 '창조적 파괴'의 부재인 듯하다. 1950년대부터 계속된 장기 호황 시대 미국에서는 2차 세계대전 시기처럼 여러 산업 분야에서 단기간에 집중적으로 혁신을 일궈내지 못한 것으로 보인다. 물론 미국은 혁신을 뒷받침할 과학 기술 연구 개발에 막대한 인적·물적 자원을 투입했고, 그에 따라 정부 출연 연구소와 기업, 대학이 특히 기초과학 분야에서 탁월한 성취를 이뤄냈다. 하지만 1920년대 포드주의처럼 경제의 패러다임을 바꾸는 조직 혁신이나 1940년대 전자·화학·제약 같은 분야에서 연이어 일어난 기술 혁신은 더 이상 찾아보기 어려웠다. 미국 대기업은 성장을 이어나가긴 했지만 오히려 어떤 면에서 보면 1920~1940년대에 이룩한 혁신의 성과에 안주하는 듯했다.

이렇게 산업계가 정체되어 있다 보니 미국의 세기가 저무는 것은 아닌가 하는 의문이 드는 것이 당연했다. 그래도 미국에는 탁월한 고등교육과 연구 개발 체제 아래 계속해서 새로운 지식과 기술이 창출되었고, 건국 직후부터 미국 사회에 널리 퍼져 있던 도전적인 기업가 정신 또한 남아 있었다. 그 덕분에 1990년대 초부터 미국 산업계에 다시 한 번 혁신의 바람이 불기 시작했다. 컴퓨터와 소프트웨어 분야에서 새로운 기업이 속속 등장했고, 곧이어 등장한 인터넷이 산업 지형을 완전히 바꿔놓으면서 야심찬 창업자들에게 무한한 기회를 제공하는 듯했다. 더욱이 미국 정부가 1970년대의 위기를 신자유주의라는 이데올로기를 바탕으로 더 자유로운 무역과 세계화로 돌파하려 하면서 금융 부문에서 혁신이 활발하게 일어났다. 자유로운 자본 이동과 새로운 금융 상품 개발을 바탕으로 미국 금융업이 약진하면서, 더욱 풍성해진 자본은 새로운 기술과 사업으로 흘러들었다. 이런 새로운 바람을 타면서 등장한 애플이나 구글, 마이크로소프트, 아마존 같은 기업이 2000년대 이후 미국 경제를 이끌어가는 견인차 역할을 했다.

◆◆◆
미국 캘리포니아주 마운틴뷰 실리콘밸리에 있는 구글 본사(ThePancakeofHeaven/wikipedia)

276

전 세계에서 가장 영향력 있는 기업으로 우뚝 선 애플이나 구글 같은 기업은 미국의 세기가 아직 끝나지 않았다는 것, 더 나아가 미국의 패권을 떠받친 '창조적 파괴'의 물결이 여전히 살아 있음을 보여주는 듯하다. 이런 의미에서 미국 패권의 종말을 이야기하기에는 아직 이른 감이 없잖아 있지만, 그렇다고 지금 미국에 심각한 문제가 없는 것은 아니다. 무엇보다도 혁신을 이끌어가야 할 새로운 기업이 자리 잡기가 점점 더 어려워지고 있다는 데 미국의 고민이 있다. 애플이나 구글, 아마존 같은 IT 공룡의 시장 지배력은 점점 더 강화되고, 실제로 혁신을 거듭하는 기업은 미국 내 기업 가운데 5퍼센트 정도에 불과하다는 이야기도 있다. 물론 미국은 지금도 세계에서 창업이 가장 쉬운 나라이기는 하지만, 거대한 공룡 기업이 점점 지배력을 강화하고 있는 상황에서 새로운 기업이 시장에서 자리 잡기는 쉽지 않다. 그만큼 혁신이 사회 전체로 확산되는 속도는 떨어질 수밖에 없다.

게다가 미국은 2008년 금융 위기 이후 저성장의 늪에서 빠져나오지 못하고 있다. 2010년부터 2017년까지 미국의 생산성은 매년 0.66퍼센트 향상되는데 그쳤다. 1948년부터 2010년까지 생산성이 해마다 2.5퍼센트씩 높아졌던 것과 비교하면 정말로 보잘것없는 성과이다. 특히 제조업의 쇠락은 미국 사회에 심각한 문제를 일으키고 있다. 1990~2007년에 미국 제조업 고용은 21퍼센트나 줄었고, 150만 개가 넘는 일자리가 사라졌다. 금융 위기 이후 경기가 위축되면서 미국 제조업이 소생할 기미는 전혀 보이지 않고 있다. 그래서 제조업 부문의 산출만 보면 미국은 이미 2010년 무렵에 중국에 추월당한 처지이다. 중국의 제조업 제품 수출은 미국보다 무려 50퍼센트나 많다.

중국의 도전은 정말 무서운 기세다. 개혁개방改革開放 노선을 채택한 이후 매년 10퍼센트가 넘는 엄청난 성장세를 보였던 중국 경제는, 최근에 성장세가 조금 주춤해지기는 했어도 여전히 활력을 띠고 있다. 게다가 미국이 패권을 거머쥐는 데 핵심적인 역할을 했던 창조적 파괴의 힘을 중국은 미국과는 전혀 다른 정치 체제 아래에서 키워나가는 듯하다. 물론 아직까지 미국은 첨단 기술이 승패를 좌우하는 여러 분야에서 중국보다 앞서고 있는 것은 사실이지만, 격차는 빠르게 줄어들고 있다. 내전 이후 미국 경제의 성장을 이끌어 온 혁신적이고 야심찬 기업 활동이라는 측면에서도 중국은 만만치 않은 기세를 보이고 있다. 그러니 현재로서는 중국이 미국 경제의 패권에 도전할 만한 유일한 세력이라 할 수 있다. 이 점에서 지금은 미국 패권의 역사에서 중요한 갈림길이라고 할 수도 있겠다.

더욱이 현재 미국과 중국 정부의 재정 상황과 재정 자원 활용 방식에서도 미국은 위기감을 느낄 만하다. 누누이 강조했듯이, 한 나라가 재정 자원을 동원하고 활용하는 방식은 패권의 형성과 유지에 아주 중요한 요소다. 그런데 미국은 1970년대 초에 금본위제에서 이탈하고 신자유주의 이데올로기를 받아들인 이후 재정 자원을 활용해 새로운 산업을 육성하고 혁신을 이끌어내는 데 덜 적극적인 모습을 보이고 있다. 물론 지금도 연방 정부는 천문학적인 국방비 지출 같은 경로를 통해서 대학과 기업의 연구 개발에 상당한 자금을 지원하고 있지만 말이다. 반면 중국은 민주주의와는 거리가 먼 권위주의적인 정부를 유지하면서 막대한 재정 자원을 특정 산업 분야에 집중적으로 투입하고 있다. 한때 유행했던 '대국굴기大国崛起'라는 말이 시사하듯, 정부의 재정 자원으로 중국 경제는 세계 경제와의 격차를 빠르게 좁히는 중이다. 중국 정부의 노력은 역사상 전례가 없을 정도로 집요하다. 과연 이런 노력이 기대한 결과를 낳을 수 있을지는 두고 볼 일이지만, 중국이 무섭게 부상하는 데 중요한 원동력이 되었다는 점은 부인하기 어렵다.

내전에 시작해 대불황과 대공황, 오일 쇼크, 금융 위기 같은 숱한 위기를 잘 이겨낸 미국의 힘은 여전히 건재한 것으로 보이지만, 앞으로 미국이 중국의 도전을 이겨내고 패권을 계속해서 유지할 수 있을지는 미지수이다. 감히 미래를 예측하는 일은 섣부르지만, 패권의 역사에서 우리가 되새겨야 할 교훈이 있다면 패권은 결코 영원하지 않다는 평범한 사실인지도 모른다. 앞에서 우리는 자본주의가 등장한 이래로 혁신은 패권을 거머쥐고 유지하는 핵심적인 동력이지만, 결코 저절로 일어나는 일이 아니라는 사실을 확인한 바 있다. 무릇 모든 역사가 그렇듯, 혁신 역시 인간의 능동적인 선택과 노력에 바탕을 두고 있는 것이다. 그런 만큼 미국이 지금 누리고 있는 패권을 유지하려면 정부와 국민의 지혜로운 선택과 부단한 노력이 필요할 터다.

더 읽을거리

앨런 그린스펀·에이드리언 울드리지, 『미국 자본주의의 역사』, 김태훈 옮김, 세종서적.
앞 장에 이어 다시 한번 이 책을 추천한다. 현재 미국 자본주의가 맞닥뜨리고 있는
여러 가지 문제를 흥미롭게 서술하면서 동시에 해법을 제시한다. 물론 모두가 동의
하지는 않겠지만 말이다.

에릭 홉스봄, 『극단의 시대』, 이용우 옮김, 까치.
영국의 저명한 마르크스주의 역사가 홉스봄의 근대사 4부작 가운데 마지막 권인 이
책은 자본주의 진영과 공산주의 진영 사이의 대립이 오히려 자본주의 세계를 구하
는 힘이었다는 독특한 주장을 펼친다.

나가며

지금까지 우리는 스페인제국이 탄생하는 순간부터 오늘날 미국과 중국 사이에 일어나고 있는 패권 경쟁에 이르기까지, 패권 형성과 이동의 역사를 살펴보았다. 서문에서 이야기했던 것처럼, 패권, 그러니까 어떤 나라가 세계 무대에서 압도적인 힘을 휘두르거나 아니면 어떤 한 지역에서 지배적인 위치를 차지하는 일은 고대나 중세 서양과 동양 모두에서 찾아볼 수 있는 오래된 현상이다. 그런데도 굳이 근대 초 서양에서 이야기를 시작한 까닭은, 스페인 왕실의 후원 아래 크리스토퍼 콜럼버스가 대서양을 건너 아메리카대륙으로 진출하고 스페인-대서양제국이 들어서면서 그야말로 '세계사world history'가 시작되었다고 볼 수 있기 때문이다. 그 후 유럽, 아시아, 아프리카, 아메리카대륙이 서로 긴밀하게 연관되어 영향을 주고받으면서 패권 경쟁의 무대가 전 세계로 확대되었다.

스페인제국의 역사를 살펴보는 게 바로 이런 세계적인 패권 경쟁의 기원을 되돌아보는 일로 의미가 있다면, 스페인 패권에 도전하며 등장한 네덜란드와 뒤를 이어 세계 경제를 지배한 영국의 사례는 자본주의의 등장이 패권 경쟁에 미친 영향을 일깨워준다고 할 수 있다. 스페인은 기본적으로 땅에서 농사를 짓는 직접생산자에 대한 잉여 수탈에 바탕을 두고 있었기 때문에 계속해서 영토를 넓혀나가는 일에 관심을 기울였다. 반면에 네덜란드 경제를 지탱한 힘은 농업보다는 상업, 특히 해외 무역에서 나왔고, 영국 경제를 떠받치는 힘은 상업과 제조업이 결합하고 국내 시장과 해외 시장이 통합된 일에 있었다. 네덜란드는 여전히 봉건 질서가 지배하는 유럽 세계에 뿌리를 두고 있었기 때문에 영토 확장에도 관심을 기울였지만, 영국은 영토보다는 시장에 더욱 큰 관심을 보였다.

자본주의가 처음으로 등장한 네덜란드나 영국은 스페인제국이 그랬던 것처럼 영토 확장 그 자체에 몰두하기보다 오히려 시장을 넓히는 일에 더 관심을 기울였다. 물론 네덜란드는 아시아와 아메리카대륙에 식민지를 개척했고, 영국도 아시아, 아프리카, 아메리카에 방대한 식민지를 확보하는 데 관심이 컸다. 하지만 이 두 나라는 스페인제국처럼 식민지에서 귀금속을 채취하거나 식민지 원주민 노동력을 통제해 잉여를 수취하는 방식으로 이익을 추구하지는 않았다. 오히려 두 나라의 중요한 관심사는 본국과 식민지 사이에 일어나는 상품 교환과 거기서 얻을 수 있는 이윤이었다. 자본주의는 발전된 상품 경제에 바탕을 두고 생산과 유통에서 혁신을 일으켜 더 큰 이윤을 끝없이 확보해야만 살아남을 수 있는 체제이기 때문이다.

　자본주의가 경제 체제로 자리 잡으면서 패권 국가가 행사하는 힘의 원천도 달라졌다. 한 나라가 세계 무대에서 행사하는 힘은 군사력부터 문화적인 매력까지 다양하지만, 패권을 거머쥐려면 무엇보다 군사력과 경제력을 갖춰야 한다. 누차 이야기한 대로 군사력의 궁극적인 바탕은 한 나라가 동원할 수 있는 재정 자원과 이를 뒷받침하는 재정 체제라고 볼 수 있는데, 자본주의가 등장하면서 새로운 재정 체제가 나타났던 것이다. 스페인은 기본적으로 농민에게 거두는 세금과 그것을 담보로 몇몇 국제 은행가에게 높은 이자를 주고 돈을 빌려 재정 자원을 동원했는데, 농민이 생산하는 경제 잉여를 무한정 늘릴 수 없었기 때문에 심지어 나라가 파산을 선포하는 일까지 벌어졌다. 반면 자본주의 아래에서는 축적의 속도가 빨라져 경제 규모가 계속 커져서 세금을 거둘 수 있는 밑바탕이 크게 확대되었고, 돈을 빌리더라도 몇몇 은행가가 아니라 광범위한 국민에게 의지할 수 있는 길이 열렸다. 그러면서 공공 재정 체제라는 개념과 제도가 마련되었고, 그만큼 나라가 동원할 수 있는 재정 자원의 규모도 커졌다. 그 덕분에 예전에는 상상할 수 없을 정도로 군사비 지출이 늘어날 수 있었다. 빠른 속도로 영향력을 넓혀나가던 자본주의 경제에 바탕을 두고 영국은 이런 재정 체제를 완성할 수 있었기 때문에 프랑스라는 강력한 경쟁자를 물리치고 18세기 후반에 패권을 장악할 수 있었다.

자본주의가 등장하면서 나타난 중요한 두 가지 변화는 돈이 모든 일을 할 수 있는 힘을 갖게 되었다는 점과 돈을 버는 방법이 달라지기 시작했다는 것이다. 첫 번째 변화는 18세기 영국에서 어느 정도 모습을 드러냈다. 그래도 영국에서는 토지 재산을 갖고 있는 지주 귀족이 적어도 19세기 후반까지 권력을 유지했고, 아주 견고한 계급 제도가 자리 잡고 있어서, 이를테면 벼락부자가 돈을 권력으로 바꾸는 데 어려움이 있었다. 반면 미국에서는 이런 일이 훨씬 쉬웠다. 식민지 시절 미국에는 귀족이 되려는 열망을 품은 이들이 분명 많았지만, 모든 사람이 평등하다는 이념에 바탕을 두고 일어난 미국혁명과 권력의 구조와 한계를 밝힌 연방 헌법 덕분에 귀족 제도가 정착할 수 없었던 것이다. 그러면서 동시에 경제적 성공이 곧 한 사람의 가치를 증명한다는 생각이 널리 퍼졌다. 19세기 초가 되면 미국인은 훨씬 더 성공에 집착하고, 자수성가한 이들을 존경했다. 그런 만큼 미국 사회에는 어떤 위험이나 난관도 개의치 않고 사업에 뛰어드는 사람이 많았다.

우리가 앞에서 나눴던 이야기와 관련해 더 중요한 자본주의 경제 체제의 특징은 돈을 벌어들이는 방법이 예전과 달라졌다는 점이다. 이를테면 인류 문명이 시작된 이후 계속된 시장 경제에서 성공을 거두는 지름길은 당연히 싸게 사서 비싸게 되팔아 이윤을 남기는 일이었다. 물론 마르크스가 예리하게 지적한 대로 자본주의 아래에서는 모든 것, 그러니까 심지어 노동력까지도 상품이 되는 시장 관계가 널리 퍼져나갔으므로 시장 경제의 확산을 곧 자본주의로 이해하는 일도 무리는 아니다. 하지만 이렇게 느슨하게 정의하면 자본주의는 역사 어디서나 볼 수 있는 현상이 된다는 문제가 있다. 그렇게 되면 역사학자들이 오랫동안 이야기했던 것처럼, 자본주의가 근대 초 영국에서 처음 등장했다는 게 도대체 어떤 의미인지 파악하기 어려워진다. 하지만 우리가 시장에서 이윤을 거두는 원천이 무엇인지 좀 더 세심하게 들여다보면 근대 초 영국과 이전 사회의 차이가 더 분명히 드러난다. 일찍이 17세기 초에 등장해서 17세기 후반에 영국 사회 곳곳에 침투해 들어간 '개선'에 대한 열망을 이야기하면서, 그것은 단지 싸게 사서 비싸게 되팔아 이윤을 거두는 데 만족하는 게 아니라 생산과 분배에서 혁신을 일으켜 생산성을 끌어올리고, 바로 거기서 이윤을 거두려는 새로운 태도라고 이야기했다. 혁신을 이루어내려는 개선 노력은 18세기에 더욱 광범위하게 퍼져나갔고, 그것은 결국 산업혁명이라는 문명사적 사건을 낳는 원동력이 되었다.

자본주의는 미국 경제학자 슘페터가 '창조적 파괴', 그러니까 상품을 만들거나 판매할 때 이제까지 알려진 여러 방법을 새롭게 조합하거나 아니면 아예 새로운 방식을 내놓을 때 일어나는 급격한 변화를 반드시 동반한다. 그 결과, 18세기 말부터 영국에서 근대 경제 성장이 가능해졌다. 경제 성장이 인구와 토지 비율에 따라서 어느 한계 내에서 등락을 거듭했던 것은 이제 지난 일이 되고, 대신 경제 규모와 인구가 동시에 빠른 속도로 그리고 지속적으로 성장하기 시작한 것이다. 영국은 바로 이런 근대 경제 성장을 처음으로 이루어냈고, 덕분에 패권을 거머쥘 수 있었으니, 그 밑바탕에는 끊임없는 혁신과 성과를 군사력을 비롯한 나라의 힘으로 전환하는 재정 체제가 자리하고 있었다.

'창조적 파괴'는 물론 개인이나 개별 기업이 감당해야 할 일이지만, 개인과 기업을 가만히 내버려 둔다고 해서 저절로 일어나지는 않는다. 1970년대 초 이후에 등장해 지금도 여전히 위력을 발휘하는 신자유주의자들은 국가의 경제 개입을 만악萬惡의 근원처럼 여기면서 19세기 초에 유행한 자유방임laissez-faire 신조를 되살리려고 한다. 하지만 앞에서 살펴본 패권 국가의 역사는 모든 국가 개입이 나쁜 일도 아닐뿐더러 어떤 경우에는 개입이 반드시 필요하다는 점을 보여준다. 영국만 하더라도 의회와 정부가 혁신이 활발하게 일어날 수 있는 환경을 만들어내는 데 적극적으로 관심을 보였다. 국내에서는 상업과 제조업 활동을 가로막는 여러 규제를 폐지하는 한편 강력한 보호주의 정책을 펼쳐 이제 막 피어나려는 여러 상업과 제조업 분야가 제자리를 찾아갈 수 있도록 도움을 주었던 것이다. 의회와 정부는 특허 제도나 각종 포상 정책을 활발하게 펼치면서 기술 혁신을 자극하기도 했다. 후발 국가였던 미국도 마찬가지였다. 미국은 20세기 초까지도 강력한 보호주의 정책을 계속해서 추진하는 한편, 국내 시장을 통합하는 철도 같은 기간 시설 건설에 직접적으로 도움을 주거나 지식 재산권을 보호하는 법적 제도를 만들어 혁신 문화가 뿌리내리도록 도움을 주었다.

더 나아가 혁신은 저절로 계속되는 일이 아니다. 물론 자본주의 경제 체제는 끝없는 이윤 추구와 자본 축적을 개인과 기업에게 강요하기 때문에 모든 경제 주체가 스스로 혁신을 추구할 수밖에 없다고 이야기할 수도 있다. 하지만 우리가 살펴본 역사는 국가의 지원 아래 혁신을 지속적으로 일궈내지 못하면 패권 자체를 유지하기 어렵다는 것을 보여준다. 이를테면 19세기 후반에 철강이나 전기·전자, 화학 같은 분야에서 새로운 공업이 등장할 때 미국과 독일은 숱한 기술 혁신 성과를 거뒀던 반면 영국은 그러지 못했다. 미국과 독일의 맹렬한 추격에 부딪치면서 영국 내에서 새로운 보호주의 채택에서 교육 개혁까지 여러 정책 대안을 제시하는 이들이 있었지만, 의회와 정부가 제때에 개입하지 못했기 때문이다. 우리는 그 원인을 당시 영국 엘리트의 독특한 문화인 '신사 자본주의'에서 찾았고, 그것이 국가 정책의 실패로 귀결되었음을 확인했다. 이런 이유로 영국은 1차 세계대전이 끝난 뒤 미국에 패권을 넘겨줄 수밖에 없었다.

영국에서 패권을 넘겨받은 이후 미국은 지금까지 명실상부한 자본주의 세계의 패권 국가로 위세를 누리고 있다. 미국이 누리는 패권의 밑바탕은 대공황과 세계대전을 거치면서 미국 정부와 의회가 엄청난 재정 자원을 연구 개발에 투입하고, 19세기 말에 탄생한 여러 대기업이 그 연구 성과를 효과적으로 활용해 과학 기술에서 놀라운 성취를 거둔 데 있다. 19세기에 미국은 영국을 추격하기 위해 강력한 보호주의를 유지하는 한편 서부 개척을 통해 넓힌 영토를 하나의 방대한 국내 시장으로 통합해 경제 발전을 이루어냈다. 적어도 1차 세계대전이 일어날 때까지는 그것만으로도 지속적인 혁신과 경제 발전을 달성할 수 있었다. 하지만 2차 세계대전을 거치면서 미국의 생산력이 지나치게 커지다 보니 미국 정부와 의회는 이제 다자간 자유 무역을 기치로 새로운 국제 분업 체제를 만들어냈다. 이 체제는 냉전을 배경으로 빠르게 확산되었다. 미국은 강압과 동의를 적절히 구사하면서 미국식 체제를 여러 나라에 심었다. 그 덕분에 미국은 전 세계로부터 인적 자본과 물적 자산을 풍부하게 동원할 수 있었고, 결국 군사력이라는 하드 파워와 문화적 매력 같은 소프트 파워를 모두 갖춘 패권 국가가 되었다. 1970년대 초 달러를 기축 통화로 한 고정 환율 제도를 포기해야 할 정도로 경제가 잠시 주춤하던 때도 있었지만, 그 이후 오히려 자유 무역을 더 확대하고 정보통신 같은 새로운 산업을 일으킨 덕분에 미국은 지금도 패권을 유지하고 있다.

그런데 지난 한 세대 사이, 소련을 비롯한 공산주의 진영이 무너지고 중국이 개혁개방 노선을 천명하며 자본주의 체제 안으로 진입했다. 특히 중국은 풍부하고 값싼 노동력과 막대한 해외 자본, 국가의 보호를 결합해 그야말로 순식간에 '세계의 공장'으로 떠올랐다. 중국 제조업이 전 세계에서 휘두르는 막강한 영향력 탓에 미국 내 전통적인 제조업은 서서히 몰락했다. 심지어 일부 첨단 산업조차도 중국의 추격을 두려워하고 있다. 최근에 어떤 이들은 2020년대 후반에 이르면 중국의 국내총생산이 미국을 추월할 것이라고 예측할 정도이니 미국 패권의 위기에 대한 논란이 일어날 만도 하다.

더 나가서 중국이 거둔 성공은 지난 반세기에 미국이 퍼트리려 했던 신조, 그러니까 자유민주주의와 자본주의의 결합이 능사라는 생각에도 의문을 던지는 것처럼 보인다. 자본주의 체제의 번성을 뒷받침하는 정치 제도와 문화가 반드시 자유민주주의일 까닭이 없지 않은가 하는 생각이 등장한 것이다. 중국이 민주주의가 아니라 국가주의 체제 아래서도 빠른 성장을 이어갈 수 있다는 사실을 보여주었기 때문이다. 요즘 유행하는 말로 바꿔 말하면, 중국이라는 '뉴노멀new normal'이 등장한 셈이다. 게다가 2001년 9·11 테러 이후 미국이 집요하게 추진한 테러와의 전쟁이 큰 성과를 거두지 못하고, 2008년 미국에서 시작된 금융 위기가 전 세계를 강타하면서 미국의 힘이 예전만 못해졌다. 지금 벌어지고 있는 코로나19 팬데믹이 미국에서는 수많은 감염자와 사망자를 내고 있는 반면 중국은 비교적 빠르게 위기에서 벗어났다는 사실도 '자유민주주의와 시장 경제'의 조합이 더 이상 만병통치약이 아니라는 의심에 힘을 실어준다고 봐야할 터이다. 마지막으로, 여러 위기를 거치면서 엄청난 재정 적자가 쌓여가는 가운데 미국의 패권을 뒷받침하는 재정 체제가 언제까지 버틸 수 있을지도 의문이다. 이런 사정을 볼 때 미국 내에서 위기감이 고조되는 것은 어쩌면 당연해 보인다.

이런 위기감은 지난 트럼프 행정부의 행보에서 잘 드러나는 듯하다. 잘 알려진 것처럼, 예측을 불허하는 트럼프의 독특한 성격에 미국 제일주의라는 정치 구호가 합쳐지면서 트럼프 행정부는 이전 어느 행정부도 감히 하지 못했던 일을 과감하게 추진했다. 의미심장하게도 트럼프는 20세기 미국의 패권을 뒷받침했던 자유 무역과 자유민주주의의 수호자라는 미국의 이미지를 단연 거부하면서 보호주의를 공공연하게 내세웠다. 물론 이런 행보는 중국을 겨냥한 것이었다. 이를테면 트럼프는 여러 자리에서 중국에 생산기지를 두고 있던 애플 같은 거대 기업에게 리쇼어링reshoring, 그러니까 본국 회귀를 종용하는 한편 미국에 들어오는 수많은 중국산 제품에 대해서 높은 관세를 매기겠다고 으름장을 놓았다. 더 나가서 미국의 기술 우위를 추격하는 중국의 위협을 차단하기 위해 중국의 지적 재산권 침해를 집요하게 문제 삼기도 했다. 한마디로 중국에 대한 무역 전쟁을 선포한 것이다. 이런 조치는 모두 미국이 중국의 위협을 얼마나 두려워하는지 잘 보여준다. 트럼프의 뒤를 이어 대통령이 된 조 바이든은 어떤 면에서 보더라도 트럼프와는 전혀 다른 행보를 보일 테지만, 적어도 중국 문제에 대해서만큼은 트럼프와 마찬가지로 공격적인 태도를 취할 것으로 예상된다. 코로나19 바이러스의 진원지를 둘러싸고 지금도 미국과 중국 정부 사이에 치열한 신경전이 벌어지고 있는 것만 봐도 앞으로 두 나라 사이의 충돌은 경제뿐 아니라 거의 모든 영역으로 확장될 것이다.

◆◆◆
바이든

이 모두는 결국 패권 국가 미국의 초

조합을 보여준다. 물론 미국과 중국 사이에는 아직 상당한 기술 격차가 있고, 미국의 여러 대학과 기업 연구소가 탄탄한 연구 개발 역량을 보여주고 있으며, 여전히 미국은 세계에서 가장 활발하게 창업 활동이 일어나는 나라다. 게다가 패권 국가로서 미국이 보유한 막강한 군사력과 정치적 영향력, 미국 문화가 갖고 있는 매력 같은 것을 중국이 단기간에 추월하기는 어려울 듯하다. 이런 사실들을 고려하면 미국에 시간이 조금은 남아 있다고 할 수 있을지도 모른다. 하지만 앞에서 패권의 역사를 살펴보면서 확인했듯, 패권은 저절로 영원히 유지할 수 있는 일이 아니다. 세계가 새로운 미국의 세기를 맞이할지 아니면 이제까지 경험해보지 못한 중국의 세기로 진입할지 모두의 관심이 뜨거운 이유다.

미국과 중국이 충돌하는 이런 격동기에 우리나라는 어떻게 해야 할까? 경제 규모나 군사력 수준, 영토 크기, 인구 같은 여러 지표로 볼 때 우리나라가 패권을 두고 다툴 수 있는 처지는 분명히 아니다. 우리는 분단이라는 심각한 안보 문제와 국민 사이에 극심한 이데올로기 대립 같은 문제를 해결하지 못한 상태이기도 하다. 더군다나 우리나라는 중국과 러시아, 일본, 미국 같은 강대국에 둘러싸여 있어 국제 관계에서 자유로운 행보를 선택하기 어렵다. 그러는 가운데 미중 사이 갈등이 깊어지면서 우리는 두 거인 사이에서 한 나라를 선택하라고 강요받고 있다.

이런 물음에 대해 쉬운 답은 없다. 한미동맹이 우리 안보에서 가장 중요한 주춧돌일 뿐만 아니라 미국이 여전히 우리에게 가장 중요한 시장이라는 점을 고려하면서도 우리나라 경제에 중국이 차지하는 비중을 함께 감안할 수밖에 없을 터이다. 결국 두 거인과 모두 일정한 거리를 유지하면서도 우리의 힘을 길러나가는 지혜를 구해야 한다. 특히 패권 국가의 역사를 살펴보면서 강조했듯이, 한 나라가 행사하는 힘의 근원이 경제력을 재정 자원으로 동원하는 국가 역량이라는 점을 깊이 되새겨볼 필요가 있다.

힘을 기르는 일이 경제력을 갖추는 데서 출발한다면, 패권 국가의 역사는 자본주의 특유의 경제 성장이 혁신을 뒷받침하는 광범위한 문화 변동 없이는 지속하기 어렵다는 사실을 일깨워준다. 18세기 영국이 그랬고 19세기 후반 이후부터 지금까지 미국이 그랬듯, 새로운 혁신이 계속 일어나려면 개인과 기업의 지속적인 노력뿐만 아니라 이런 노력이 꽃피울 수 있는 개방적인 문화가 필요한 것이다. 거기에 혁신을 향한 노력을 뒷받침하는 국가 정책이 결합되어야 비로소 혁신 문화가 지속적인 경제 성장을 뒷받침할 수 있다.

이런 시선에서 지금 우리나라 경제 상황을 살펴보면 우려스러운 점이 없지 않다. 잘 알려진 것처럼, 우리나라는 1960년대부터 국가가 직접 부족한 경제 자원을 모두 동원해 특정 산업 분야를 발전시키는, 어느 역사학자가 '빅 푸시Big Push' 산업화라 부른 전략으로 놀라울 정도로 빠른 성장을 이루었다. 1970년대 중반부터 중화학 공업화를 시작하면서 전기·전자나 화학, 자동차 같은 분야는 세계적인 수준에 이르렀고, 반도체나 스마트폰 같은 분야에서 세계 최고 기업을 배출하기도 했다.

문제는 '빅 푸시' 산업화가 빠른 경제 성장을 이끌어내는 데는 효과적일 수 있지만, 혁신 문화를 광범위하게 확산시키는 데는 도움이 되지 못한다는 점이다. 자원을 특정 분야에 집중하다 보니 사회 전체에 혁신을 추구하는 움직임을 퍼트리는 데는 한계가 있기 때문이다. 따라서 지금 우리는 혁신 문화를 사회 전체로 확산하고 거기에 참여하는 개인과 기업을 지원하는 새로운 전략을 고민해야 한다. 특히 우리처럼 몇몇 대기업이 거둔 성과에 크게 의존하는 경제 구조에서는 대기업에서 중소기업, 특히 스타트업 기업으로 이어지는 혁신 생태계를 만들어내는 일이 무엇보다 중요하다.

새로운 생태계가 갖는 잠재력은 최근 코로나19 사태 덕분에 널리 퍼지고 있는 비대면, 이른바 언택트Untact 문화에서 찾아볼 수 있다. 1990년대부터 몇몇 통신 대기업이 국가 지원 아래 투자를 거듭한 결과, 우리나라는 다른 어떤 나라보다도 훌륭한 인터넷 환경을 갖추고 있다. 코로나 시대가 닥치자 이런 좋은 환경을 십분 활용해서 수많은 스타트업 기업이 물류나 통신, 교육 분야에서 새로운 아이디어로 성과를 내기 시작했다. 이런 기업은 결국 아이디어와 기술에 바탕을 두고 있기 때문에 비교적 적은 투자 자금으로도 괄목할 만한 결과를 낼 수 있다.

혁신 성과를 산업 전반으로 확산시키는 생태계가 만들어지려면 사회 간접 자본을 집중적으로 투입해 기간 시설을 확대하는 한편 스타트업 기업에 대한 정책 지원이 제때에 이루어져야 할 것이다. 더 나가서 국가는 4차 산업혁명 시대라는 과도기에 걸맞은 장기적 안목과 효과적인 전략을 세워야 한다. 이때 정부는 예전처럼 무대 전면에서 직접 명령하고 강제하기보다는 무대 뒤에서 경제 주체 사이 상호작용을 면밀히 살피고 시너지가 극대화될 수 있도록 돕는 촉매가 되어야 한다.

장기적으로 우리가 풀어야 할 숙제도 있다. 이를테면 지난 몇 년 사이 거세게 불고 있는 인공지능 열풍에 우리 정부가 대응하는 모양새를 보면 불안감을 느끼지 않을 수 없다. 해마다, 아니 분기마다 새로운 기술이 쏟아져 나오는 이런 최첨단 산업 분야에 다른 나라보다 앞서서 선제적으로 투자하기보다는 다른 나라를 따라가는 데 급급한 모습을 보여주고 있기 때문이다. 정부 투자도 미국이나 중국과 비교하면 아주 미미한 수준이다. 물론 투자 금액의 규모 자체가 모든 문제의 근원은 아닐 테지만, 더 심각한 문제는 투자에 따른 지원 방향과 결과에 대한 평가에 있다. 실제로 우리나라에서 사용되는 연구 개발비는 국내총생산 대비 세계 최고 수준이지만, 성과는 충분하지 않다. 연구 개발 투자에서 가장 중요한 몫을 차지하는 정부가 여전히 실적 줄 세우기 같은 양적 성과 지표에 매몰되어 있는 데다, 이런 비판이 오랫동안 나왔는데도 아직 이 관행에서 완전히 벗어나지 못하는 현실이 상황을 개선시키지 못하는 주요 요인일지도 모른다.

우리나라 교육 투자가 첨단 기술 산업이 요구하는 인력을 충분히 공급하는 데 한계를 보이고 있다는 점도 반드시 짚고 넘어가야 할 문제다. 이를테면 지금 우리나라에서 인공지능 분야에 투입할 수 있는 인재 풀은 미국의 3분의 1 규모에 지나지 않는다. 또한 우리나라는 OECD 국가 가운데 고등교육에 대한 투자가 중등교육에 대한 투자보다 적은 유일한 나라이다. 게다가 대학 진학률이 세계 최상위권에 들어가는 데도 정작 연구 개발 현장에서 가장 유용하게 사용될 이공계 대학원 교육을 이수한 사람들의 숫자는 부족한 형편이다. 그런데다가 출산율까지 빠르게 떨어져 학령인구가 급속하게 줄어들고 있어 조만간 고등교육 이상을 받은 사람이 크게 부족해질 터이다. 상황이 이렇다면, 우리 정부는 어떻게 교육의 질을 개선해 적은 숫자라도 질이 좋은 연구 개발 인력을 배출할 것인지 고민하는 일과 더불어 고급 과학 기술 인력을 다른 나라에서 수혈할 방법을 모색해야 할 것이다. 하지만 이런 문제에 대한 장기적인 대안을 내놓았다는 이야기는 아직까지 들리지 않는다.

혁신 문화를 강조하는 까닭은 애초에 우리나라가 패권을 목표로 삼을 만한 물적 조건을 갖추지 못했기 때문이다. 인구도 아주 많다고 할 수 없고, 영토도 좁은 데다가 자원도 풍부하지 않다. 그러니 미국이나 중국처럼 여러 조건을 두루 갖춘 나라가 세상을 지배하는 것은 당연하고, 이런 나라와 경쟁하는 일은 애당초 불가능하다고 생각할 수도 있다. 하지만 패권의 역사는 겉으로 드러나는 영토나 군사력 같은 게 전부가 아니라는 점을 분명하게 보여준다. 이를테면 봉건 시대에는 토지 같은 유형 자산이 패권을 뒷받침하는 핵심 요소였던 반면, 자본주의가 등장하면서 성숙한 시민사회와 민주주의, 애국심과 민족의식, 개척자의 모험 정신, 상인의 도전 정신, 기업인의 혁신 정신 같은 무형의 자산이 훨씬 더 중요한 역할을 했다. 그랬기 때문에 네덜란드나 영국처럼 작은 나라가 세상을 지배하는 패권 국가의 반열에 오를 수 있었다.

과학 기술이 점점 더 빠르게 발전하고 혁신이 경제를 이끌어가는 동력으로 더욱 중요하게 떠오르고 있는 지금, 패권을 둘러싼 다툼에서 이런 무형 자산은 더 중요해지고 다양해질 듯하다. 물론 패권을 거머쥐려면 결국 막강한 경제력과 함께 군사력을 갖춰야 할 테지만, 패권국에 이르지는 못하더라도 경제와 정치, 기술, 문화 같은 여러 분야에서 강한 나라가 될 수 있는 가능성은 분명 남아 있다고 생각할 수 있다. 최근 전 세계적으로 높은 인기를 누리는 방탄소년단BTS을 비롯한 K-Pop 스타들이나 우리나라 웹툰, 게임이 얼마나 큰 부가가치를 만들어내는지 생각해보면 방법은 여러 가지가 있을 듯하다. 이런 문화 산업이 경제를 성장시키는 것은 물론이고, 우리나라의 국제 위상을 높이는 데 큰 도움을 주고 있으니 말이다. 조금 다른 이야기인데, 최근 《뉴욕타임스New York Times》가 디지털 뉴스 본부를 이전하면서 도쿄가 아니라 서울을 택한 일도 있다. 《뉴욕타임스》 관계자는 서울이 "주요 아시아 뉴스에서 중심적인 역할을 해왔기 때문에 매력적"이라고 이야기했다. 정치와 사회, 문화 같은 영역에서 우리나라가 무척 역동적이고 흥미로운 나라로 받아들여진다는 뜻일 것이다. 이렇게 보면 한국은 과거의 패권 국가와는 다른 새로운 유형의 강국, 이를테면 '매력 국가'가 되어가고 있다고 생각할 수도 있다.

물론 세계 무대에서 강한 나라로 자리 잡겠다는 꿈을 실현하려면 이 책에서 누누이 강조했던 한 가지 사실을 반드시 기억해야 한다. 세계적인 패권 국가도 사회와 국가가 협력해 끊임없이 쇄신하지 않으면 단 몇 세대 만에 패권을 잃어버렸다는 사실 말이다. 그만큼 자본주의 세계에서 살아남으려면 부단한 쇄신이 필요하다. 이런 끝없는 혁신은 한때 우리가 금과옥조로 여겼던 톱다운top-down 방식의 국가주도 발전 전략만으로는 지속되지 않는다는 점도 함께 생각해야 한다. 영국이나 미국이 그랬듯, 혁신은 국가의 도움 없이는 불가능하지만 국가의 힘만으로도 이룰 수 없기 때문이다. 그러므로 우리 사회의 정치, 경제 분야를 이끄는 리더는 앞으로 세상을 지배할 패권의 요소가 무엇인지 모색하고, 그것을 갖추는 데 필요한 제도와 문화를 만들어나가는 노력을 기울여야 한다. 이런 노력이 정부와 기업, 개인 차원에서 계속 축적될 때, 코로나19 사태나 2008년 국제 금융 위기 같은 강력한 외부 충격도 쉽게 이겨낼 수 있는, 재정적으로 튼튼한 나라를 이뤄낼 수 있을 터다. 더 나가서 이런 위기 속 새로운 기회를 찾아 더 큰 가치를 창출한다면, 우리나라를 더 강한 나라로 만들 수 있을지도 모른다. 이런 힘에

'매력 국가'라는 브랜드까지 얻는다면, 치열한 패권 경쟁 가운데서도 우리만의 힘을 키워나갈 수 있을 것이다. 바로 이런 교훈을 패권의 역사를 읽는 여러분이 되새긴다면 더 바랄 게 없겠다.

감사의 말

　이 책을 쓰면서 여러 분에게 도움을 받았다. 그 분들에게 감사 인사를 전하려면 책이 나온 배경과 과정 먼저 이야기해야 할 것 같다. 본래 이 책의 뼈대가 되는 초고는, 지금은 삼성그룹에서 독립한 멀티캠퍼스라는 회사에서 제작하는 SERI CEO 온라인 강연 프로그램을 위해 준비했다. '자본, 패권의 역사'라는 제목으로 지금도 방송되고 있는데, 이 프로그램을 위해 40편 가량 짧은 원고를 썼다. 이 프로그램을 웅진 단행본사업본부의 이민경 편집자가 보고 책으로 묶어보자고 제안하면서 일이 시작되었다. 작업 방식도 필자에게는 새로웠다. 7분짜리 온라인 프로그램을 위해 잘게 쪼개놓은 원고를 다시 여섯 개 꼭지로 묶었고, 이 초고를 이민경 편집자가 검토하고 다듬어주면 필자가 그것을 대폭 수정하는 방식으로 일을 진행했다.

'자본, 패권의 역사'를 기획하고, 초고를 검토해주신 멀티캠퍼스 관계자, 특히 배정훈 그룹장과 강선민, 홍은성 PD께 고맙다. 원고를 책으로 묶기로 한 후에는 기획서와 모든 원고를 꼼꼼히 읽고 예리한 비평과 따뜻한 격려를 베풀어주신 웅진 신동해 단행본사업본부장의 도움도 잊을 수 없다. 무엇보다도 이 책은 이민경 편집자의 헌신과 노력 덕분에 완성할 수 있었다. 필자와는 학과 선후배 관계로도 인연이 있는 이민경 편집자는 이 책이 만들어지는 모든 과정을 살뜰히 보살펴주었다. 몇 마디 감사말로는 그 도움을 갚기 어려울 듯하다. 우리가 함께 계획하고 있는 후속 작업인 '서양의 대두'에서 좀 더 좋은 글로 보답할 수 있게 되기를 바란다. 작업을 하는 사이에 필자는 학교에서 보직을 맡아 정말로 바쁜 일상을 보냈다. 그런 탓에 주중에 시간을 내기란 정말 어려웠지만, 그래도 언제나 필자를 격려해주신 국양 총장님과 김칠민 부총장님께 깊이 감사한다. 지난 2년이 조금 넘는 시간 동안 함께 일하면서 정말 많이 배웠다고 말씀드리고 싶다. 주말에도 늘 연구실에서 시간을 보내는 필자를 이해해주고 응원해준 아내와 두 딸이 없었다면 일을 마무리하지 못했을 터다. 이 작은 책이 자영과 채원, 주원에게 기쁨이 되었으면 한다.

2021년 6월
김대륜

◈ 참고 문헌

이 목록은 이 책을 쓰는 데 사용한 문헌 가운데 '더 읽을거리'에 소개된 도서를 제외하고 독자에게 도움이 될 만한 최소한만 열거했다.

- Acemoglu, Daron and James A. Robinson. 국가는 왜 실패하는가. 최완규 옮김. 시공사. 2012.
- Allen, Robert C. *The British Industrial Revolution in Global Perspective.* Cambridge. 2009.
- Anderson, Perry. 절대주의 국가의 계보. 김현일 옮김. 현실문화. 2014.
- Appleby, Joyce. 가차없는 자본주의. 주경철, 안민석 옮김. 까치. 2012.
- Atack, Jeremy and Peter Passell. *A New Economic View of American History.* 2nd ed. New York. 1994.
- Berg, Maxine. *Luxury and Pleasure in Eighteenth-Century Britain.* Oxford. 2005.
- Brenner, Robert. *Merchants and Revolution: Commercial Change, Political Conflict, and London's Overseas Traders, 1550-1653.* London. 2003.
- Brewer, John. *The Sinews of Power: War, Money, and the English State, 1688-1783.* London. 1989.

- Cain, P. J. and A. G. Hopkins. *British Imperialism: Innovation and Expansion 1668-1914*. London. 1993.

- Carruthers, Bruce G. *City of Capital: Politics and Markets in the English Financial Revolution*. Princeton. 1996.

- Chandler, Alfred D., Jr. *Scale and Scope: The Dynamics of Industrial Capitalism*. Paperback ed., Cambridge. Mass., 1994.

- Collins, Robert M. *More: The Politics of Economic Growth in Postwar America*. New York. 2000.

- Dalzell, Robert F., Jr. *Enterprising Elite: The Boston Associates and the World They Made*. Cambridge. Mass., 1987.

- Daunton, Martin. *State and Market in Victorian Britain: War, Welfare and Capitalism*. London. 2008.

- Dickson, P. G. M. *The Financial Revolution in England: A Study in the Development of Public Credit 1688-1756*. London. 1967.

- Edling, Max M. *A Revolution in Favor of Government: Origins of the U. S. Constitution and the Making of the American State*. Oxford. 2003.

- Elliott, John. 대서양의 두 제국: 영국령 아메리카와 에스파냐령 아메리카 1492-1830. 김원중 옮김. 그린비. 2017.

- Ferguson, Niall. 콜로서스: 아메리카 제국 흥망사. 김일영, 강규형 옮김. 21세기북스. 2010.

- Fernández-Armetsto, Felipe. *Colmbus and the Quest of the Impossible*. London. 1974.

- Findlay, Ronald and Kevin H. O'Rouke. 권력과 부: 1000년 이후 무역을 통해 본 세계정치경제사. 하임수 옮김. 에코리브르. 2015.

- Frieden, Jeffrey A. *Global Capitalism: Its Fall and Rise in the Twentieth Century*. New York. 2006.

- Glete, Jan. *War and the State in Early Modern Europe*. London. 2002.

- Gordon, Robert J. 미국의 성장은 끝났는가: 경제 혁명 100년의 회고와 인공지능 시대의 전망. 이경남 옮김. 생각의힘. 2017.

- Hancock, David. *Citizens of the World: London Merchants and the Integration of the British Atlantic Community, 1735-1785*. Cambridge. 1995.

- Hounshell, David A. *From the American System to Mass Production, 1800-1932: The Development of Manufacturing Technology in the United States*. Baltimore. 1984.

- Hughes, Thomas P. 현대 미국의 기원: 발명과 기술적 열정의 한 세기 1870-1970. 김명진 옮김. 나남. 2017.

- Israel, Jonathan. *The Dutch Supremacy in World Trade, 1585-1740*. Oxford. 1989.

- Kamen, Henry. *Empire: How Spain Became a World Power 1492-1763*. New York. 2003.

- Landes, David S. 국가의 부와 빈곤. 안진환 옮김. 한국경제신문사. 2009.

- Lears, Jackson. *Rebirth of a Nation: The Making of Modern America, 1877-1920*. New York. 2009.

- Lind, Michael. *Land of Promise: An Economic History of the United States*. New York. 2012.

- Maier, Charles S. *Among Empires: American Ascendancy and Its Predecessors*. Cambridge. Mass., 2006.

- McCraw, Thomas K. (ed). *Creating Modern Capitalism: How Entrepreneurs, Companies, and Countries Triumphed in Three Indsutrial Revolutions*. Cambridge. Mass., 1995.

- McCusker, John and Russell R. Menard. *The Economy of British America*

1607-1789. Chapel Hill. NC. 1985.

- Mokyr, Joel. *The Enlightened Economy: An Economic History of Britain 1700-1850.* New Haven. 2009.

- Mokyr, Joel. 성장의 문화: 현대 경제의 지적 기원. 김민주, 이엽 옮김. 에코리브르. 2018.

- North, Douglass C. and Robert Paul Thomas. *The Rise of the Western World: A New Economic History.* Cambridge. 1973.

- Parker, Geoffrey. *The Dutch Revolt.* revised ed. London. 1985.

- Pincus, Steven. *1688: The First Modern Revolution.* New Haven. 2009.

- Vries, Jan de and Ad van der Woude. *The First Modern Economy: Success, Failure, and Perseverance of the Dutch Economy, 1500-1815.* Cambridge. 1997.

- Vries, Jan de. *The Industrious Revolution: Consumer Behavior and the Household Economy, 1650 to the Present.* Cambridge. 2008.

- Weightman, Gavin. *Industrial Revolutionaries.* New York. 2007.

- Wood, Ellen Meiksins. 자본주의의 기원. 정이근 옮김. 경성대학교출판부. 2002.

- 배영수. 미국 예외론의 대안을 찾아서. 일조각. 2011.